日本国憲法を生んだ密室の九日間

角川文庫
18685

まえがき

日本国憲法の原案は、周知の通り、終戦直後の一九四六年の二月四日から一二日までのわずか九日間に、連合軍総司令部（GHQ）民政局の二五人のメンバーによって書き上げられている。その九日間の苦闘を描いたテレビ・ドキュメンタリー「日本国憲法を生んだ密室の九日間」（朝日放送）は、一九九三年二月五日に放映され、幸いにも「放送文化基金賞・奨励賞」を受賞するなど好評を得たが、その時の取材資料をもとに新たに書き下ろしたものが本書である。

番組を作るための事前調査（一九九一年）の段階で、当時の執筆メンバー二五人のうち、草案作成の責任者で、戦争放棄の条項を一人で執筆したチャールズ・L・ケーディス大佐をはじめ、七人が健在であることが確認できた。

基礎知識も十分に持たないまま、一九九二年春、ワシントンを訪ねたのを皮切りに、その年の秋まで現地の研究者を煩わし、ボストン郊外やフロリダまで関係者を訪ねて、インタビューのOKを取り付けに回った。お目にかかってみるとみなさん八〇歳を越える方ばかりで、本当にラストチャンスだということがわかり、大いに焦ったことを覚えている。

神戸大学法学部の五百旗頭《いおきべ》真《まこと》教授を煩わして、カメラ・クルーと収録を始めたのは、同年の一一月一日。中心人物であるケーディス氏には丸二日間にわたり、密室の九日間を詳しく記述した「エラマン・メモ」を始め、各種の資料を一枚一枚見ていただいては、しつこくインタビューした。プール、ハウギ、エスマン、シロタ、ゴードンの各氏にも、同様にお話を聞いた。この時の取材は、以上の草案執筆メンバー六人（健康を害されていたリゾー氏を除く）に加え、日本国憲法研究の第一人者セオドア・マクネリー博士など、計九人。三週間を費やした録画テープは百本、五〇時間を越えた。

番組放映後の一九九三年五月には、朝日放送の援助を受け、憲法記念日を中心に二週間、チャールズ・ケーディス氏とベアテ・シロタ・ゴードン氏を日本にお招きし、新たにインタビューを行なう一方、東京大学、神戸大学、朝日新聞、サントリー財団、それに女性グループなどとの集いを持った。

ところで、GHQがその実態を完全に秘密にしたまま、これほどまでに急いで他国の憲法を書くに至った動機は何だったのか？　その原因は、日本側の対応にあったといえる。

連合軍最高司令官マッカーサー元帥は、日本進駐早々、日本政府に対して、憲法改正について早急に検討するように求めている。しかし、幣原《しではら》内閣が設置した松本烝治《じょうじ》国務大臣を長とする憲法問題調査委員会の作業は遅々として進まず、いわゆる甲案、乙案なる日本側の憲法草案ができるのは、一九四六年の正月になる。

同年二月一日、その案の一つを毎日新聞がスクープするが、その内容は本文中にもある通り、あまりにも保守的に過ぎた。それを読んだマッカーサーは、おそらくその日の晩、GHQの手で憲法草案を書くことを決意、民政局長のホイットニー准将に指示を与える。（資料を追跡すると、命令は確かにマッカーサーが下しているが、このプロジェクトを発案、推進したのはむしろホイットニーの方だったのではと思われる節もある。）九日間という短期間で草案が作成されることになった背景には、天皇を戦犯にしろと主張する国々の代表を含めた極東委員会が、二月末に発足するというタイム・スケジュールがあった。

この密室の作業は、極秘裡《り》に進められたが、どういう理由からかGHQは、わずか三年後に『日本政治の再編成（Political Reorientation of Japan）』の中でその事実を明らかにしてしまう。世界中が憲法の内容から薄々気がついていたものの、やはりその衝撃は大きかった。

この密室の草案の資料は、現在、米国立公文書館をはじめ、メリーランド大学やミシガン大学などに保存されており、執筆メンバーであったハッシー中佐、ラウエル中佐の残した文書は日本にも来ている。そのうちの「ラウエル文書」は、高柳賢三《けんぞう》、大友一郎、田中英夫《ひでお》の三博士が七年間を費やして翻訳され、『日本国憲法制定の過程』（有斐閣）として刊行され、憲法研究のバイブル的存在となっている。本書の文中における草案や、内部文書の訳文の多くは、同書から引用させていただいている。

また、「密室の九日間」の模様を伝えるもっとも重要な資料として、前述したように、民政局のメンバーであったルース・エラマン女史が残した三種類の「エラマン・メモ」がある。本書では、草案執筆メンバーへのインタビューを、この「エラマン・メモ」など各種資料と照らし合わせ、最初の草案がどういう経緯の下に生み出されていったか、またそれがどう変化していったかなどを写実的に伝えようと試みた。

ドキュメンタリーの取材と監修をお願いした五百旗頭教授は、「明治憲法は、伊藤博文《いとうひろぶみ》はじめ、当時としては錚々《そうそう》たるメンバーを揃え、しかも長時間をかけて作られた。にもかかわらず、さまざまな問題を残した。松本案の内容から考えてみても、九日間で書かれたこの憲法が、その作成期間の短さをもって批判されることがあってはならない」と番組の締めの言葉にされているが、まさに同感である。

そのために本書は、草案作成の九日間に至るまでの決して短いとはいえない背景の証《あかし》として、一九四二年にさかのぼる米国務省の対日占領政策の歴史にかなりの字数を割いた（第三章）。この詳細については、五百旗頭教授の名著『米国の日本占領政策』（中央公論社、上下二巻）を、ぜひお読みになることをお勧めする。

いずれにしろ、当時、米国でも最も知的な集団に属していた二五人の執筆者たちは、占領者の立場ではあったが、純粋に戦争のない世界を夢み、人権の大切さを憲法に定着させようと試みた人々であった。

東京大学法学部の樋口《ひぐち》陽一教授は、番組の中でこの「密室の九日間」を評して、「密室ではあったが、その空気は澄んでいた」と表現されたが、まさにその通りだと思う。常識では絶対にあり得ないようなチャンスを生かして、彼らは、理想の民主主義国家の憲法を書こうと試みたのである。

日本国憲法は、夢のデザインだった。それは、私がインタビューに伺ったときの彼らの誠実な対応からも十分にうかがうことができた。

なお、本書は、法律には甚だ縁の遠いテレビ・ドキュメンタリストが、無謀にも憲法という大問題に興味を持ち、すべての論議の出発点であるその執筆過程を描き出そうとしたものである。さまざまな欠点はもとより覚悟の上であり、読者諸氏のご批判、ご教示をいただければ幸いである。

各憲法の条文など公的文書は、文中ではいちいちその出典は示さなかったが、巻末に参考文献として記した。現在に至るまでの先学の方々の研究に深く謝意を表したい。

＊

本書における役職・肩書き等は単行本執筆当時のものである。

目次

日本国憲法を生んだ密室の九日間

第一章　前日——一九四六年二月三日

日曜日の緊急呼び出し

「二月三日は、日曜日だったと思います。確か一一時前でした。同じ民政局のアルフレッド・ハッシー中佐から電話がありましてね。民政局長のホイットニー将軍が、すぐ出てくるように言っているというんですね。

用件はわかっていました。その前の金曜日（二月一日）から、憲法についていろいろな動きがありましたからね。でも、何かあるなとは予感していましたが、あのような事態になるとは思ってもいませんでした。

とにかく急がなくてはと、宿舎の第一ホテルを飛びだしました。あわてていたので、コートを着るのを忘れてしまいました。とても寒い日でしたよ」

私の記憶では、という前置きを口癖のようにつけるケーディス氏の話は、映画のストーリーのように始まった。

昭和二十一年（一九四六年）の二月三日、チャールズ・L・ケーディス大佐は、新橋の第一ホテルを出て、急ぎ足で連合軍総司令部のある日比谷の第一生命ビルに向かった。皇居の方から吹いて来る強い風は、まだ焼け跡の焦げくさい匂いを残していた。二日前の二月一日に降った雪が、日陰に積み上げられていて、足許《あしもと》は悪かった。

気象台の記録によると、その日の天気は快晴、平均気温一・六度。雪で汚れた靴をねらってまとわりつく、靴磨きの浮浪児を振り払って日比谷の交差点に出ると、富士山が間近に見えた。

いつもは高級将校の出入りの激しいマッカーサー司令部の玄関には、衛兵だけが立っていた。

日本国憲法の GHQ 草案作成を事実上取り仕切ったチャールズ・L・ケーディス大佐。当時40歳。民政局次長（行政部の責任者）の地位にあった。

連合軍総司令部の置かれていた第一生命ビルは、マッカーサー自身が下検分して決めたという。前年の昭和二十年九月八日、米占領軍の中枢は、それまで横浜にあった仮住まいの司令部を引き払って東京へ進駐した。その日、戦災を免れた米国大使館の屋上に、九二年前ペリー提督が下田に来

GHQ民政局の室内。右側はジャスティン・ウィリアムズ氏。

たときに掲げた星条旗を、わざわざワシントンから取り寄せて掲揚し、そのあとマッカーサー自身がジープを駆って司令部探しをした。そして、目に留まったのが第一生命ビルであったということである。

花崗岩《かこうがん》の柱のあるギリシャ風の建物は、マッカーサーの城として十分な威圧感をもっていた。皇居を眼下に見下ろし、日本に君臨する場所として、これ以上理想的な場所はない。内部はイタリア産の大理石を使ったアール・デコ調のデザインで、貴族趣味のマッカーサーは一目で気に入ったらしい。

マッカーサー元帥の執務室は六階の西南の角にあって、その同じフロアの北側にある大きな宴会場《ボール・ルーム》が、民政局の部屋であった。部屋には日本政府の調達係が東京都内からかき集めてきた机と椅子が雑然と並び、

連合軍総司令部（GHQ）のあった第一生命ビル（東京日比谷）

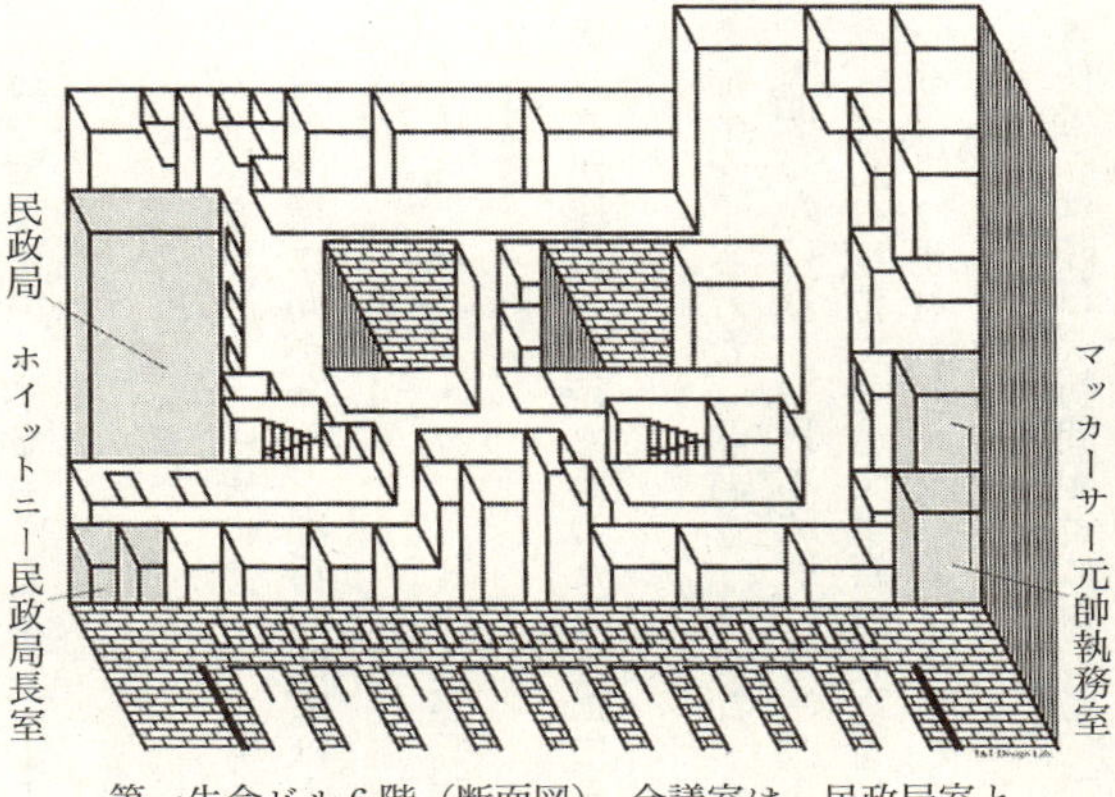

第一生命ビル6階（断面図）。会議室は、民政局室と民政局長室の間あたりにあったようである。

普段の日は民政局の行政部と朝鮮部の計三十数名が立ち働いていた。当時の写真を、民政局員だったジャスティン・ウィリアムズ氏が持っている。アンダーウッドのタイプライターと、一本だけの蛍光灯。壁は空襲の煙を吸い込んでどす黒く染まったままで、ボール・ルームの瀟洒な感じはない。

ケーディス大佐は、日曜日で誰もいないその大部屋を見渡し、中央にあった自分の席からメモ用紙を取ると、そのままホイットニー准将の部屋に向かった。准将の個室は大部屋の西隣にあって、窓から皇居のお濠が真下に見えた。

部屋にはホイットニー准将のほかに、ハッシー中佐とマイロ・ラウエル中佐が緊張した面持ちで待っていた。

「最高司令官は……」ホイットニーは、ケーディスが座るのを待ちかねたように口を開いた。

「我々民政局に、日本国憲法の草案を書くよう命令を下された。諸君もすでに知っている通り、毎日新聞のスクープ（二月一日）によって明らかになった日本政府の憲法改正案なるものは、きわめて保守的な性格のものであり、天皇の地位に対して実質的変更を加えてはいない。天皇は、統治権をすべて保持している。この理由から、改正案は新聞の論調でも世論でも、評判はよろしくない。

松本（注・国務大臣。政府の憲法改正作業の責任者）は昨日、新聞記者に対して、天皇の

昭和二十一年二月一日（金曜日）

毎日新聞

天皇の統治權不變
内閣は議會に責任
國民に勤勞權利義務

憲法改正政府試案

改正案の要點

條約締結（一部）に議會の協贊

議會に憲法改正の發議權

憲法問題調査委員會試案

第一章 天皇

第二章 臣民の權利義務

日本管理理事會
十四日頃東京で開催

管理理事會ソ聯代表六十名
近く東京に到着

昭和21年２月１日付毎日新聞。憲法改正の政府試案を報じたスクープ。

地位は実質的にはこれまでのままであり、ただ〈文言に若干の変更があるに止《とど》まる〉と述べている。

こういういきさつの末に、外務省の係官が昨日、火曜日（二月五日）に予定されていた松本案討議のための吉田《よしだ》外相との非公式会談を、木曜日（二月七日）に延期して欲しいと申し入れて来た。我々は、これに対してさまざまな可能性を考えて、会談を一週間（二月一二日まで）延期した。

これは、憲法改正の主導権を握っている反動的グループの考えが、最高司令官が同意できるレベルからはるかにかけ離れていることが、予想できたからである。

私の意見としては、憲法改正案が正式に提出される前に彼らに指針を与える方が良いように思う。受け入れられないような案を彼らが決定し提出してきてからやりなおしを強制するよりも、その方が戦術として優れていると最高司令官に具申した。その結果、本日命令が下ったのである」

そしてホイットニーは、やおらグリーンの罫《けい》の入った黄色のメモ用紙を取り出すと、

「我々が草案を作成するにあたって、最高司令官は、三つの原則を書かれた。この文書がそれだ。最高司令官は、我々民政局の能力をきわめて高く評価している。絶対にその期待に応《こた》えなければならない」

と話をしめくくった。

頭が薄く丸顔のホイットニー将軍の口は、一文字に結ばれていた。

マッカーサーとホイットニーがこのように重要なポイントをわざわざ文書にした理由は、これから行なわれる作業が、きわめて高度な政治的判断を必要とするものだったからである。

問題の黄色の用紙には、手書きで三項目の要旨が箇条書きにされていた。いわゆるマッカーサー・ノートと言われるものである。

これから話を進めるためにあたっての基本資料となるものなので、ここで全文を紹介しておこう。

〈天皇は、国のヘッド（注・従来の訳では「元首」）の地位にある。

皇位は世襲される。

天皇の職務および権能は、憲法に基づき行使され、憲法に示された国民の基本的意思に応えるものとする。

国権の発動たる戦争は、廃止する。日本は、紛争解決のための手段としての戦争、さらに自己の安全を保持するための手段としての戦争をも、放棄する。日本は、その防衛と保護を、今や世界を動かしつつある崇高な理想に委ねる。

日本が陸海空軍を持つ権能は、将来も与えられることはなく、交戦権が日本軍に与えられることもない。

日本の封建制度は廃止される。

貴族の権利は、皇族を除き、現在生存する者一代以上には及ばない。

華族の地位は、今後どのような国民的または市民的な政治権力も伴うものではない。

予算の型は、イギリスの制度にならうこと。〉

このマッカーサー・ノートの解釈について、ホイットニーからかなりの時間にわたって説明を受けたあと、ケーディス大佐ら三人は、日曜日にもかかわらず、ただちに憲法草案作成のための準備に取りかかった。

「ホイットニー将軍に、草案の締切りについてたずねたのです。すると、今週中だと言うじゃありませんか。驚きましたね。マッカーサー元帥と将軍自身が目を通す時間が必要だというのが、その理由でした。

ホイットニー将軍はこうも言いました。来週の火曜日、一二日に日本側との会議がある。日本側は松本草案を批判した覚書きを渡されると思っているだろうが、そのときに、その種の覚書きではなく、我々の考え方はこうだと主張する憲法草案そのものを渡したいのだと、そう言ったのです。

驚きましてね。そんなに急がなくてはいけないとは思っていませんでしたから……」

ケーディス大佐は、急遽《きゅうきょ》呼び出された理由がこの言葉でようやくわかったという。他の二人は、質問もできないほどの衝撃を受けた。

だが、ただ驚いている暇はなかった。軍の組織においては、命令を受けると最高位にいる者が全責任を負うことになる。民政局行政部の責任者であるケーディス大佐としては、これを一種の作戦命令として受けとめ、すぐさま目的遂行のための体制づくりにとりかかる必要があった。

憲法草案作成当時のホイットニー将軍(左側)とケーディス大佐。

幸いにも法規課長だったラウエル中佐は、憲法改正の担当者として前年の秋から日本側の民間の憲法研究組織などと接触していた。またハッシー中佐ともども弁護士であることは心強かった。

「大変な仕事だと思いましたが、とてもできないとは考えませんでした。民政局が信頼されているという誇りもありましたが、やりがいのある仕事だという緊張感がありました。ワシントンから専門家を呼ぼうという考えはまったくありませんでした」

九〇歳近い今も、非常に記憶の確かなケーディス氏だが、その日、昼食をとったかどうかは覚えていないという。とにかくさまざまな書類をかかえ、ケーディス、ラウエル、ハッシーの三人は大急ぎで、第一ホテルへとって返した。

マッカーサー・ノート

前述したマッカーサー・ノートの文章は、現在の日本国憲法の骨格を成すものだが、その中には異なった二つの立場が同居している。

つまり、日本軍国主義の牙《きば》を徹底的に抜こうという勝者の姿勢と、世界の恒久平和を指向するきわめて高い理想主義である。これは世界中が戦争に疲れ果てたあの敗戦直後の状況を知っている人ならば、矛盾なく受け止められるだろう。

三カ条からなるこの文書は、おそらくこの前日の二月二日の夜、マッカーサーとホイットニーの間で作られている。「作る」という表現を使ったのは、この手書きのメモが、どちらの手によって書かれたものなのか、どの部分がどちらの発案によるものなのかなどという点について、よくわかっていないからだ。

「マッカーサー・ノートは、その後も長い間私の手もとにありましたが、誰が書いたかは謎なんですよ。ホイットニー将軍はマッカーサー元帥に心酔しており、筆跡も区別がつかないほど似ていたんです。これはGHQ内では有名な話です」

ケーディス氏との長いインタビューでは、しばしば話題が横道にそれる。しかし、その中に思いもよらない大事な話が混じっていることがある。マッカーサー・ノートのオリジナルを、ケーディス氏が持っていたという話には驚いた。

このオリジナルのメモについて、ケーディス氏は、アメリカに帰ったあとホイットニー将軍に重要な記念品として返却した記憶があるという。しかし残念なことに、ホイットニー将軍が亡くなったあと遺品を整理したご子息によると、それは見あたらなかったということである。

さて、このマッカーサー・ノートをみると、三項目の文章の性質は、それぞれかなり異なっている。

第一番目の天皇の地位に関する条項は、明らかにポツダム宣言を背景として成立したものだ。

ポツダム宣言　第一二項

〈前記諸目的が達成せられ且つ日本国国民の自由に表明せる意思に従い、平和的傾向を有し且つ責任ある政府が樹立せらるるに於いては、聯合国の占領軍は、直ちに日本国より撤収せらるべし。〉

この文章の中に、「国民が望めば天皇制も認める」という意味が含まれているという解釈がある。知られている通り、日本政府が昭和二十年の八月一〇日付で連合国に送った文書では、ポツダム宣言を「天皇の国家統治の大権を変更するの要求を包含し居らざることの了解の下に受諾す」と条件をつけている。

ポツダム宣言は、全日本国軍隊の無条件降伏を要求していたが、日本という国家に対しては「吾等の条件は左の如し」（五項）として条件降伏を提示していた。そして前記一二項に、政府の樹立は「日本国国民の自由に表明せる意思に従い」とあるのだから、天皇制を認めるかどうかは、国民が決めることができるという考えである。

ところがケーディス氏に聞くと、そのあたりの解釈は微妙に違う。

「連合国としては、国体を変えないという条件は拒否していました。連合軍総司令部としても、天皇制に関してはフリーハンドであると私たちは理解していました。ただ、その一方で、天皇をなくさないということも、暗黙のうちに了解していました」

これは占領政策に一貫した、「日本人、あるいは日本民族のトップに人間としての天皇が存在する」ことと、「国家の組織の頂点として絶対権力を保持する天皇制」とは別だという基本的な方針に沿った考えである。

天皇制の持つ諸問題については、アメリカ国務省内で太平洋戦争開戦直後から始まった日本占領政策の立案作業の中で、詳細に検討されていた。その中では、天皇制の悪用が軍の暴走をもたらしたことと、国民から尊敬されている天皇の位置とが、はっきり分けて分析されている。つまり、諸悪の根源は制度にあるという考えである。ポツダム宣言は、そのような分析を下敷きにして生み出されていた。

したがって、このマッカーサー・ノートの「天皇条項」は、そういったポツダム宣言の原則を、「天皇から権力を剝奪《はくだつ》して地位だけを与える」という形で具体化したものだということが言える。文章も要点を併記した簡単なもので、マッカーサー、ホイットニーのどちらの意見が強く投影しているかはわからない。


二番目の戦争放棄に関する条項についてはどうか。

冒頭の「国権の発動たる戦争は、廃止する」という文言は、一九二八年のパリ不戦条約（ケロッグ・ブリアン条約）にその原典を発見できる。

〈国際紛争解決ノ為戦争ニ訴フルコトヲ非トシ且其ノ相互関係ニ於テ国家ノ政策ノ手段トシテノ戦争ヲ抛棄スルコトヲ其ノ各自ノ名ニ於テ厳粛ニ宣言ス〉

とある第一条である。

中ほどの「日本は、その防衛と保護を、今や世界を動かしつつある崇高な理想に委ねる」の部分の発想は、一九四五年六月に出来たばかりの国連憲章と思われる。

マッカーサーは、同年九月二日のミズーリ艦上での降伏調印に際しての演説で、平和への誓いを次のように訴えていた。

「この厳粛な式を転機として、流血の過去から、よりよい世界、信頼と理解の上に立つ世界、人間の尊厳と人間が最も渇望している自由、寛容、正義の完成をめざす世界が生まれてくることを、私は心から希望している。それはまさに全人類の希望でもある」

第二次世界大戦が終わったとき、誰もがもうこんな戦争はしたくないと思った。フィリピンで二度、悲惨な戦いを経験したマッカーサーが、占領政策の中で一貫して掲げた理想主義が、この条項に反映していることは明らかである。

この戦争放棄の条項に関する限り、ケーディス大佐に手渡す前日の二月二日に慌ただしくメモしたものとはとても思えない。このしっかりした文章を、いつ、誰が書いたかは興味のあるところだ。

三番目の封建制度の廃止に関する条項は、当時すでに進行中の財閥解体、農地解放などを踏まえた実務的な指示である。「予算の型は、イギリスの制度にならうこと」という部分は、のちに追加されたともいわれる。また一代限りの華族制度を認めるなど、マッカーサーとホイットニーの相談の中で、あまり深く考えずに書かれた様子がうかがえる。

これらの三条項は、まさに後の日本国憲法の骨格をなす考え方だが、不思議なことに、その中に人権に関する部分はまったく見当たらない。

九日間作戦の組織づくり

第一ホテルに戻ったケーディス大佐たち三人は、進駐軍用の食堂になっていたホテル内のレストランで、サンドウィッチとコーヒー、それに大量のコーラを仕入れ、ケーディスの部屋にこもった。情報が外に漏れるのを恐れ、他の将校たちから「ポーカーをやらないか」と声をかけられても、生返事でやり過ごしたという。

当時、民政局には行政部のほかに朝鮮部があったが、憲法草案作成の作業は、行政部のメンバーだけで行なう必要があった。

その内訳は、ケーディス大佐を含めて陸軍の佐官が五人、海軍の佐官はハッシー中佐ら三人、陸軍の尉官はリゾー大尉ら五人、海軍の尉官はハウギ中尉とプール少尉の二人。その他に、ピーク博士ら民間人の男性が四人。女性は、現在残っている公式記録とみなされる文書をメモし、清書したエラマン女史など六人。以上を合わせた二五人が戦力のすべてだった。

ケーディス、ラウエル、ハッシーの弁護士三人と有能なエラマン女史で、全体を統括する運営委員会（Steering Committee）を構成し、その下に、立法権に関する小委員会、行政権に関する小委員会、人権に関する小委員会、司法権に関する小委員会など、七つの小委員会を置く。そして、各小委員会から草案が上がって来たら、運営委員会でチェックして成案に持っていくという形をとることになった。

それぞれの小委員会の担当を誰にするか？　いろいろと組み合わせを考えた結果、別表（次ページ）のような組織図が出来上がったのは、日付が変わった深夜になってからであった。ラウエルとハッシーは、司法権に関する小委員会のメンバーも兼ねることになった。

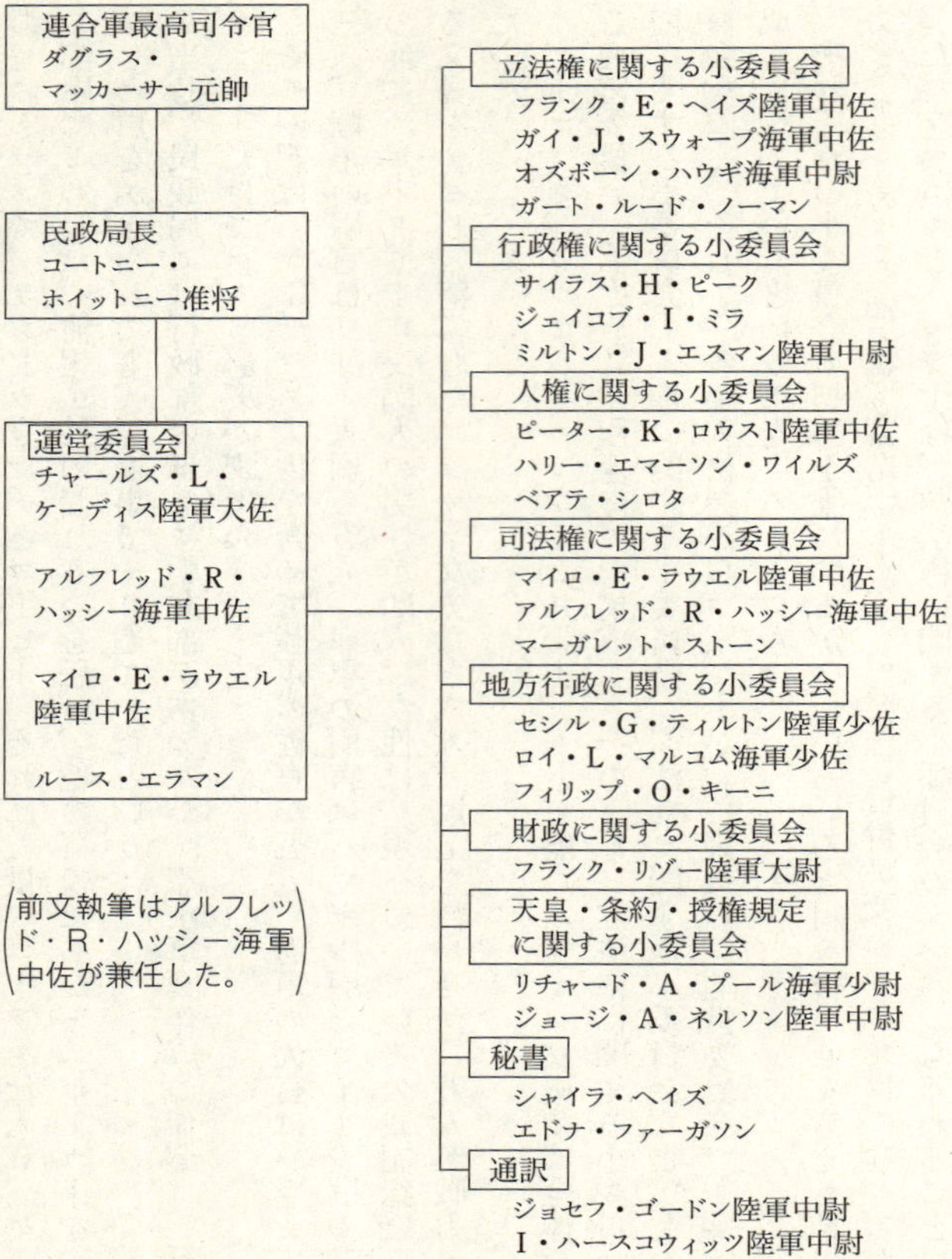

日本国憲法草案作成のための民政局組織図

ケーディス氏は、この組織図を作ったときのことをこんなふうに回想する。

「憲法の専門家こそいませんでしたが、立法や行政の経験者、政治学者、ジャーナリストなど、さまざまな能力を持ったメンバーが揃っていたので、誰をどの担当にするかで苦労しました。リゾー大尉には、一人で財務委員会を担当させ、苦労をかけました。ハッシーは、（憲法）前文をぜひやらせてほしいと申し出てきました。

戦争放棄の条文は、さまざまな議論が起こることが予想されましたので、私自身が担当することにしました。おそらく私がやらなかったら、議論が百出してまとまらなかったと思います」

この組織図は、参謀部があって各部隊に指令を出し、その結果を吸い上げて司令官が決定を下していくという軍隊式の構成をとっているが、実によくできている。現在の日本国憲法の章立ては、この組織図に対応している。ケーディス氏は、明治憲法を下敷きに構成を考えたというが、議会や人権を重視した人選と布陣はなかなかのものである。

今は好々爺《こうこうや》という感じのケーディス氏だが、私がインタビューした民政局員の人たちは口を揃えて、当時のケーディス大佐は才気煥発《かんぱつ》の切れ者だったという。

準備作業は、組織・担当を決めるだけではなかった。マッカーサー・ノートの三原則だけでは、もちろん憲法はできない。基本的な方針は、ポツダム宣言にはじまり、それまでにワシントンの陸軍省から届いていた「初期対日方針（ＳＷＮＣＣ《スウィンク》－１５０／４）」、憲法改正に関しての具体的な指針を示した「日本の統治体制の改革（ＳＷＮＣＣ―２２８）」などの文書、さらには国連憲章などを軸として考えなければいけない。本来は日本政府が成すべき仕事を代わって行なうわけだから、明治憲法の検討も必要になる。（注・ＳＷＮＣＣというのは、太平洋戦争末期に、対日占領政策を決定するために設置された国務・陸軍・海軍三省調整委員会のことで、三省の次官クラスがメンバー。重要政策はほとんどこの組織で討議決定された。末尾の数字は文書番号を表している。）

ともかく、明日に迫った作業の開始に備え、指針となるメモを大急ぎでまとめた。二月三日深夜の第一ホテルには、一部屋だけいつまでも灯がともっていた。当直のＭＰが行き来する足音だけが、凍《い》てついた歩道にやたらに響いていた。気温は零度を切っていた。

第二章　二月四日（一日目）

ただいまから憲法会議を開く

密室の九日間の初日。二月四日、月曜日。オズボーン・ハウギ中尉は、いつもの通り日比谷ビルにある同盟通信社の配信センターで、朝刊のニュースの抄録《サマリー》を入手して、民政局の大部屋に帰った。

「午前九時になっていなかったのに、ケーディス大佐、ハッシー中佐、ラウエル中佐らが出勤してきており、何かありそうだという予感がしました。そしてすぐ、それは二月一日に毎日新聞がスクープした日本政府の憲法草案と何か関係があるのではないかと思いました。

マッカーサー元帥が憲法について非常に熱心だったことは、よく知っていました。というのは、前年の一二月ごろから日本の政党や民間団体によって憲法草案が次々と発表されていたとき、どれだったか忘れましたが、一つ抜かしてひどく叱られたことがあったからです。ですから毎日新聞のスクープの意味するところは、よくわかっていました」(ハウギ氏)

ケーディス大佐ら運営委員会を構成する三人は、局員たちより早く出勤した。マッカーサー・ノートを、まずタイプしなければならなかったからだ。そしてケーディス大佐は、

Copy of Pencilled Notes of C-in-C handed me on Sunday, 3 Feb. '46 as the basis of draft Constitution. CW

COPY

SECRET

I

Emperor is at the head of the state.

His succession is dynastic.

His duties and powers will be exercised in accordance with the Constitution and responsibe to the basic will of the people as provided therein.

II.

War as a sovereign right of the nation is abolished. Japan renounces it as an instrumentality for settling its disputes and even for preserving its own security. It relies upon the higher ideals which are now stirring the world for its defense and its protection.

No Japanese Army, Navy or Air Force will ever be authorized and no rights of belligerency will ever by conferred upon any Japanese force.

III.

The feudal system of Japan will cease.

No rights of peerage except those of the Imperial family will extend beyond the lives of those now existent.

No patent of nobility will from this time forth embody within itself any National or Civic power of government.

Pattern budget after British system.

ケーディス大佐らがタイプしたマッカーサー・ノート

ベアテ・シロタ嬢。当時22歳。

前日作成した担当組織図をホイットニー将軍に説明し、了解をとりつけた。

民政局の最年少のメンバーであるベアテ・シロタ嬢は、いつもの通り、明るい声で挨拶《あいさつ》を交わしながら出勤してきた。雑然と並ぶ机の間を縫って、部屋の南側にあった自分の机につくと、公職追放に関する調査資料の整理を始めた。

「寒い月曜日でした。民政局の大部屋は、特別に変わった雰囲気ではありませんでしたが、ケーディス大佐をはじめ偉い人たちが早く来ていたのが、いつもと違っていましたね。私は一番年下でしたが、日本のようにお茶を出す必要もありませんでしたから、調査資料の整理をしようと取りかかったところへ集合命令が来ました」（ベアテ・シロタ・ゴードン氏）

その年の一月四日、連合軍総司令部は、侵略戦争に何らかの加担をした人物を公職から追放することを決め、その枠組みを発表していた。その中には、戦犯に問われなかった政府要人、大政翼賛会のメンバー、高級官僚、政治家、大学教授などが多数含まれており、日本政府を震憾《しんかん》させた。

公職追放はその後も続き、占領政策にとって都合の悪い人物は、隣組の組長をしていた程度でも該当者とみなされた。自由党の総裁で次期首相と目されていた鳩山一郎も、この年の四月の総選挙後、組閣を前にして追放されることになる。滝川教授をはじめ七人の教授を罷免した京大事件（滝川事件）のときの文部大臣であったことが、その理由であった。ベアテ・シロタ・ゴードン氏のいう調査資料とは、その第二次の公職追放のための資料のことである。

民政局の朝鮮部を除くメンバー全員に、ホイットニー将軍の個室の隣にある会議室に集まるよう命令が下りたのは午前一〇時であった。

見事な白髪だが、何となく少年の面影を残しているハウギ氏は、実況放送のようにその日の情景を話す。

「二〇人くらいが、立ったり座ったりという感じで、会議室を埋めていました。椅子の数が足りなかったのを覚えています。待っているところへ、ホイットニー将軍が現れ、すぐに話しはじめました。

〈紳士淑女諸君、今日は憲法会議のために、諸君に集まってもらった〉と、彼は芝居っ気たっぷりに言うんですよ。しかし憲法草案を作成するための会議だというんですから、冗談で笑うどころではありませんでした。それから彼は小さな紙に書かれた内容を読み上げたのです。

日本政府の新憲法案は、総司令部として受け入れることはできないものだ、なぜなら民主主義の根本を理解していない案だからである、というのです。このような案を元に長時間かけて日本政府と交渉するよりも、こちらから憲法のモデル案を提供した方が効果的で、早道だという訳です。そこで、ポツダム宣言の要求とマッカーサー元帥の指令にそった憲法のモデルを、これから作成するという話でした。驚きましたね」

当時のメンバーにとって、その日のことは、生涯忘れられない記憶として残っている。ほとんどの人が、いつ、誰がどういうことを言ったか、自分はどの位置にいて、どういうふうに聞いたかを克明に覚えている。

「ホイットニー将軍は、そう言ったあと小さなメモを出して、あのいわゆるマッカーサー三原則（マッカーサー・ノート）を読み上げました。当時はコピーなどとれませんでしたが、数人にカーボンで複写したものが配られた記憶があります。私は下っぱでしたからもらえませんでした。そして、通常の仕事は中止して、今週中には原案を書きあげるのだという話になりました。二度目の驚きでした」

このときルース・エラマン女史が記したメモにも、前日ケーディス大佐が驚いた草案の締切りの話が、〈二月一二日には新憲法草案を完成させてマッカーサー元帥の承認を得たい〉と、具体的日時つきで書かれている。このときのホイットニー将軍の演説は、前日の

民政局長コートニー・ホイットニー准将

ものとほぼ筋書きが同じだが、非常に印象に残る部分がある。

〈私としては、外務大臣とそのグループ（注・吉田茂《よしだしげる》外務大臣と松本烝治《じょうじ》国務大臣を指す）が、天皇を護持し、残された彼らの権力を維持するための唯一可能な道は、はっきりと左寄りの道をとるような憲法を受け入れることだということを、納得させるつもりだ。

私は、議論による説得によって、そのような結論に達したいと希望しているが、それが不可能なときは、マッカーサー将軍から、力によって脅かすだけでなく、力を用いる権限も与えられている。〉（傍点著者）

内輪話としても、かなり強権的な内容で、この発言自体がポツダム宣言の枠を越えていることは明らかだが、さらに穏やかでない言葉が出てくる。

〈外務大臣とそのグループが、自分たちの憲法案の針路を変え、リベラルな憲法を制定するようにという、我々の要求を満たすようなものにすることがねらいだ。それが達成できたときは、出来上がった文書は、日本側からマッカーサー元帥に承認を得るため提出されることになる。マッカーサー元帥は、この憲法を日本人によって作られたものとして受理し、世界に公表することになるだろう。〉

勉強ができない子供のために、先生が答案を書いて生徒に渡し、それを生徒の答案として認め、公表するというのだ。日本という民主主義の劣等生を、無理やり優等生に仕上げるために、模範答案を書いてやれ、それも一国の憲法を一週間で仕上げろという無謀な命令なのである。

ヨーロッパ近代史を専門にしていたエスマン中尉（現コーネル大学名誉教授）は、そのときの感想を次のように述べている。

「私のそのときの印象は、これは責任重大だぞ、それなのに時間があまりに短か過ぎる、他にもっとよいやり方があるのじゃないか、といったところでした。

しかし、自分の置かれた環境のもとで最善をつくさねばとも思いました。ただ、とてもできないなんていう感じはありませんでしたね」

ホイットニー准将は、一〇分ほどで話を終えると、そのまま自室に戻ってしまった。そのあとは、ケーディス大佐の番だった。きのう深夜までかかって作成した組織図（前出）を発表し、担当者を任命すると、仕事の進め方を説明した。このあたりはまったく軍隊の作戦命令の要領だ。作戦目的、遂行方法、達成の日時、兵員、弾薬の補給などを明白にして命令を下すやり方である。

しかし、時間のなさと兵員の少なさ、武器に相当する基礎知識の欠如を考えると無謀な計画に近い。だが、不思議なことに証言者たちは、この無謀さをあまり口にしない。そんなことは言ってはおられない雰囲気だったようだ。

ここで、憲法草案の作成に参画した二五人の非常に個性的な人物たちのプロフィールを紹介しておこう。彼らのキャリア、性格などを知っておくことは、密室で繰り広げられたドラマを理解するためには、欠くことのできないものだからである。

多士済々の執筆者

民政局長コートニー・ホイットニー准将。この曲者《くせもの》の将軍を抜きにして、日本国憲法について語ることはできない。ひょっとしたらマッカーサー元帥を動かして、憲法草案をGHQの手で作ることを仕掛けたのは彼の方だったのではないか、と疑わせる要素が多分にある人物である。

マッカーサーより一七歳年下のホイットニーは、一八九七年にメリーランド州タコマ・パークで生まれた。一九一七年にコロンビア特別区州兵に志願し、その後通信隊航空学校に入り、一九二〇年に陸軍航空隊の中尉に昇進している。驚異的なスピード任官だ。

首都ワシントンに勤務中、コロンビア・ナショナル・ロー・スクールの夜間部に通って法学博士の学位を得ている。

一九二七年、フィリピンでの航空隊を最後に退役し、マニラで法律事務所を開く。九年後、民間人としての彼は、本業の弁護士のかたわら、鉱山の試掘や株の投資など、さまざまな事業で巨大な財を成している。並々ならぬ異才の持ち主であることが、このことからもわかる。そして真珠湾攻撃の一年前の一九四〇年に、雲行きの怪しくなったアジアからいち早く家族を伴ってワシントンに逃げ帰っている。

その同じ年、陸軍航空隊司令部の法務課長補佐として軍務に戻るが、そのときは中佐になっていた。どうしてそんなに早く昇進したのかは、よくわからない。この時期も余暇を利用して機甲部隊学校と指揮参謀学校に学んでいる。そして、中国の昆明駐屯の第一四空軍の司令部スタッフに加わることになり、一九四三年三月、陸軍航空部隊情報学校行きを命ぜられる。ところが、陸軍省はすぐ彼をオーストラリアの南西太平洋軍総司令部勤務につけ、そこでマッカーサーと運命的な出会いをすることになる。一九四三年五月二四日のことである。ガダルカナルで日米の戦況が逆転し、山本連合艦隊司令長官がニューギニア・ブインで米軍機に撃墜され、戦死を遂げる時期にあたる。

ホイットニーのマッカーサーの下での功績は、フィリピンの地下ゲリラ集団を統率してさまざまな活動を展開したことであった。一九四四年一〇月二〇日、マッカーサーがレイテの浅瀬を歩いて上陸した時、その背後を歩いていたホイットニーは、すでにフィリピン国内に一三四の放送局と二三の気象観測所を活動させていた。すべて、潜水艦を使って送り込んだ兵器、弾薬、無線機器、医薬品などのあげた成果であった。マッカーサーがフィリピンから敗退し、オーストラリアで復讐《ふくしゅう》を誓ったときの言葉「アイ・シャル・リターン」を、ホイットニーは、ゲリラの合言葉に使った。

一九四五年八月三〇日、マッカーサーがバタアン号で厚木に進駐したときも、元帥の傍らの席を占めていた。そして、歴史的な九月二日のミズーリ艦上での降伏調印式の演説草稿も、ホイットニーが書いている。第一章でも触れた、あの平和を希求する格調高い文章である。

このあたりで、日本国憲法の草案がＧＨＱの手で書かれることになったストーリーの序章が見えてくる。

ホイットニーは、このあと東京からまたフィリピンに戻って、統治権委譲の仕事を果たし、一二月中旬にマッカーサー司令部に戻ってくる。クリスト将軍のあとを受けて民政局長のポストについたのは一二月一五日だった。

マッカーサーの知的懐刀としての信任は厚く、彼の執務室にフリーパスで入り、毎日午後六時ころから八時ころまで話しこんでいたというから並の関係ではなかった。

ジャスティン・ウィリアムズ氏によると、民政局長に就任してすぐ、局員を集めて、「扉を開けておくから、誰でも雑談に来い。一中尉が、私の机をどんと叩《たた》き、〈将軍、あの指令案は馬鹿げています。こんなものをマッカーサー元帥に承認するよう申し入れるとは、頭がおかしいのではないですか〉などという時がくるのを心待ちにしている」と演説し、部下の心をつかんでいる。

こんな調子だから、民政局員の評価は高かったが、ジャーナリストなどからの受けはあまり芳しくなかった。あから顔で気が短く、真面目一方、仕事一筋の男であった。マッカーサーに対する忠誠心は独占欲と結びついて、マッカーサーの悪口をいう男を見つけると直ちに言いつけて首にするという偏執狂的な一面も持ち合わせていた。

憲法草案に着手した一九四六年、ホイットニーは四九歳だった。

運営委員会

運営委員会の責任者となった民政局次長のチャールズ・L・ケーディス大佐は、当時四〇歳。ルーツはスペイン系のユダヤ人。両親は、フランスのアルザス地方の出身で、アメリカ東部に移住している。一九〇六年、ニューヨーク州ニューバーグ生まれ。コーネル大学とハーバード大学のロー・スクールを卒業。学生時代フランクリン・ルーズベルトのニューディール政策に影響され、以来進歩的な思想の持ち主である「ニューディーラー」を自負している。

一九三〇年から三三年まで、ニューヨークのホーキンス・デラフィールド・ロングフェロー法律事務所に所属弁護士として勤める。一九三三年から三七年まで連邦公共事業局の副法律顧問、一九三七年から四二年まで財務省の副法律顧問、同じ年の四月から陸軍中尉として軍務につく。歩兵学校、指揮参謀学校を卒業したのち、陸軍省民事部に配属される。その後第七軍に所属、第一空挺《くうてい》隊の参謀第五部の副官となり、ノルマンディ上陸作戦、アルプス作戦、ラインランド作戦に参加している。

ケーディス大佐（中央左側）とオズボーン・ハウギ中尉（中央右側）

日本には、一九四五年の八月末、厚木に降り立ったのが初めてである。

「そのときは、日本についてはまったく何の知識もありませんでした。もちろん日本語も……。ワシントンからの指令について勉強したり、民政局員の一人だったマコト・マツカタ（松方正義《まさよし》の孫）や、日本政府の人からいろいろ教えてもらったりしました」

その人物が、占領政策の核心ともいえる公職追放と内務省の解体、警察制度の改革などを見事になしとげている。

「非常に頭脳明晰《めいせき》な人物でした。憲法草案は彼の力がなかったらできなかったかもしれません。人当たりがよく、社交家で、ホイットニーとは対照的な人でした」（ベアテ・シロタ・ゴードン氏）

当時の民政局員の彼に対する評価は、皆、

このようなもので、悪口をいう人は一人もいない。写真で見る通りの男前で、加えて親切とあれば、日本の社交界の女性が放っておくはずもなく、いくつかの有名なエピソードもある。

現在、ケーディス氏はボストンから二百キロ西のヒースという場所で、夫人と二人で静かに暮らしている。現在でも現役の弁護士であり、数年前までは週明けに車でニューヨークへ行き、週末まで単身赴任のような形で働いていたという。今もアジアのいくつかの企業の顧問弁護士を務め、アジアを旅することは日常だという元気さである。

マイロ・E・ラウエル中佐は、民政局の中で憲法草案の作成が始まる前から憲法にかかわる仕事をしていた唯一の人物である。民政局での立場は法規課長。陸軍中佐だが、本職は弁護士だ。

カリフォルニア州のフレスノで一九〇四年に生まれている。フレスノと言えば、貿易摩擦の焦点であるコメの産地として知られ、日系人の農民が多かったところだが、日本人や日本文化との接触については、その経歴からはうかがい知ることができない。

スタンフォード大学を卒業後、ハーバード大学のロー・スクールに学び、再びスタンフォードに戻って博士号を取得。一九二六年から四三年まで企業や団体の顧問弁護士を務めたあと、ロスアンジェルスの連邦検事補や政府諸機関で法律顧問などをしている。

アメリカの予備役軍人制度は面白く、大学に通っている間の夏休みとか、休日だけを軍務にあてることで、軍人としての義務を果たしたことになり、階級も上がっていく。

彼の軍歴によると、憲兵参謀学校、シャーロットビルの軍政学校、シカゴ大学の民事要員訓練所などを経て、はじめて本格的な軍務についている。また一九四四年秋のレイテ島上陸作戦が終わった後にフィリピンの民政班の指揮官となったが、これが、彼にとっては唯一の戦場経験である。

戦争が終わった時、フレスノに帰って弁護士を開業しようとしていたところを、ホイットニーが説得して民政局に止《とど》まらせた。

共和党員でもあり、どちらかというと保守的な思想の持ち主だったようだ。当時ケーディス大佐より階級は下だったが、年齢は二つ上の四二歳。運営委員会の中の実務者として、なくてはならない存在だった。

民政局法規課長として、高野岩三郎《いわさぶろう》らの「憲法研究会」（後述）のメンバーや、リベラルなグループとのつきあいも多く、日本側の在野の憲法草案を取り入れるに当たって、橋渡し役として動いた人物である。

アルフレッド・R・ハッシー海軍中佐は、民政局の中ではユニークな人物の一人だったようだ。同僚だったジャスティン・ウィリアムズ氏によれば、少しユーモアに欠けるところがあり、清教徒的潔癖主義の持ち主で情熱家だが、自信過剰気味な人物と見られていたという。かなり偏執的なところのある性格だったようで、彼の書いた憲法前文の草稿には、

アルフレッド・R・ハッシー中佐。当時44歳。

数多くの歴史的名文を渉猟したあとが見られる。

マサチューセッツ州プリマスの出身。ハーバード大学で政治学を学んだあと、バージニア大学のロー・スクールで法学博士の学位を得ている。一九三〇年から四二年九月まで弁護士を開業。その間、マサチューセッツ州で公職に選任されたりする傍ら、州の最高裁判所の会計検査官などをつとめている。

海軍では、太平洋陸海軍共同訓練司令部での営繕、運輸、法律担当の将校としての勤務が最初で、プリンストン大学の海軍軍政学校、ハーバード大学の民事要員訓練所などをへて、戦争終了と同時に連合軍総司令部に配属になった。

民事要員訓練所というのは、太平洋戦争の趨勢《すうせい》がほぼ決した一九四四年、ハーバード、スタンフォード、エールなどの主だった大学に、占領行政のための要員養成のために置かれた組織で、日本語や大日本帝国の独裁的特性などを詳しく教えていた。サイデンステッカー、キーン、ケーリ氏ら戦後の日本研究の学者は、ほとんどここで学んでいる。民政局が一九四九年にまとめた『日本政治の再編成』の「日本の新憲法」の章、三六ページの全部を書いている。文章家として大変な自信を持っていたようだ。

彼はラウエルよりさらに二歳年上の四四歳であった。

運営委員会は、以上三人の弁護士に、のちにハッシー中佐と結婚したルース・エラマン女史を加えて構成された。GHQによる憲法草案作成時の貴重な基礎資料として、運営委員会と各小委員会との間で行なわれた討議の記録がある。これはエラマン女史がメモをとり、後日タイプして残したものである。彼女は運営委員会の秘書として、また記録係として八面六臂《ろっぴ》の活躍をした。

ルース・エラマンは一九一六年一〇月二〇日、オハイオ州シンシナティの生まれ、当時三〇歳。一九三八年シンシナティ大学を「成績優秀」で卒業、その翌年、シカゴ大学で修士号をとっている。一九三九年から四二年まで、シカゴ大学新聞社で編集と広告の仕事につき、一九四二年から四六年の一月まで、戦時経済委員会などで働いている。この間、経済情報やドイツ産業の目標調査、それにロンドンのアメリカ大使館にも赴任している。

つまり、この憲法草案に着手する直前まで、ワシントンで主として経済関係の政府機関で働いていたキャリア・ウーマンであった。

「彼女は、民政局の中でも飛び抜けて能力のあった女性です。運営委員会の秘書の仕事は大変なものでした。彼女の残したメモほど、憲法草案がどうして生まれたかを今日に伝えるものはないでしょう。年齢は正確には知りませんが、私より大分お姉様でした」

ベアテ・シロタ・ゴードンさんのエラマン評だが、私のインタビューに応じて下さったほとんどの人が、彼女の記録を片手に当時の仕事の流れを思い出しておられた。

「彼女のメモの信頼性は高いでしょうか？」

という問いに、

「百パーセント正確さを期待するのは、とても無理な状況でしたが……」

と言いながらも全員「もちろん」と答えている。

ハッシー中佐が亡くなったあと、彼女は、どういう訳か関係者との交流を絶ってしまった。

ケーディス氏が一九八六年に電話したところ、声の主は確かに彼女だったが、「私はそのエラマンではありません」と取りつくしまもなかったという。裏話を豊富に知っている人物だけに、インタビューできないのが残念という他はない。

立法権に関する小委員会

立法権に関する小委員会は、民主主義の根幹である議会制度を担当することもあって、民政局でもエース格の人物が選ばれた。

フランク・E・ヘイズ陸軍中佐は、ワイオミング州のランダー出身で、当時四〇歳。民

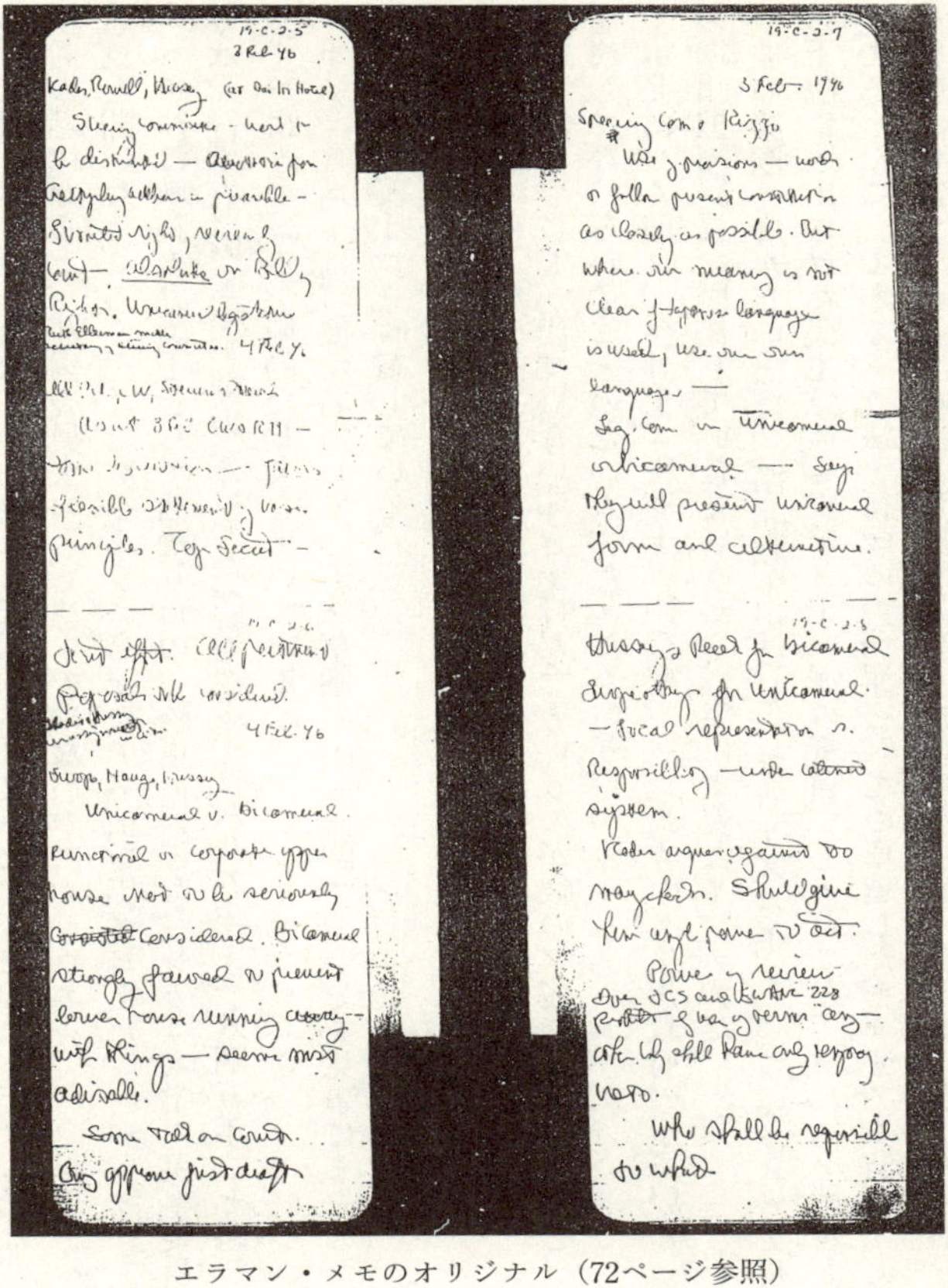

19-C-2-5
3 Feb 46

Kades, Rowell, Hussey (at Dai Ichi Hotel)

Steering committee - work to be distributed — [illegible] [illegible] [illegible] [illegible] — [illegible] [illegible] Court — Absolute or Bill of Rights. Unicameral [illegible] [illegible] 4 Feb 46

[illegible] Court [illegible] — [illegible] — [illegible] principles. Top Secret —

19-C-2-6

Joint effort. All sections [illegible] Proposals [illegible] [illegible]

4 Feb 46

Swope, Hays, Hussey

Unicameral v. Bicameral. Functional or corporate upper house need to be seriously ~~[illegible]~~ considered. Bicameral strongly favored to prevent lower house running away with things — deemed most advisable.

Some talk on Court.

Any approve first draft

19-C-2-7

5 Feb 1946

Steering Com & Rizzo

Use of provisions — words of follow present constitution as closely as possible. But where our meaning is not clear if Japanese language is used, use our own language —

Leg. Com on Unicameral v. bicameral — says they will present unicameral form and alternative.

19-C-2-8

Hussey's Reed for bicameral Swope & Hays for unicameral. — local representation v. responsibility — under cabinet system.

[illegible] argues against too many checks. Should give him [illegible] power to act.

Power of review over JCS and SWNCC 228 [illegible] [illegible] [illegible] only veto.

Who shall be responsible to whom

エラマン・メモのオリジナル（72ページ参照）

政局では、ケーディス大佐の右腕として信頼されていた。今でもケーディス氏は、草案の検討の話になると、運営委員会のメンバーではないのに「ラウエル、ハッシー、ヘイズの意見を聞いたところ……」というふうに必ず彼の名前を出すほどだ。

ヘイズは敏腕の弁護士として活躍したのち陸軍に入った。シカゴ大学の民事要員訓練所では、「日本の内閣に影響力を持った諸勢力——一八八五年～一九四五年」と題した四六ページにものぼる学術的な論文を書いている。

ホイットニーは、彼を名指しで「憲法草案の国会に関する部分を見事にまとめた、経験浅からぬ弁護士」と称賛している。

ガイ・J・スウォープ海軍中佐は、非常に変わったキャリアの持ち主だ。

「私は、小学校しか出ていない叩き上げだ」というのが彼の口癖で、下院議員という経歴を決してひけらかすことのない人物だったという。

軍務につく前に、会計士、税理士、銀行家、ペンシルバニア州政府の予算局長、内務省の準州担当局長を歴任していたというから、実は大変なインテリだ。

彼の経歴で輝かしいのは、南北戦争後はじめてハリスバーグ（ペンシルバニア州都）から下院に選出された民主党ニューディール派の議員であったこと、それにプエルトリコ総督であったことである。立法・行政の実務派としての卓越したキャリアの他に、実業界での経験も豊富だった。ものごとに動じない点や、容貌《ようぼう》、声の大きさ、顔全体を使った笑い方などがフランクリン・ルーズベルトそっくりだったという。

直接の部下だったジャスティン・ウィリアムズ氏（当時、陸軍大尉）は、スウォープ中佐の鋭敏な政治感覚と豊かな常識は、立法権に関する重大な決定に役立ったと、高く評価している。（参考までに言うと、ジャスティン・ウィリアムズ氏は、民政局が憲法草案を作成したこの時期、漆《うるし》にかぶれて入院しており、草案の作成に参加できなかった。そのことを今でも非常に悔しがっている。しかし、当時のGHQ内の状況を非常に詳しく記憶していて、今回のインタビューでも、具体的な情景や人物評を豊富に聞かせてくれた。）

ガイ・J・スウォープ中佐

オズボーン・ハウギ海軍中尉は、一九一四年生まれのノルウェー系アメリカ人で、当時三二歳。

ミネソタ州ノースフィールドのセイント・オーラフ大学を卒業後、一九三五年から三七年まで、中西部で週刊新聞の編集長をつとめた。一九三七年からはニューヨークに本部を置く全米ルーテル派教会会議で広

オズボーン・ハウギ中尉。当時32歳。

報・渉外を担当し、一九四二年からワシントンDCでノルウェー大使館のスタッフをつとめている。

終戦に近い一九四四年に海軍の召集を受け、プリンストン大学の軍政学校とスタンフォードの民事要員訓練所を経て、日本占領のスタッフに選ばれた。

ジャーナリストとしての経歴を持つ彼は、民政局では大変に忙しい人物だったようだ。毎日のニュースや民政局の活動を、マッカーサーやワシントンの国防総省《ペンタゴン》に報告する一方、日本各地に分散駐留する軍政部への要約ニュースを発行し、民間情報教育局（CIE）の手助けをし、さらに民政局首脳の記者会見のセッティングもした。

白髪の中に童顔が残るハウギ氏は、現在、ワシントン郊外で悠々自適の生活をしている。

「私は下っぱでしたから……」と謙遜《けんそん》しながらも、ずいぶんたくさんの内容のある話をしてくれた。

骨董品《こっとう》が大好きで、進駐軍時代には、骨董屋通いの常連だったという。

「当時は財産税のために、宮家や華族から美術品が売りに出されていて、日本刀などは二束三文だったから、すばらしいものが手に入りましたよ」

その言葉通り、家の中は博物館も顔負けのコレクションで埋まっている。日本のものばかりではなく、カンボジア、インド、エジプトなどの古美術品もあって、死ぬ前にスミソニアン博物館に寄付するつもりだというから、スケールが違う。

趣味の写真の腕前もなかなかのもので、本書のカバーにも使わせてもらったマッカーサー元帥とホイットニー将軍のスナップなどは、とても素人のものとは思えない。

行政権に関する小委員会

行政権に関する小委員会のメンバーも錚々《そうそう》たる顔触れだ。アメリカ国内でも、これだけのメンバーを揃えることは難しかっただろうと、メリーランド大学のマクネリー名誉教授は評価する。

サイラス・H・ピーク博士は、小委員会の責任者の中では唯《ただ》一人の民間人だ。

一九〇〇年、ミネソタ州生まれの当時四六歳。ノースウェスタン大学を卒業後、コロンビア大学で修士号と博士号を取得している。二年間、日本で教鞭《きょうべん》をとった（残念ながらどの学校かわからない）あと、コロンビア大学に戻り、助手、講師、助教授と進み、「ファー・イースタン・クォータリー」の共同編集者や編集長をつとめた。

サイラス・H・ピーク博士。
当時46歳。

民政局の発足当時、立案グループとしてワシントンで採用された二〇人の民間人専門家の一人で、東京に赴任したのは一九四六年の一月。したがって民政局に来たばかりで憲法草案の仕事を与えられたことになる。

民政局の中では、戦前の日本を知っている数少ない知日派で、新憲法施行後必要になった数多くの法律の改正に大きく貢献している。

ミルトン・J・エスマン陸軍中尉は、現在コーネル大学名誉教授で、国際政治学の世界ではよく知られた存在だ。一九一八年、ペンシルバニア州ピッツバーグの生まれの当時二八歳。一九三九年、コーネル大学の政治学部を卒業後、一九四二年プリンストン大学で政治学と行政学の博士号を取得している。合衆国人事院に行政分析担当官として勤務したのち、一九四二年から軍務につく。ニューオーリーンズ駐屯地の情報・教育士官、バージニア大学軍政学校、そしてハーバード民事要員訓練所をへて、一九四五年にGHQ民政局に来ている。「民政局に勤務した四〇～五〇人に及ぶ専門家の中でも、最優秀の逸材の一人でした」と、上司であったジャスティン・ウィリアムズ氏はほめちぎっている。

名誉教授というよりも、少壮学者の雰囲気すらとどめているエスマン博士には、コーネル大学の名誉教授室でお目にかかった。内閣総理大臣の権限について強硬意見を出して運営委員会と衝突し、命令で休暇を取らされてしまう。このエピソードは、のちに詳しく説明しよう。

ジェイコブ・I・ミラ氏も、エスマン氏の強硬意見に同調した人で、運営委員会に宛てて連名で意見書を提出している。民間人だが、ほとんど資料には出てこない。

ミルトン・J・エスマン中尉。当時28歳。

人権に関する小委員会

人権に関する小委員会のメンバーは、風変わりな人たちの集まりであった。

ピーター・K・ロウスト陸軍中佐は、ロウスト博士と呼ぶほうが相応《ふさわ》しいような社会学者で人類学者でもある。サンフランシスコ生まれの彼の学歴は、変化に富んでいる。オラ

ピーター・K・ロウスト中佐（左）。当時47歳。右はスウォープ中佐。

ンダのライデン大学（ヨーロッパでは、日本研究で知られたオランダ最古の大学。我々日本人にとってはシーボルトの大学といったほうがわかりやすいかも知れない）の医学部を卒業し、シカゴ大学で人類学と社会学の博士号を取得、南カリフォルニア大学の大学院で国際関係論、法律学、経済学を修めた。

陸軍に入る前の職歴も多彩だ。インドのマドラスの小さな大学で講師、オーストラリア民族主義の研究、ジャワ島における人種間通婚の調査などを行ない、トレド大学（オハイオ州）・リード大学（オレゴン州）の社会科学部長、農務省の市場調査専門官などをつとめている。一九四二年に少佐に任官され、バージニア大学の軍政学校、エール大学の民事要員訓練所を卒業、GHQには一九四五年秋に赴任している。当時四七歳。

ロウスト中佐の下で辣腕《らつわん》を発揮したのは、ハリー・エマーソン・ワイルズ博士だ。デラウェア出身で当時五五歳、民政局の中では、うるさ型の長老だった。ハーバード大学で経済学を学び、卒業後、ペンシルバニア大学で博士号を取得し、さらにテンプル大学で人文学博士号を取得。ベル電話会社の社員を振出しに、新聞記者、高校教師、雑誌の主筆など多彩な経歴の持ち主である。日本との関係がいつ頃から始まったのかはわからないが、戦前の一九二四年から二五年にかけて、慶応義塾大学で経済学の講義をしている。『日本の社会思潮』『危機下の日本』などの好著で早くから日本にも知られていた。

戦争中は、ワシントンの戦時情報局で日本関係の仕事に協力し、民事訓練所で日本の占領行政にたずさわる要員将校の教官を務めている。終戦とともに、GHQに配属されている。

民政局勤務のあと、G2（参謀第二部）のウィロビー少将の歴史課に配属され、降伏前後の交渉経過、占領軍の日本進駐などの歴史的記録を残す仕事につき、諜報将校の訓練にも加わっている。またマッカーサーが非常に気にかけた対日理事会の正規の傍聴人でもあった。

彼を有名にしたのは、日本占領の憤懣《ふんまん》をぶちまけた著書『東京旋風』（一九五四年　時事通信社）である。その中で名前は伏せてあるが、ロウスト中佐のことをボロクソに書いている。

日本の政治的再編成をめぐって、マッカーサーのやり方も気に入らなかったというワイルズ博士だが、憲法草案の人権部分の執筆には情熱を燃やし、膨大な量の条項を書いた。

ベアテ・シロタ嬢は、当時二二歳。本書の準主役級の人物である。そのプロフィールはさまざまな場面で出てくるが、どのような人物なのかを取りあえず紹介しておこう。

父は有名なピアニストのレオ・シロタ。キエフ生まれのロシア系ユダヤ人。両親がウィーンに移ってからベアテは生まれている。

レオ・シロタは才能豊かなピアニストで、若くから世界中を演奏して回っていたが、ハルピンで山田耕筰《こうさく》と出会ったことが、彼の運命を変える。「ちょっと日本に来てピアノを聞かせてくれないか？」と誘われ、一カ月くらいのつもりが、一〇年あまりも日本にとどまることになる。東京音楽学校の教授として、園田高弘《たかひろ》らを育てている。

一九二八年に父と共に来日したベアテは、五歳から一五歳までを日本で過ごしている。乃木坂《のぎざか》の家の近所には梅原龍三郎《りゅうざぶろう》がいるなど、音楽家、芸術家たちのハイソサエティとの多彩なつきあいがあった。

彼女は母親にお尻《しり》を叩かれて塾やお稽古《けいこ》ごとに通わされ、英才教育を施された、ませたひとりっ子だった。初等、中等教育は、ドイツ学校、アメリカン・スクールで学んだ。

「父のピアノの才能は受け継いでいないと母に引導を渡されて、語学教育を叩きこまれました。家庭教師について英語、フランス語などを習ったのです」

と本人が言うように、母親のオーギュスティーヌさんは、かなりの教育ママだったようだが、加えて天性の才能もあったらしく、六カ国語を母国語のように話すようになった。

山田耕筰とレオ・シロタ一家。ベアテ・シロタ嬢が5歳の頃。

人見知りをしない明るい性格で、日本人の友達も大勢いた。そういった人たちから日本女性の地位の低さを知らされていた。

一五歳で単身渡米し、サンフランシスコのミルズ・カレッジに入学。猛スピードで卒業し、ニューヨークでタイム社の調査担当記者をつとめ、戦争末期には政府の日本向けプロパガンダ放送も手がけた。いわば、アメリカ版「東京ローズ」のような仕事である。

一九四五年の一二月、日本に残した両親に会いたくて、占領軍の要員に志願して東京にやってきている。民政局での最大の仕事は、やはり憲法草案の人権条項を担当し、日本の女性の権利を向上させるために役立ったことだと胸を張る。しかし、誰にも話すなというホイットニー将軍の言葉を守って、最近まで憲法草案の作成に携わったことを口外しなかった。

民政局では、公職追放関係の仕事なども担当したが、両親が何かと住みにくい戦後の日本からアメリカに移住したため、後を追って一年余りで日本を去っている。アメリカに帰ってからは、「アジア・ソサエティ」や「ジャパン・ソサエティ」などの幹部をつとめ、アジアの民族芸能をアメリカに紹介している。棟方志功とは、彼が渡米したときには、必ず彼女の家に泊まったというほど親しかった。

司法権に関する小委員会

司法権に関する小委員会は、運営委員会のラウエル中佐、ハッシー中佐が兼ねて担当した。ラウエルは、一九四五年暮れから法規課長をつとめていた。また、ラウエル、ハッシーとも法学博士の学位を持っており、検事など実務経験のキャリアもあった。マーガレット・ストーン嬢に関しては、よくわかっていない。

地方行政に関する小委員会

地方行政に関する小委員会には、民政局ですでに地方自治の問題を担当していた三人が選ばれた。

責任者のセシル・G・ティルトン陸軍少佐は、アリゾナ州レスコトット出身で、当時四四歳。カリフォルニア大学バークレー校で理学士号、理学修士号を取り、ハーバード大学ビジネス・スクールの大学院に進み、経営学で修士号を取得している。軍に入るまでに、ハワイ大学、コネティカット大学の教授、ユナイテッド航空機製造・プラット・アンド・ホイットニー部（現在の航空機エンジンメーカー、プラット・アンド・ホイットニー社の前身）の講師兼コンサルタント、政府物価局の特別行政官を歴任した。極東の経済・行政について研究し、日本、中国、朝鮮を旅行したこともある。

陸軍に入ってからも、シカゴ大学民事要員訓練所で、極東に関する広範囲な経済的、政治的調査を行ない、陸軍マニュアルM354―2「日本の政治と行政」（一九四五年一月）を書いた。

憲兵参謀学校と軍政学校でも学び、軍人としての幹部教育も受けている。

ジャスティン・ウィリアムズ氏は彼を、占領開始後一年くらいの間に民政局員で最も脚光を浴びた人物だという紹介をしている。「サタデー・イブニング・ポスト」や「ライフ」の記者たちからも高い評価を受けている。

ロイ・L・マルコム海軍少佐と、民間人のフィリップ・O・キーニ氏のことはよくわからないが、ティルトンの手足となって地方自治の現場でかなり活躍したらしい。

当時の「ライフ」（一九四六年一二月）の記事に、この「地方行政グループ」の働きぶりが紹介されている。

〈ティルトンは、二人の助手の力を借りて、日本全国にわたる地方自治体の完全な改革を遂行中である。
日本の四六都道府県の知事は、これまで東京の中央政府によって任命されてきた。今後は地方議会によって選任され、知事によって任命されていた町村長はもちろん、知事も住民の直接投票によって選ばれることになる。市町村・都道府県議会も改革され、議員の選出方法は改善される。こうした改革の結果、全地方自治体は中央政府の支配から離れ、（略）住民の手に委ねられる。将来の日本の政治指導者は、地方自治の経験者の中から生まれてくるべきである。東京のエリート中央官僚出身者で占められるべきではない。〉（ジャスティン・ウィリアムズ著、市雄貴・星健一訳『マッカーサーの政治改革』朝日新聞社）

日本の地方自治を根本から変えようとする意気込みがうかがえる。事実、ティルトンは、赴任してすぐの一九四五年一〇月には、東京大学の田中二郎《じろう》教授（行政法）を招いて、日本の地方制度を学びはじめている。

〈毎週多いときで三回位、普通は一～二回の割合で、三〇回はGHQに通いました。〉（田中教授・憲法調査会資料）

というように、田中教授の方が呼び出されており、その講義は一九四六年一月まで続いていたという。つまりティルトンは、憲法草案に着手する直前まで学習していたことになる。なかなかの勉強家だったわけだが、彼の書いた地方自治の草案は、後に運営委員会によってすべて書き直されることになる。

財政に関する小委員会

財政に関する小委員会のメンバーは、フランク・リゾー陸軍大尉一人だ。この一連の取材の折り、インタビューを申し込んだが、健康にすぐれないとのことで、電話でお話ししただけで終わった。最近になって亡くなられている。

一九〇三年生まれの彼は、当時四三歳。ニューヨーク育ちである。コーネル大学で電気工学の学士号を取ったあと、ニューヨーク大学、ジョージ・ワシントン大学の修士課程で三年間、経済学、財政学、国際関係論を学ぶ。民政局には、医学や理工系から文科系と幅広く学んでいるユニークな人が多いが、彼もその一人である。

卒業後、ニューヨークのクリントン・ギルバート社で、産業エコノミスト兼役員をつとめる。ギルバート社は、投資銀行家の集まりだったが、次に移った全米証券取引業協会も投資銀行協会の規制機関で、リゾーはそこで首席エコノミストと銀行投資業務専門委員をつとめている。

軍に入ってからは、ニューオーリーンズ港の船積み基地の経理管理官や、憲兵隊本部軍政部で民政研究の準備をしたり、陸軍省民事部で情報ルートの組織をつくる担当などを歴任している。陸軍の学校では、歩兵学校、デューク大学の軍政主計将校課程、憲兵参謀学校などを卒業、日本についてはロウスト中佐と同じエール大学の民事要員訓練所で学んだ。

一九四五年、日本占領の第一陣として厚木に降り立つ。初代の民政局長となったクリスト将軍の下の民政局の財政と経済の専門家たちは、占領早々の九月に経済科学局（ESS）に移ったが、彼だけは民政局にとどまった。ケーディス大佐が引き止めたからだという。

ジャーナリストのジョン・ガンサーは、彼を「際立って有能な官吏」と書いたが、ケーディス大佐も、「財政に関する草稿は彼ひとりに任せたが、彼の能力はそれを十分に果たした」と高い評価を与えている。

彼の有能さは、ケーディス大佐が日本を去った一九四九年に民政局次長を引き継ぎ、一九五一年からマッカーサーが解任されたあとに就任したリッジウェイ将軍を支えて民政局長をつとめあげたことからもわかるが、一九四九年に刊行された民政局編の『日本政治の再編成』が、彼の個人的な監修のもとで編集されたことでも知られよう。『日本政治の再編成』で、日本国憲法がGHQ民政局によって書かれた事実を、日本政府も世界各国もはじめて知るわけだが、憲法公布後わずか三年後に、当事者である民政局がなぜ「自白」してしまったのかという謎は、彼の胸の中に秘められたままになってしまった。

天皇・条約・授権規定に関する小委員会

天皇・条約・授権規定に関する小委員会には、階級が低く、しかも二六歳と若いリチャード・プール海軍少尉と、さらに年下だったジョージ・ネルソン陸軍中尉が選ばれた。マッカーサー・ノートでも冒頭に書かれていたこの重要な条項を担当する委員会が、委員会の序列で下位に置かれたことは不思議な感じがするが、多士済々の民政局もどうやらこのあたりにきて人材が底をついたようだ。プール少尉本人もその辺の事情は承知していた。

「メンバー発表の最後に近くなって、ケーディス大佐があたりを見回して、天皇は君、プール少尉にまとめてもらうと言うんですよ。中佐、少佐、大尉などの位の上の人が出つくしたので、私に回ってきたのです。責任を感じました」

ケーディス氏も、正直にいう。

「君はたしか天皇と誕生日が同じだったろう？　それが君を選んだ理由だよ、なんて言った覚えがありますよ。実はこれは本当の話なんです。でも、彼の経歴を見れば、この小委員会の責任者にしてもおかしくはなかったと思います」

プール氏の経歴は面白い。彼の四代前の祖先は、幕末の一八五三年にペリー提督が浦賀にやってきたときに同行し、初代の函館《はこだて》総領事になった人物だった。エリシャ・E・ライスという。姓が違うのは祖母のまた祖父だからである。

それから歴代、函館生まれとか横浜生まれといった系図が続いている。外交官、貿易商人を輩出した家系であった。プール氏自身、本当に昭和天皇と同じ四月二九日（一九一九年）の横浜生まれで、日本には六歳まで住んでいた。

関東大震災で焼け出され、神戸に引っ越して二年過ごした後、アメリカに渡っている。一九四〇年にハバフォード・カレッジを卒業し、一九四一年の春から航空母艦の士官と

リチャード・プール少尉

して外国勤務を命じられ、五つの大陸をめぐる。外交官としても採用されていたため、最初は国務省の入隊許可をもらえなかったが、空席が出来た時に海軍に入籍される。占領軍兵士として一九四五年、二〇年ぶりに生まれ故郷の横浜に戻ってくる。そして、GHQ民政局勤務を命じられ、渉外担当となった。

「子供の時は、日本人の腕白たちと日本語で喧嘩《けんか》をしましたがね。二〇年ぶりで東京に戻った時は、日本語を忘れていて困りましたよ。BIJ（ボーン・イン・ジャパン）といって、GHQの中で日本生まれは軽蔑《けいべつ》されましたが、お前は子供の時だけだったからということで、許してくれましたよ。なにしろ日本語が下手でしたからね」

ジョージ・A・ネルソン中尉に関しては、あまりよくわかっていない。組織表では、プール少尉より上位に書かれているが、ケーディス、プール両氏によると、この委員会の責任者はプール少尉であった。

組織表によると、以上のメンバーと二人の女性秘書の他に、通訳としてジョセフ・ゴードン陸軍中尉とI・ハースコウィッツ陸軍中尉の二人の名前が書かれているが、彼らは二月四日の会議には呼ばれていない。現在ベアテ・シロタさんのご主人であるゴードン氏によると、自分たちは翻訳委員会（ATIS）のスタッフだったので、仕事の本当の内容を知らされたのは、三月四日から五日にかけての日本政府との夜を徹しての会議に、通訳として駆り出されたときだったという。

「一九四五年の一一月頃から、憲法に関するものはすべて翻訳しました。そのおかげで随分翻訳の腕が上がり、相当に難しい法律用語も平気になりました。

何日だったか忘れましたが、日本政府案が届けられたときも、何日もかかって翻訳したという記憶はありません。もちろん大変に急がされて、できあがったものを一枚一枚手元から誰かが持っていったのを覚えていますが、〈補弼《ほひつ》〉などという単語も苦労したという印象はありませんでした。もっとも、その後の三月四日、五日の日本政府側との討論で、日本語にはこんなに深い意味があったのかと、改めて驚きましたがね。単純に翻訳していたのですね」

エール大学の民事要員訓練所でみっちり学んだというゴードン氏の日本語は、読み書きは立派なものだが、会話はまったく駄目。妻のベアテさんは、会話は日本人と変わりないが、読み書きは苦手。ベアテさんに来た日本語の手紙を、ご主人が読んで英語で聞かせて

ジョセフ・ゴードン中尉。当時26歳。

あげるというから、なんとも不思議な夫婦だ。

ゴードン氏に言わせると、現行の日本国憲法は、日本語よりも英語の方が格調が高く、より意が通じているという。

「イエス・サー」

プロフィールの紹介に手間取った。

二月四日の会議場に戻ろう。

組織の発表は、ケーディス大佐がメモを読み上げただけで終わった。秘密保持という点から、タイプしたものを配るようなことはなされていない。そして、日常の仕事は本日からしばらく停止されると伝えられ、すぐに討議に入った。

討議の内容は、運営委員会のエラマン女史がとったメモの形で残されている。このオリジナルのメモは、手帳より少し大きいノート七冊に、手書きで断片的な単語や議事進行などが書かれたものである（72ページ①）。議事録は、このメモをもとにタイプされ、二月四日から一二日までの密室の九日間が、会議ごとに記録された、密室の状況を今日に伝える貴重な資料である（72ページ②）。

これが正式な文書の形で発表されたのは、一九四七年一二月一六日。一八ページに及ぶ「記録のためのメモ」で、改めて整理され、手が加えられたものである（72ページ③）。

ジャスティン・ウィリアムズ氏によれば、この第三のメモが公式記録となり『日本政治の再編成』の骨格となったということだが、ケーディス氏によれば、若干違うようだ。

「私は非常に多忙だったので、エラマン女史が運営委員会の議事のメモをとっていたことも、記憶に残っていないのです。それらしい姿を見たことはあります。律儀な彼女のことですから、メモがそのときとったものであることは疑えないでしょう。

しかし、タイプ・アップしたものをチェックして、公式記録にしたという記憶はありません。まとめたのは、かなり後になってからのことだと思います。私がこの文書の存在を知ったのは、ラウエル氏が東京大学の高柳賢三《けんぞう》博士に持っている資料を全部提供した際に、その中にあったということが発表されたときです。

『日本政治の再編成』の執筆のときにも、そうした貴重な記録があると知っていたら、当然載せたはずです。政府の文書ですから、ページ数を制限する必要などありませんでしたからね。

しかし、公式文書として検討した覚えはありません。実際、私が反対した重要な問題などが抜けていますしね。

だからといって、この文書の価値がゼロというわけではありませんよ。彼女の功績は、

①

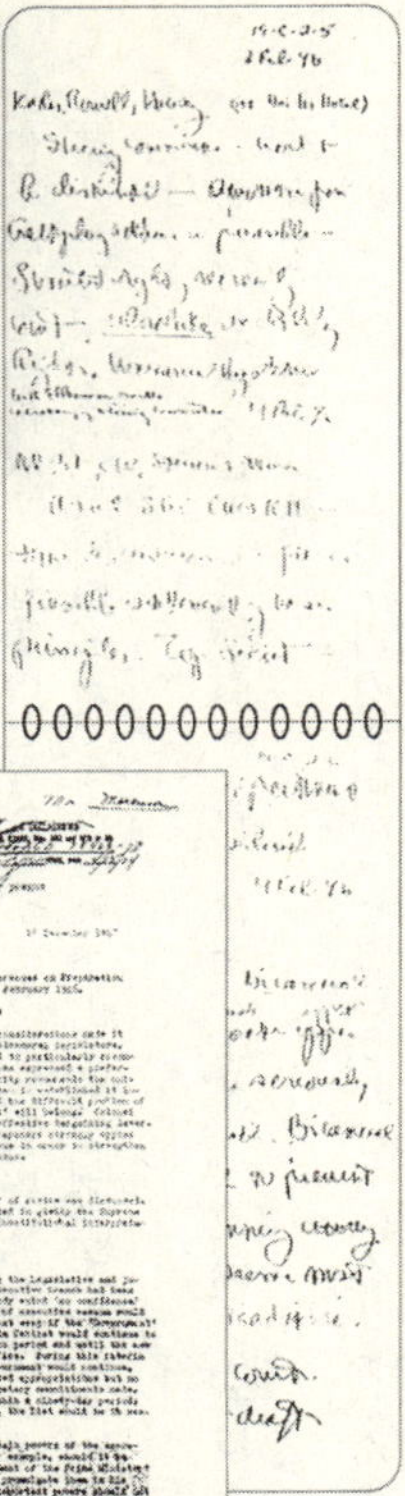

②

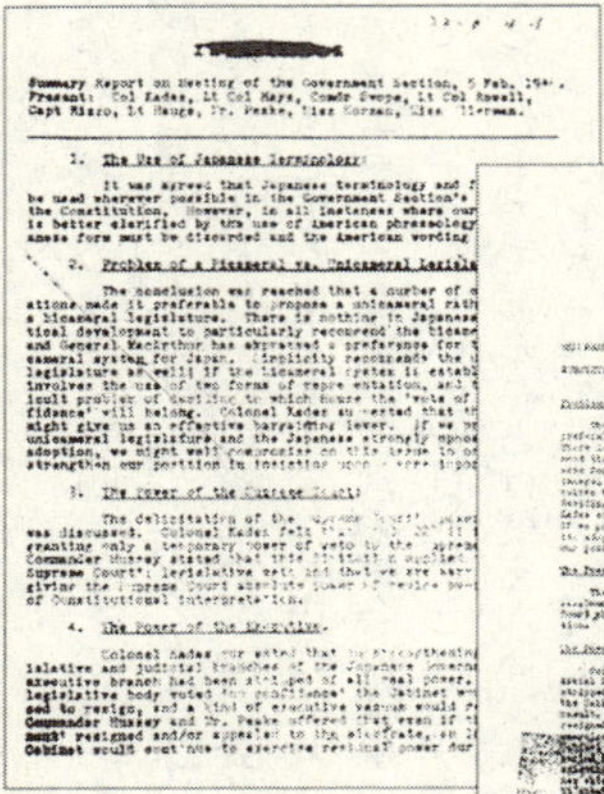

[redacted]

Summary Report on Meeting of the Government Section, 5 Feb. 194-.
Present: Col Kades, Lt Col Hays, Comdr Swope, Lt Col Rowell, Capt Hizzo, Lt Hauge, Dr. Peake, Miss Norman, Miss Ellerman.

1. The Use of Japanese Terminology:

It was agreed that Japanese terminology and f… be used wherever possible in the Government Section's … the Constitution. However, in all instances where our… is better clarified by the use of American phraseology… anese form must be discarded and the American wording …

2. Problem of a Bicameral vs. Unicameral Legisla…

The conclusion was reached that a number of c… ations made it preferable to propose a unicameral rath… a bicameral legislature. There is nothing in Japanese… tical development to particularly recommend the bicame… and General MacArthur has expressed a preference for … cameral system for Japan. Simplicity recommends the … legislature as well; if the bicameral system is estab… involves the use of two forms of representation, and … icult problem of deciding to which house the 'vote of … fidence' will belong. Colonel Kades suggested that th… might give us an effective bargaining lever. If we pr… unicameral legislature and the Japanese strongly oppos… adoption, we might well compromise on this issue to ob… strengthen our position in insisting upon … more impor…

3. The Power of the Supreme Court:

The delimitation of the Supreme Court's power … was discussed. Colonel Kades felt that … granting only a temporary power of veto to the Supreme… Commander Hussey stated that this limitation applied … Supreme Court's legislative acts and that we are … giving the Supreme Court absolute power of review … of Constitutional interpretation.

4. The Power of the Executive.

Colonel Kades suggested that by strengthening … islative and judicial branches of the Japanese Governm… executive branch had been stripped of all real power. … legislative body voted 'no confidence' the Cabinet w… sed to resign, and a kind of executive vacuum would r… Commander Hussey and Dr. Peake offered that even if t… ment' resigned and/or appealed to the electorate, … Cabinet would continue to exercise residual power dur…

③

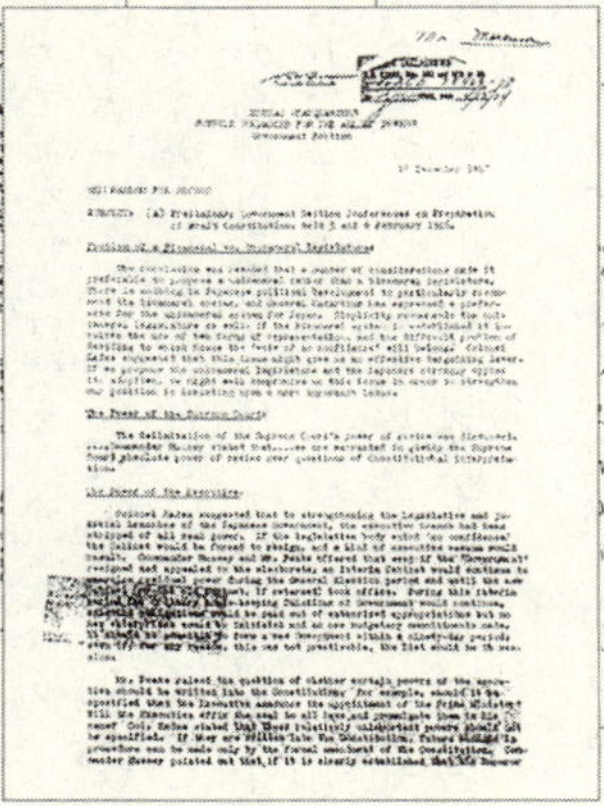

④

三種類のエラマン・メモ

①草案作成時にメモされた総計218ページのノート（ミシガン大学蔵）。

②細かく記載されたその手書きの内容。

③後日、日付ごとにヘッドラインをつけ、文章化してタイプ・アップされたもの。

④さらに「日本政治の再編成」のために描き直された1947年12月16日付のもの。

それで損なわれるわけではありません」

（エラマン・メモとケーディス氏との話のつじつまが合わない理由は、「記録のためのメモ」は、のちにエラマン女史の夫となったハッシー中佐が、『日本政治の再編成』の「日本の新憲法」の章を執筆したときに力を貸して整理したものだが、その過程はケーディス大佐に報告されていなかったからだと思われる。）

いずれにしろエラマン女史の働きは実際たいしたもので、かなりの文字数で精細に記された議事録は、それぞれの小委員会の草案の変遷と符合しており、今日の憲法研究に欠かせない資料となっている。

ハウギ、プール氏らの記憶によると、この第一日目の最初の会議はそれほど長い時間ではなかったという。したがって、エラマン女史のメモには、かなりの情報が網羅されていると信じてよい。

ケーディス氏の証言と、「自由討議の要旨」という表題のついたエラマン女史のメモに従って見て行こう。

メモにはまず、

〈憲法の起草に当たっては、構成、見出し、その他、現行の明治憲法の例に従うものとする。〉

とある。

「基本的に日本に対する指針をつくるのが目的なので、明治憲法にならって作成するよう指示しました。日本政府が草案を作った形で公表するには、どうしてもそのスタイルを踏襲する必要があったからです」

とケーディス氏はいう。

あくまで日本政府自身が憲法草案を作成した形をとるという、このGHQの姿勢には深い背景がある。それは、当時の日本占領の方法をめぐって、さまざまな利害のある国々があったからである。一九四五年一二月二七日には、モスクワで開かれた連合国外相会議で、一一カ国で構成される極東委員会が一九四六年の二月二六日に発足することが決定されていた。いろいろな形で日本に痛めつけられた国があり、アメリカの独走が気に入らない代表も加わっていた。

日本国憲法の作成は、その意味で世界の国々の感情を忖度《そんたく》しなければならなかった。その基本は言うまでもなくポツダム宣言にあったが、加えて国際条約の原則の上にも立つ必要があった。

そのひとつは、ハーグ条約（陸戦法規）の「支障のない限り被占領国の基本的な国内法をそのまま尊重する」ときめた第四三条。

もうひとつは、SWNCC《スウィンク》―228（413ページ参照）の原則に立つという点である。

SWNCC―228というのは、一九四六年一月七日に国務・陸軍・海軍三省調整委員会（SWNCC）が承認し、一月一一日付で、「日本の統治体制の改革」の指針を、指令や命令という形をとらず「情報」として、合衆国太平洋軍総司令官に伝えた文書である。その中に「日本国民が、その自由意思を表明しうる方法で、憲法改正または憲法を起草し、採択すること」という項目がある。

このSWNCC－228については、のちほど詳しく触れることになるが、日本の政治改革プログラムについて記述した中で、憲法に関してはかなり精細に書かれている。マッカーサー・ノートが憲法草案を作る上での一本の柱とすれば、SWNCC－228は、もう一本の柱であった。

この日の全体会議のポイントは天皇制に関するものだったが、それは別の章に譲るとして、メモの中で目を引くのは、

〈国連憲章に明示的に言及する必要はないが、国連憲章の諸原則は、われわれが憲法を起草するに当たって念頭におかれるべきである。〉

という最後の三行である。

国連憲章の前文、第一章にある「基本的人権と人間の尊厳」「国際平和と安全のための脅威の除去」などの精神は、日本国憲法を支える大きな柱となり得るし、世界に通用する平和国家としての純粋なアピールともなる。その意味で、この三行は非常に重要な意味を持っていると言える。

国際連合の発足は、第二次大戦末期の一九四五年四月二五日である。この時点でまだ発足から一年も経過していない。敵国である枢軸国に対する戦勝国の総合体としての色彩が

強い時期でもあった。しかし、早くも冷戦のきざしを見せはじめていたこの時期に、日本国憲法の中核である戦争放棄の理論的根拠を国連憲章に求め、多くの国の口封じを考えたことは卓見といえる。

二月四日の最初の会議の要録の最後には、作業上の心得が五項目書かれている。

1、この作業のすべては、完全に秘密裡に行なわれなくてはならない。
2、この業務については、暗号を用いなければならない。
3、この作業に使用される草案、ノートなどは、すべて「最高機密」として処理されるべきである。
4、作業は、小規模な実務小委員会に分けて行なわれなければならない。各小委員会の作業は、全体委員会あるいは運営委員会によって統合されなくてはならない。
5、仮草案は、この週末までに完成されなければならない。

秘密厳守については、厳命だった。軍のトップ・シークレットを漏らした場合は、軍法会議にかけられることになる。

ベアテ・シロタさんは、

「GHQ内部といえども、民政局で憲法草案作成作業をしていることを言ってはならないと厳命されました。もちろん肉親にも言いませんでしたから、最近まで私が日本の憲法草案を書いたなどと周囲の人は知りませんでしたよ」

というように、最近まで誰にも話していなかった。実際、父親のレオ・シロタのピアノの弟子である藤田晴子《はるこ》さんは、憲法学者であるにもかかわらず、つい最近までこのことを知らなかったという。

しかし、何より全員を驚かしたのは、週末までに仕上げろという最後の項目だ。一二日に完璧《かんぺき》な草案を仕上げるとすれば、マッカーサー元帥の承認をとりつけるまでのやり取りを考えると、下書きは何としても週末までに書き上げないといけない計算になる。

「一瞬、ざわめきました。えーっ！　という感じですよ」（ハウギ氏）

「時間がない！　その緊張感は口では言い表せませんね」（エスマン氏）

しかし、「イエス・サー」で作業はスタートした。

第一生命ビル六階の帝国劇場側にあった民政局の大部屋は、もとは大がかりなパーティーを開くための宴会場《ボール・ルーム》で、六階と七階が吹き抜けになっていた。大きさは学校の講堂くらい。床はフローリングでダンスが出来るようになっており、酒や料理を出すための控え室や小部屋がついていた。その一つがホイットニー将軍の個室で、その前室にあたるところに会議室があった（17ページ参照）。

大部屋には、机がぎっしり並んでおり、その全部が廊下の方を向いていた。廊下の側からは大きな劇場のような扉を開けて入るようになっていた。

二月四日の会議のあと、その廊下側の入口は閉ざされ、トイレに行くには一番端の入口だけを使うように命令が下りた。書類を机の上に置いて部屋を出ることは許されず、すべてロッカーの中にしまいこむようにという厳命が下された。

会議が終わったのは一一時過ぎ、全員口をつぐんで思い思いの行動をはじめる。

リサーチャーは多忙

会議が終わるとベアテ・シロタは、ジープを駆って焼け跡の街に飛び出した。

一日に降った雪が、まだ焼け跡にまだらに残っていた。二月に入ってからの西高東低の冬型の気圧配置が、障害物のない東京の町に空っ風を好き放題に吹かせていた。二二歳のベアテ・シロタは、日本語が流暢《りゅうちょう》に話せることもあって、怖いもの知らずだった。

「私はもともと新聞社のリサーチャー（調査担当記者）だったでしょう？ですからこういう仕事には、まず資料が必要だとわかっていました。そこで、あちこち図書館を駆けめぐったのです。一ヵ所で借りると秘密がばれてしまうので、あちらで四冊、こちらで五冊というふうに世界中の憲法や、およそ関係がありそうなものを借りて回りました。

民政局の部屋に帰って机の上に積んで置いたら、みんな〈貸してくれ〉〈貸してくれ〉と言ってきて、私はとてもポピュラー（人気者）になりました」

その図書館はどこでしたかと尋ねても、もう記憶がないという。

同じ発想で、やはり資料を集めて回った人がいる。行政小委員会のエスマン中尉だ。二六歳の若さでヨーロッパの行政史の研究者として、すでにプロフェッサーの肩書きを持っていた彼は、東京に来てすぐ蠟山政道《ろうやままさみち》教授（東京大学）の門を叩いていた。政治・行政の専門家である蠟山教授は、駆け込み寺としては最高の存在だったようだ。

「あらゆる国際法、世界各国の憲法の英文の資料があるのは、蠟山先生のところしかないと思って駆けつけました。気持ちよくたくさんの資料を拝借させてくれました。はて、あれは返したのかな？」

どうも話の雰囲気では返し忘れたらしい。エスマン中尉は、その資料をみんなに見せず懸命に勉強したようだ。彼がシロタ嬢と同様に資料を借りに走ったことを、初めて公にしたのは、一九八六年にメリーランド大学で開かれた「日本国憲法公布四〇周年記念シンポジウム」の席だった。

「エスマンが蠟山先生から資料を借りていたことは、それまで知りませんでした。秘密を守るには、まず身内を騙《だま》すことだと言いますが、学者特有の功名心もあったかもしれませんね……」（ケーディス氏）

徹底的に焼けてしまった東京に、まだそうした資料が残っていたのである。ともあれ、民政局の机の上には、明治憲法からアメリカ憲法、ワイマール憲法、フランス憲法はじめ、当時発表されていた各政党、民間学者の憲法草案などが、うずたかく積み上げられた。ワシントンから届いている対日初期占領政策に関する書類もかなりの量にのぼっていた。

二月五日の朝日新聞に、憲法に関する日本政府の動きを伝える小さな記事が載っている。松本国務相が一月三一日以来臨時閣議を重ねてきた憲法改正草案の甲案、乙案の逐条的説明を終わり、五日の閣議で今後の取扱いを協議するという内容である。GHQの考え方を慮《おもんぱか》るような記述はまったくなく、もちろん民政局が独自の憲法草案を作り始めたことなど、誰も知るはずがなかった。

この日の記事で他に目につくのは、日本の領土に関する箇所である。

二月二日の土曜日、マッカーサー司令部は、日本の行政の及ぶ範囲をきめた指令を出している。それ以外の地域に対しての行政的な通信は今後罷《まか》りならぬという実務的な指令だが、鬱陵島《うつりょう》、竹島、済州島、北緯三〇度以南の琉球《りゅうきゅう》列島、伊豆《いず》諸島、南方諸島、小笠原《おがさわら》諸島、火山群島など太平洋地域の島々、それに千島列島、歯舞《はぼまい》、色丹《しこたん》、旧委任統治領（南洋群島）が対象になっている。

五日の新聞は、それを受けた形で、これでは沖縄は総選挙に参加できない、沖縄県人も日本国民なのに、投票用紙も送るべく手配準備をしたのに、と先行きを心配した記事が出ている。沖縄がその後三〇年近く日本に返還されないなどとは、誰ひとり思っていない。それとは別に、琉球、小笠原、伊豆諸島などがアメリカの信託統治になるという「ニューヨーク・タイムズ」の記事も転載されている。

「憲法草案にかかる前の民政局はとても多忙でした。

たとえば、日本の領土の確定も私たちの仕事でした。北緯三〇度の線を決めたのは、私たちです。私たちは日本の文化とか産業、交通などのバックグラウンドをよく知りませんでした。そこで、地図を前に何かヒントはないかと考えていたら、三〇度線が目に入ったのです」（ケーディス氏）

後に出てくる公職追放もケーディス氏が携わった仕事なのだが、インタビューの中休みの雑談も、うっかり聞き逃せない。日本の戦後史を決定づけたエピソードが、こんな具合に、ポンポン出てくるからである。GHQの官僚の一言一言が、日本の方向を決めていた時代であった。

この日まで行なってきた民政局のこのような仕事は、突如降って湧いた憲法草案作成作業のため一時停止した。

二月四日は、民政局の一番長い日になった。小委員会ごとに、数人が額を寄せ合い、あちらでひそひそ、こちらでひそひそと打ち合わせをする傍らで、眉間《みけん》に皺《しわ》を刻んで資料を貪《むさぼ》り読む姿が、夜中まで続いた。ケーディス大佐とプール少尉は、早くもタイプのキーを叩いていた。

第三章　マッカーサー草案への長い前奏曲《プレリュード》（一九四二～四五年）

理想の民主主義国家へのデザイン

〈国ノ権力ガ事実上占領者ノ手ニ移リタル上ハ、占領者ハ、絶対的ノ支障ナキ限リ、占領地ノ現行法律ヲ尊重シテ、成ルベク公共ノ秩序及生活ヲ回復確保スル為施シ得ベキ一切ノ手段ヲ尽スベシ〉

陸戦の法規慣例に関する条約（ハーグ条約）付属書規則第四三条（傍点著者）

戦勝国の奢《おご》りと傲慢《ごうまん》さをハーグ陸戦法規は固く戒めている。その禁を犯してまで、マッカーサーが民族自決の原点である憲法の改正に手を出すに至ったのはなぜか？

そこに至る流れをたどっていくと、民主主義がすべての政治形態のなかで最高のものであるという信念の上に立って戦争中から分析討議された、日本改造に対する長い筋書きが発見できる。

アメリカの日本占領政策には、二つの大きな指針がある。前にも述べたように、その一つは、ポツダム宣言。もう一つは、ＳＷＮＣＣ《スウィンク》－１５０「降伏時におけるアメリカの初期対日方針」である。

このＳＷＮＣＣ－１５０には各段階で変遷があるが、一九四五年六月一一日に起草されたときは、日本の占領方式は、軍による直接統治とされていた。その後、ポツダム宣言との関連で訂正され、ＳＷＮＣＣ－１５０／３で、日本政府を通じた間接統治へと重大な変更がなされる。この変更は、マッカーサー元帥が厚木に到着する一日前の八月二九日にワシントンからマニラに届いた。マッカーサーの厚木到着は、当初は八月二八日に予定されていたところ、台風によって八月三〇日に延期されたため、政策変更による混乱をきわどく避けられたという裏話がある。

そのＳＷＮＣＣ－１５０に続いて、一九四五年一一月三日の「日本の占領と統治に関する連合軍最高司令官への降伏後の初期の基本指令」、翌年の一月七日の、憲法改正を明示したＳＷＮＣＣ－２２８「日本の統治体制の改革」など、さまざまな文書がＧＨＱに送られてきている。

それらの指針をよく読むと、アメリカおよび連合軍が、日本をどう変革しようとしていたかが見えてくる。

まず、ポツダム宣言からよく引用される条文。

第十二項
〈前記諸目的が達成せられ、かつ日本国国民の自由に表明せる意思に従い平和的傾向を有し、かつ責任ある政府が樹立せらるるにおいては、連合軍は直ちに日本国より撤収せらるるべし。〉（傍点著者）

ここで言う前記諸目的の条項とは、日本の降伏条件として書かれたものを指しているが、その中に「日本国国民を欺瞞し、之をして世界征服の挙に出づるの過誤を犯さしめたる者の権力、勢力は永久に除去せられ（六項）」「日本国の戦争遂行能力が破砕せられ（七項）」「日本政府は、日本国国民の間における民主主義的傾向の復活強化に対する一切の障礙を除去すべし。言論、宗教、思想の自由並びに、基本的人権の尊重は確立せらるべし（一〇項）」

というように、実にうまく民主主義化された日本の未来像が書き込まれている。

もう一つのSWNCC－150の内容を見てみよう。

SWNCC－150は先にも述べたように、さまざまに変遷をたどっている。

そして、正式文書のSWNCC－150／4は、九月六日に大統領の承認を受け、日本占領政策の骨格となる。

日本を民主化させる上での方針については、

〈日本政府の封建的、権威主義的な傾向を修正する方向で、日本国民ないし政府がイニシアティブをとる政府形態の変革は許し、好ましいとすべきである。そのような変革の実現が、それを反対してきた人間に対する日本国民ないし政府の実力行使を含んでいても、最高司令官は、軍隊の安全と他の占領目的の達成の保証に必要な場合においてのみ、介入すべきである。〉

となっており、日本が民主化の方向をたどる限り、きわめて穏健な路線を選ぶよう指示されている。

こうしたワシントンの指針は、日本の降伏が確定的になってから急遽《きゅうきょ》作られたものではない。同じように、短時間で書かれた日本国憲法の草案の内容にも、実は長い時間をかけて米国政府の中で練り上げられたアメリカ側の考え方が反映されている。

太平洋戦争開始直後の一九四二年八月、国務省内に極東班という小さな組織が置かれた。リットン調査団のメンバーでもあった極東問題の第一人者、クラーク大学教授のジョージ・ブレークスリー博士を責任者に、東京大学で学んだこともあるコロンビア大学助教授のヒュー・ボートン博士、スタンフォード大学助教授のジョン・マスランド博士、在日米大使館員キャボット・コビル、グルー駐日大使の個人秘書だったロバート・フィアリーら九人の極東・日本の専門家が集められた。目的は、戦争が終わった後、アメリカが日本の戦後処理について、いかなる方針で臨むかを研究するためであった。

一九四二年、昭和十七年の八月と言えば、パール・ハーバーから一年も経っていない。その六月にミッドウェイで日本海軍は大敗を喫しているものの、戦争の行方など見極められる段階ではない。

アメリカは、第二次世界大戦を国と国とのエゴイズムの衝突とはとらえず、イデオロギーの戦いと位置づけていた。ナチズムと日本軍国主義というファシズムに対する民主主義の正義の戦いと考えていたのである。

ルーズベルト大統領は対日戦が始まると同時に、敵国処理方針として、無条件降伏を前提とした戦後計画の立案を国務省に指示した。それを受けた国務省は特別調査部を置き作業に入った。しかし、専門家抜きの高官だけの組織だったため、実質的な動きは鈍かった。どうしても専門家の知識が必要だということになり、ワーキング・グループとして組織されたのが、極東班であった。

極東班のメンバーは、日本研究の専門家というより、親日家の集まりといった趣きが強かった。知識が必要とあらば、どこからでも幅広く人材を調達するアメリカのやり方には驚くばかりである。親米英派を追放し、敵性語として英語教育まで禁じた日本とは大きな違いである。

ブレークスリー博士らは、日本がどういう原因から軍国主義に走ったかの分析からはじめ、天皇制、軍事組織とその背景、教育制度、農地制度、財閥、宗教、思想など事細かく調べ、それぞれの文書を作成し提出していく。

知日派が指摘した悪しき日本

一九四三年の夏までに上部機構の領土小委員会に提出された文書は、左頁のように膨大なものだ。Tシリーズと呼ばれるこの文書群は、アメリカ国立公文書館に保存されているが、占領の枠組みについてばかりではなく、さまざまな角度から検討していることがよく

文書番号	テ　ー　マ	ページ数	起　草　者	日　付
	〔対日目的〕			
T 357	日本の戦後処理に適用すべき一般原則	2	ブレイクスリー	1943.7.28
	〔日本政治，降伏条件〕			
T 320	日本政府の行政と機構	18	ボートン	1943.5.22
T 315	日本天皇の地位	12	コビル	1943.5.23
T 358	日本―最近の政治的発展	30	ボートン	1943.7.28
T 381	日本―戦後の政治問題	22	ボートン	1943.10.6
T 230	日本と1919年のパリ会議における人権平等問題	11	ボートン	1943.2.3
T 355	日本の連合国への降伏条件（S 18a）	8	ストロング	1942.9.25
T 366	対日降伏条件の政治的・経済的側面	16	ボートン	1943.9.27
	日本経済			
T 341	海外従属地域喪失の日本への経済的影響（E 131）	47	フィアリー	1943.6.21
T 348	日本経済（E 135）	30	フィアリー	
T 349	日本経済―その要約（E 136）	12	フィアリー	1943.6.26
T 354	戦後日本経済の考察（E 155）	27	フィアリー	1943.7.21
T 392	戦前および戦後における日米貿易（E 187）	32	フィアリー	1943.10.5
T 393	戦後日本経済の再調整		フィアリー，ウィリアムズ	1943.10.9
T 470	日本産業における財閥に対する政策―戦前における構造と力および戦時の発展	33	フィアリー	1944.3.25
T 510	日本は自立できるか	7	フィアリー	1944.7.26
T 394	日本―人口構造と動向	18	プリンストン大学人口研究所	1943.6.22

領土小委員会文書一覧（日本関係）

（五百旗頭真著『米国の日本占領政策』より・一部）

わかる。これらの文書が、日本に無条件降伏を要求するカイロ宣言（一九四三年一一月二七日）以前にすでに書かれていることを考えると、いっそう興味深い。

T357というナンバーのついた「日本の戦後処理に適用すべき一般原則」を見てみると、ポツダム宣言の文言の原型や、憲法草案に反映した考え方が、この段階ですでに見える。

たとえば、日本が和解するための条件として、軍事占領地の満州はもとより、領土として持っている朝鮮や台湾は、「国家と民族自決の原則」の上に立って独立すべきであるとし、軍事力については、「日本が再び国際平和の障害になることを防ぐ」ことを絶対的な原則に置いている。

そして、その原則の実現のために、「日本の軍備撤廃」や「重工業の抑制」「常設の国際軍事査察組織の設立」などを考慮するべきだと書かれている。

その条件を満たすため、政治・経済については、やむを得ず厳しい立場をとることになるが、「日本国民が繁栄できないような状況に追い込むべきではない」として、日本が平和的である限り「世界の天然資源の利用や、貿易への平等な参加の機会は与えられるべきである」と、あたたかい気遣いすら感じられる。

それから言論の自由と憲法改正、教育改革にも触れて、文化国家のデザインもほの見える。

そして「究極の目的」は、「国際的な組織による効果的な防衛制度によって守られた、平等な世界ファミリーの一員として復活してほしい」と結ばれている。

この文書は、ブレークスリー博士本人が直接書いたものだが、その卓見には敬服するばかりだ。

また、ロバート・フィアリーが書いたT354「戦後日本経済の考察」にも、戦後の日本史を見事に見通したような箇所がある。

〈日本は経済的安定のために国内改革を遂行せねばならない。地主制と小作制度は長年の積弊であり、農地改革の必要は日本国内でも認められている。しかし終極的には農村の過剰人口を工場労働者として吸収する以外に解決はない。産業部門については、約七割の工業生産と貿易を支配する四大財閥とその他数個の財閥を解体せねばならない。〉（五百旗頭《いおきべ》真《まこと》著『米国の日本占領政策』）

この最後の財閥解体の部分については、その後書いたT470で撤回しているが、当時米国内の強硬派の主張であった「日本から近代産業を奪い去り、貿易も禁じ、農業経済レベルに後退させる」という方針をとった場合、日本の全人口の四分の一は死滅することになると主張している。

わずか二五歳だったフィアリーの分析は、一年あまり日本に滞在しただけにもかかわらず、非常に的を射ているし、戦後占領政策として実施されたものが多い。ロバート・フィアリー氏は、ワシントンに健在だが、日本の財界人はもっと彼に感謝しなければならないだろう。

極東班の中核として活躍したヒュー・ボートン博士については、少し詳しく紹介しておこう。戦後の占領政策においても、陰になり日向《ひなた》になり参画することになる人物だからだ。

クウェーカー教徒の彼は、一九二八年、東京の三田にある普連土《フレンド》女学校に奉仕活動の一環として赴任する。彼の親日家としての立場を決定的にするのは、東京英国大使館の商務参事官だったジョージ・サンソム卿《きょう》との出会いであった。サンソム卿は、『日本文化小史』という著書も書いている欧米での日本研究の第一人者であった。（サンソム卿は、のちに極東委員会の英国代表をつとめる。）

彼は、毎週大使館でセミナーを開いていたが、講義が難しすぎて、最初は数人いた生徒が、最後はボートン一人になってしまったという。そんな中でボートンは、勉強をする傍《かたわ》ら、夫人と共に奈良・京都を旅し、すっかり日本に魅せられてしまう。そして、新渡戸稲造《にとべいなぞう》、高木八尺《やさか》、前田多門ら日本のリベラリストたちとの人脈ができる。これが、のちに国務省における日本占領政策に関わる文書の作成作業や、戦後、極東委員会のメンバーとして、日本占領政策に対し、ソフト・ピース（穏健派）の立場を取らせる下地となる。

日本での三年間の勤めが終わったあと、日本学のメッカであるオランダのライデン大学に学ぶ。同じころライシャワーは、パリのソルボンヌ大学で学んでいた。

ボートンもライシャワーも一九三五年には東京に舞い戻る。ボートンは、東京帝国大学で「徳川時代の百姓一揆《いっき》」という論文の下準備をしている最中に、満州事変以降の軍部の暴走を体験的に知り、二・二六事件も実際に目撃する。再びライデン大学に戻り博士号をとったあとアメリカに帰り、コロンビア大学で日本学を教える。その間に『一九三一年以後の日本』という日本の現代史を分析した書物を書き上げる。

つまり、ボートン博士にとって、日本の農民のひどい状況も、軍国日本の形成過程も、勉強などしなくてもいいほど、よくわかっていたのだ。

そのヒュー・ボートンが書いたT358「日本—最近の政治的発展」をみよう。

一九四三年七月二八日の日付がついたこの文書は、

〈軍部への優先や、東条首相のもつ独裁的権力の集中は、明治二二年発布の、君主制が確立された大日本帝国憲法の枠組みの中で達成された。〉

という書き出しから始まる。伊藤博文《いとうひろぶみ》他、歴代の首相や政治家についても詳しく書かれており、日本が軍国主義へ傾いていった道筋をたんねんに追っている。

〈陸軍大臣と海軍大臣は、天皇に直接奏上するという慣習が認められている。したがって両大臣は、奏上した軍事的に重要なこと以外を内閣総理大臣に報告する。この軍部の独立した権限は、大日本帝国憲法の第十一条（統帥大権）と第十二条（編制大権）で明白にされている。〉

〈その結果、軍部は政治的に力を持つことになり、軍事的な政策、方針を政府に強制することができた。そして、日本現代史に特徴的な「外交の二元化」という現象を生み出した。たとえば昭和六年から外務省は、日本は満州や中国大陸で拡張的な意思を持っていないと強調していたにも関わらず、陸軍は同じ時期に違う目的で行動した。〉

さらに、

〈陸海軍大臣現役武官制は、軍の好まぬ政策を内閣が遂行することを阻止できた。普通選挙制度が実施された一九二〇年代中葉以降においても、憲法が議会に与えた乏しい権限に加えて、治安維持法が強化され、官憲の選挙への介入が広汎に行われて、政党政治に対する国民の信望は十分に強化されなかった。〉

と日本の誤った歴史が、憲法とそこから発した制度にあったことを指摘している。

そして、同じ年の一〇月に書いたT381「日本―戦後の政治問題」は、〈軍部が二度と優位を奪えぬよう、日本の国内政治体制は再編成されねばならない〉と制度の変革を主張している。つまり、憲法改正である。

そしてその骨子は、

（1）内閣の強化と軍部の抑制
（2）議会の強化
（3）天皇制の存続と改正
（4）報道の自由と権利章典（基本的人権の尊重）

で、この数年後、GHQが書いた草案の原則が、この時点ですべて書かれている。

ボートン博士がお元気だった一九八四年、日本分割占領案の番組取材で、延々三日間インタビューしたことがある。その時、これらの文書を書いた頃のお話を聞くことができた。「憲法の文章を書き換えるだけでは、日本の政治体制を改めることはできない。それは、日本には法による統治よりも人による統治の歴史があるからで、日本人の考えを変える最も効果的な方法は、力によるやり方よりも道義的説得だと主張した」

「それに日本人は、優れた外来文化を素直に学ぶ謙虚な一面も持っているので、民主主義のよさに触れるときっと砂漠が水を吸うように吸収するに違いないと考えた」

その一例として、「薩英《さつえい》戦争の時、イギリスの軍艦にさんざんやられた薩摩の武士たちが、その翌日には、威力抜群の大砲を勉強するために軍艦に押しかけてきた」という話を、愉快そうにされた。

まったく今日の護憲、改憲論議まで見通したような卓見である。日本にファシズムをもたらしたあまりにも悪い構造が、対岸から見ればわかりやすかったのかも知れない。

話はさらに横道にそれていくが、お許し願いたい。なぜならば、対日初期占領政策の策定や日本国憲法草案の作成に至るアメリカのインテリジェンスが、どんなものであったか、また、日本が戦争に明け暮れていた同じ時期に、アメリカ国内で、何が、どういう考え方で準備されていたのかを知っていただきたいからである。

戦局が展開していくほどに、陸軍省の中にも占領地域の民政に関する準備が必要だとの声が出はじめる。すでに一九四二年五月に、シャーロットビルのバージニア大学の中に、陸軍軍政学校が置かれ、軍政官の教育が行なわれていた。しかし、広大な占領地域の民政を考えると膨大な要員が必要になる。占領後の日本の民政には、三千人の将校と九千人の民間人が必要と計算された。そのために、一九四四年から、ハーバード、スタンフォード、エールなど主だった大学に民事要員養成所を置き、大学の助教授クラスの人材を民政要員として養成した。あのドナルド・キーン教授、サイデンステッカー教授、オーティス・ケーリ教授ら錚々《そうそう》たる日本研究者は、すべてこのコースで日本占領要員として日本語を鍛えられた人たちである。

この人たちを教育するプログラムを作成するためにも、占領統治の技術や日本に関する基礎知識の整理と、戦後日本をどう処遇するかの基本方針がどうしても必要になった。

一九四三年四月に、陸軍省は民政部を置き、それら基本方針作成のための実務的な作業に乗り出した。しかし、無骨な軍人集団で、しかも現実に戦争を展開している統合参謀本部にとって、これは手に余る事柄であった。このような高度な政治問題は、ホワイトハウスか国務省に資料を用意してもらうしか方法がなかった。そして、膨大な条項の質問が国務省に届けられた。

その内容は、「占領をどの範囲にするのか？」「それはアメリカだけが担当するのか？」

「占領はいつまでなのか?」といった原則的なことから、「日本政府の権限はどうなるのか?」「政党は解散すべきか?」「悪法は無効にすべきか?」「信教の自由に神道は含めるのか?」「天皇の地位はどうするのか?」などなど多岐にわたっていた。

これらの質問に答えることは、まさに日本をどう再生させるか、ひいてはその新しい憲法をデザインすることそのものだった。

アメリカの国家方針となる知日派の文書

国務省も、このような要請を受けて組織が拡大していく。一九四四年の二月には、戦後計画委員会(PWC)が置かれ、それまで下部のワーキング・グループと上部をつなぐ組織として、それなりに機能してきた「領土小委員会」は、極東での問題が大きくなるにつれて欧州担当と区別する必要が生じた。その結果「極東に関する部局間地域委員会」となって積極的に活動を開始する。このあたりの組織の変遷は、戦争の局面と呼応して実に複雑に変わっていく。

極東班が極東部、極東局と変わり、特別政治局の地域調査部に属していたブレークスリー、ボートンの作成する文書も、内部の参考資料という段階を越え、重要な役割を果たすようになる。

文書は、Tシリーズの内容を基礎に、「国と地域の諸委員会(CAC)」というクレジットのついた新しいシリーズに生まれ変わっていった。CAC文書は、占領政策に具体的に

文書番号		表題
PWC	CAC	
108	116	米国の対日戦後目的
109	120	民事に対する軍政は処罰的か，寛大か，あるいは賠償確保を主眼とすべきか
110	109	占領の範囲
111	80	占領軍の構成—占領と軍政
112	110	政府諸権力の停止
113	111	政党と政治団体
114	123	悪法の廃止
115	117	信教の自由
116	93	天皇制
117	103	軍政の期間
118	118	外交官と領事
119	105	戦争犯罪人
120	126	（日本国民に対する占領目的の）声明
121	125	南樺太—占領と軍政
122	99	委任統治諸島—在島日本人の処遇
123	106	委任統治諸島—軍政の地位
145		天皇制に関するバランタイン意見書
146		天皇制に関するグルー意見書
147		日本天皇の処遇（J.W. プラット論文）
152	185	軍国主義の排除と民主的過程の強化
153		日本統治機構の分権化

1944年春、PWC に提出された日本関係文書一覧

（五百旗頭真著『米国の日本占領政策』より）

反映するという前提で、まず予備草案が書かれ、それが戦後計画委員会（PWC）で討議され、正式の文書に書き直されている。一九四四年春の段階で戦後計画委員会に出された文書は前ページの通りで、このシリーズも米国立公文書館に整然と保存されている。

数多い文書の中で注目されるのは、CAC116「米国の対日戦後目的」である。これはブレークスリー博士のT357「日本の戦後処理に適用すべき一般原則」が姿を変えたものだが、その格調高い文章のなかには、ポツダム宣言の重要な条項がほとんど網羅されている。参考資料として全文を100ページに掲載しておこう。

日本占領の方式をテーマにしたCAC80「占領軍の構成―占領と軍政」は、ヒュー・ボートン博士によって書かれている。憲法に直接関係する部分はないが、占領軍の負担を軽減するための共同占領の必要性と米国の主導権について論じている中で、日本を分割占領することは避けるべきであると主張している箇所が興味深い。日本本土、つまり本州、四国、九州、北海道は、地理的、民族的、社会学的、経済的、政治的に一つの単位であるとして、近代日本の特徴の一つに、中央集権制が民衆の意識に直結していることがあげられると説明している。

これは終戦直後の八月一六日に、統合参謀本部で立案された、日本分割占領案JWPC385―1「本州の東北地方及び北海道をソ連、本州の関東、東海、近畿、中国地方をアメリカ、四国を中国、九州をイギリスによって分割占領するという案」を俎上《そじょう》にのせなかったという意味で、非常に価値のある草案となる。一九四四年春に書かれたこの文書から、

1944年３月14日

１、領土的目的	日本は、満州、委任統治諸島および軍事占領下の全地域より撤収する。朝鮮、台湾および第一次大戦の開始後に獲得した全諸島を日本は奪われる。
２、軍事的目的	日本が米国および他の太平洋諸国に対する脅威となることを阻止する。この目的達成のため、武装解除、軍事的監視、経済活動の統制、および連合国が安全保障のため不可欠とみなす特定産業の長期的制限、などの措置をとる必要がある。
３、経済的・財政的目的	国際的安全保障上必要な制限の枠内で、また賠償問題を考慮しつつ、日本は非差別の原則にもとづく世界経済の発展に与ることを許され、徐々により高度な生活水準に向かうことができる。
４、政治的目的	他国の権利と国際的義務を尊重する政府を日本に樹立することが、アメリカの利益にかなう。それは、軍部支配から自由であり、平和の維持を望む文民によって支配される政府でなければならない。そのため、（１）陸海軍から政治的特権を剝奪すること、（２）新聞とラジオを通して、民主主義諸国との間に知的コミュニケーションの自由を確立すること、（３）日本の穏健派政治勢力を強化する措置をとること、が必要である。
５、終局的目的	太平洋地域における平和と安全の条件を高めるため、諸国民の家族のなかでの、完全にして平等なる一員として、友好的な日本を復興することが、米国の終極的な目的である。米国は、日本を含む世界の諸国民が、国内的・国際的生活に於いて、平和と協調と繁栄に向かうことを願うものである。

米国の対日戦後目的（CAC116＝PWC108）

冷戦構造に対するアメリカの警戒心がすでに感じられるのは興味深い。

その他、CAC93「天皇制」、CAC111「政党と政治団体」、CAC117「信教の自由」などには、憲法に関係ある箇所がいくつもある。

その中で、憲法草案の原型を発見するという意味から、CAC185＝PWC152b「軍国主義の排除と民主的過程の強化」は、とくに興味深い。

これは、

［1］問題
［2］軍事機構の破壊
［3］軍国主義の再興を阻止するための措置
［4］基本的政治改革の開始
［5］補完的要因

の五つのパラグラフから成っている。その内［3］［4］［5］が、とくに注目される箇所だ。

この文書もボートンの筆になるものだが、［3］の必要条件として、治安維持法などの悪法の廃止と、大政翼賛会、黒竜会など超国家主義の根絶、それに民主主義発展の条件として、経済復興とリベラルな勢力の育成を掲げ、さらに具体的に、次のような措置を勧告している。

(1)新聞、ラジオ、映画の自由
(2)言論の自由
(3)自由主義的教育に対する統制の解除
(4)新聞、ラジオ、映画を通しての民主主義における個人的自由の意義の説明
(5)政党、労働組合、消費者団体等の奨励
(6)地方議会の拡充
(7)国民選挙その他の方途による将来の政治体制についての国民的意思の表明

また〔［4］基本的政治改革の開始〕は、さらに次のような四つの項目に分類して説明されている。

第一に、衆議院の権限の乏しさを改め、首相と内閣が、予算面で国民に選ばれた代表機関である議会に完全に依存するよう変革するとして、国会の権限強化を掲げている。

そして第二は、「戦後日本に陸海軍を保持させるべきでないという、広汎な合意が現在存在してはいるが、それにもかかわらず、もし日本が何らかの軍事機構を後に認められる

に至るならば」、その場合、軍部大臣の武官制を廃し、文民制を条件とすることが絶対に必要である。

第三は、基本的人権の強化と個人の地位の尊重。

第四は、裁判所が司法大臣と警察に支配され過ぎていた弊を改め、自立した民主的な裁判制度を樹立する。

この文書は、一九四四年四月二九日に作成されている。第二の箇所でふれられているように、すでにこの時期に、第九条にあたる戦力の不保持が合意として書かれていることに驚く。と同時にこの部分は、のちに憲法草案の帝国議会における審議の最後の貴族院の段階で、極東委員会からの要求によって修正した内容と符合する点が面白い。

この文書の結論とも言える〔5〕補完的要因〕からは、ボートン博士の人柄を思わせるような、日本に対するあたたかい配慮が読み取れる。

(1)諸国民の家族のなかの一員として、平和的な日本が責任を果たすことを認める（自律的に戦争の贖罪を行ない、賠償などの責任をとること）という連合国の意図を、連合国の行動によって日本国民に確信させる必要がある。

(2)日本に世界経済への参加を保証し、将来に希望を持てるようにすること。「耐えがたい経済条件」は民主主義の発展を不可能にする。

(3)国際的安全保障体制や国際組織の樹立により、太平洋と極東の安全を計り、非軍事化される日本の不安を除かねばならない。

要するに、日本が非軍事化と民主化を進めるにあたって、条件を整備してやらないと、日本は動きようがないと言っているのである。

CAC～PWC文書群の中から、憲法改正の文字は発見できない。しかし、この「軍国主義の排除と民主的過程の強化」は、まさにその内容を詳述したものといえよう。

このようにして戦後計画委員会の文書群に、日本占領政策の各項目が出揃った頃には、一九四四年も夏になっていた。

グルーがアメリカで吹かせた神風

こうした国務省、陸軍省の対日政策立案の動きを受けた、アメリカ政府の意思決定機関である国務・陸軍・海軍三省調整委員会（SWNCC《スウィンク》）が発足するのは同じ年の一二月である。その間をつなぐ、重要な役割を演ずる人物がいた。『滞日十年』（一九四八年　毎日新聞社）の名著で知られる、開戦時の駐日大使ジョセフ・グルーである。

半世紀以上経った今日、日本占領政策の立案過程を結果から逆にたどってみると、実にうまく物事が推移しているように見える。しかし、現実はもちろんそれほど簡単な話ではなかった。まして血を流して戦っている仇敵《きゅうてき》なのだ。「日本を抹殺してしまえ！」とか、

「農業国家に追い落としてしまえ！」というモーゲンソーらタカ派の声が主流と考えた方がよい状況であった。

グルーは、一九四二年に交換船でアメリカに戻ったあと、国務長官特別補佐官としてアメリカ全土を講演して回った。交換船というのは、開戦の翌年、一般市民や外交官をそれぞれの国から本国に送り返すために特別に仕立てた船で、マダガスカルでお互いに乗船客を交換した。その旅の疲れも癒《い》えない最初の一年に、二五〇回も講演したというから恐るべきエネルギーである。

はじめは、アメリカ国内のムードに合わせて、日本人の好戦性や、侵略への強い意思、団結力などをアピールする内容の講演であった。それが、一九四三年の夏ころから、日本国民と軍部を区別して、「悪いのは軍国主義者である」というように変わる。そして、日本国民も米国民同様に日本軍閥の被害者であり、天皇も戦争を望んでいなかったと、敵国への慈愛に満ちた論調に変化していく。

日本占領政策の立案がＴシリーズからＣＡＣへと変わっていくころである。グルーの論調は、そういった知日派によって作られつつあった草案とほとんど同じ内容であった。しかし、その講演の内容にジャーナリズムの矛先は鋭かった。グルーは「利敵行為」を責められ、しばしば窮地に陥った。

その後グルーは、日本との和平のために働けるならと、彼にとっては格下げにも等しい国務省の極東局長を務め、ブレークスリー、ボートンらの主張を政府の中枢に取り次ぐ役割につく。

運命という神は、歴史の曲り角で不思議な悪戯をするものらしい。戦況がほぼ決定しつつあった一九四四年の暮れ、開戦のきっかけとなった最後通牒《つうちょう》、ハル・ノートを突きつけたハル国務長官が病に倒れる。後任の長官に次官のステティニアスが昇格することに伴い、国務省内の大規模な人事異動が行なわれ、そしてグルーが次官に就任することになったのである。グルーはその人事権をフルに利用して、国務省内に知日派を迎え入れた。駐日大使館の部下であったジョセフ・バランタインを極東局長に据え、同じく大使館員だったユージン・ドーマンを国務・陸軍・海軍三省調整委員会（SWNCC）の責任者につけた。

そして翌一九四五年、今度はグルー自身が、ステティニアス国務長官が国際連合を創設するために四月から六月の間ワシントンを留守にしたことから、国務長官代理を務めることになる。こうして、知日派の集団は、ブレークスリー、ボートンの起案作業のワーキング・グループをベースに、バランタイン、ドーマンの政策形成の実務レベル、グルーの政策決定レベルへと一貫した布陣を敷くことになった。

その上四月一二日に、ルーズベルト大統領が死亡するというドラマティックな出来事まで起こる。日本に対して恨み骨髄に達していたルーズベルトの死は、知日派グループにとって最も巨大な目の上のコブがなくなったことを意味した。そして五月、ドイツが崩壊する。

一方、国務・陸軍・海軍三省調整委員会（ＳＷＮＣＣ）の実務を行なう下部機構、戦後計画委員会（ＰＷＣ）は、一九四五年の二月に入って、初期対日占領政策をはじめとするさまざまな戦後計画の立案をボートンらに命じていた。そこに上がって来たのが、あの「軍国主義の排除と民主的過程の強化」などの一連の文書である。

さらに問題点の検討が行なわれ、六月一一日「対日初期方針」を扱った、前述のＳＷＮＣＣ―１５０が完成する。一九四二年に国務省の片隅でスタートした極東班の草案が、三年近くの歳月と紆余《うよ》曲折を経て、アメリカの国家方針にまで登りつめたのである。ポツダム宣言の文案のルーツもまた、同じ国務省の知日派が書いたこれら一連の文書にあったのである。そしてそれは、憲法草案の指針となったＳＷＮＣＣ―２２８へとつながっていくが、そのＳＷＮＣＣ―２２８を書いた人物もヒュー・ボートンなのである。

歴史には、派手な表舞台があれば、その裏には滔々《とうとう》と流れる伏流水もある。日本の戦後史を形成している占領政策は、終戦という区切りで伏流水が地表に現れたものといえよう。民政局の憲法草案作成作業は、その地下の水が短時間に吹き出た噴水のような現象ではなかったろうか？　もちろん、憲法草案作成作業は、他にいくつもの知的な流れを巻き込んで豊かな水脈の上で進んでいく。

第四章　二月五日（二日目）

密室のドラマは熱っぽく……

二月五日、気象庁の記録によると、その日の関東地方の天気は、北の風のち南の風、晴のち曇。夜は風弱く曇。

草案の作成作業に入ってからの天気など、関係者の記憶にはほとんど残っていない。窓の外に関心がおよぶ暇もなかったようだ。しかし、大部分のアメリカ軍兵士は、南方の戦線からそのまま移動してきていたから、ことのほか厳しい東京の冬はこたえていたはずだ。

民政局のメンバーは、九時になるかなり前から出勤し、資料と取り組んでいた。ほとんどの小委員会が、草案執筆のはるか前段階の、基礎的な知識をつける作業に専念していた。

ケーディス大佐は、いつも八時には出勤しているホイットニー局長に、作業は順調にスタートしていると報告したあと、草案メンバーに、これから会議を行なうと声をかけた。

この時の出席者は、エラマン・メモによると、ヘイズ中佐、スウォープ海軍中佐、ラウエル中佐、リゾー大尉、ハウギ海軍中尉、ピーク氏、ノーマン嬢、エラマン女史、それにケーディス大佐自身を含めた九人となっている。

「小委員会ごとの草案作成作業の中で、異なったスタイル、考え方で文書が書かれる可能性がある。したがって、会議は随時持つようにする。出席していない人には、必ず各委員長がその内容を伝えるように」

　ケーディス大佐は、全員を見回し、人権小委員会の責任者であるロウスト中佐や、天皇小委員会の責任者であるプール少尉の姿が見えないのを確認すると、注意をうながした。エラマン女史は、すでにその時、大佐の指示をボードに乗せたリングつきのノートにメモし始めていた。何度もいうようだが、半世紀を経た今日、当時を彷彿《ほうふつ》とさせる追跡が出来るのは、エラマン女史の記録のおかげである。

　そのエラマン女史のメモとケーディス氏の証言をもとにして、密室の状況を再現しよう。

　ケーディス大佐がまず口火を切る。

「この会議の目的は、日本側の草案を論議するための日本側委員会との会合が開かれる前に、その基本方針を決定しておくことにある。みんなフランクに意見を言ってほしい」

　日本側草案というのは、のちに詳しく説明するが、松本烝治《じょうじ》国務大臣を長とする政府の憲法問題調査委員会が書いた憲法草案のことである。また、日本側委員会との会合というのは、二月一二日に予定されていた日本政府との会合のことである。

　エラマン女史の鉛筆が忙しく動く。まず基本方針について……。

「我々の憲法草案を書くに当たって、できる限り日本流の術語と形式を用いる。これは、昨日ホイットニー将軍も言っておられたように、この我々の草案は、日本政府によって書かれたものとして発表される。だから、彼らの表現を用いていなければ、疑いの眼を持たれるだろう……」

「それは、当然だ。占領軍が被占領国の国内法を変えることは、国際法にもとることになるし……」

「しかし、民主主義についての用語や、人権に関する考え方は、日本にはない。意図するところを伝えるには、困難が多いのではないか？　しかも、我々にとって日本的表現は、あまり得意ではないが？」

「確かにそうだ。アメリカ式文言を使った方が、我々の意図するところが明らかになる場合は、日本式の形式を使わず、アメリカ式の用語を使うことにしよう。

で、次の問題だが、マッカーサー元帥は、日本の議会は一院制の方がよいというお考えだそうだ。どう思うかね」

ここは出席者のハウギ中尉の証言でつなごう。

「誰でしたかね。立法権については、日本の政治の発達の歴史を見ても、二院制をよしとする利点は見当たらない。簡明という点で一院制がよいという発言をしました。

でも私たちみんなが、一院制が最適だと思っていたわけではないのですよ。マッカーサー元帥の意向がどうもそうらしいと聞いたので、第一稿に盛りこむことになったのです。ただ、民主的でない貴族院は当然廃止されるべきであるし、その上にある枢密院という奇妙な機関の政治への影響力も話題になりましたね。また、仮に二院制を選択した場合には、国民の代表の選出について二つの方式ができるわけですが、その形態をどうするか、どちらの院に〈内閣の不信任決議〉が出来る権能を与えるか、そういったことで非常に難しいことになる、という論議になりましたね。

立法小委員会のリーダーシップは、スウォープ（海軍中佐）が持っていましたね。小委員長のヘイズ（陸軍中佐）は弁護士で、ワイオミング州でかなりの経験を積んでいましたが、スウォープに比べるとかなり力量に差がありました。ですから、この記録に残っている発言の大部分は、多分スウォープだったと思います。

この問題で一番記憶に残っているのは、ケーディス大佐のまとめの発言です」

記録のメモによると、

〈ケーディス大佐は、この点について、（後日）我々の取引きの種として役に立つことがあるかも知れぬと述べた。我々が一院制を提示し、日本側がその採用に強く反対したときには、この点について譲歩することによって、もっと重要な点を守ることができようというのである。〉

とある。

この発言については、後に予想通りの結果となるのだが、ケーディス氏本人もしっかりと覚えていた。

「確かにそう発言しました。日本の民主化のために重要な部分は譲れないが、大筋に問題がなければ、日本の主張は受け入れて行こうというのが、私たちの基本的な考えでした。だから、特別にマッカーサー元帥が言われたことでも、私には変更する権限があると思っていました。もちろん、ホイットニー将軍は律儀な人ですから、マッカーサー元帥に報告はしたでしょうが……。後にこの点で譲歩することになったときも、元帥からは何も言ってきませんでした」

会議は踊る

この二月五日の会議では、多くの条項について極めて重要なことが論議されている。末席に座っていたハウギ氏は、黙って耳を傾けるだけの存在だったが、

「かなり時間をかけた深い議論でした。昼食ぬきだったかも知れません」

と、その熱っぽさを記憶している。

民政局のメンバーの知識レベルを知る意味でも、憲法草案のどの部分に彼らがエネルギーを投じたかを知る意味でも、この議論は傾聴に値する。

重要議題の一つ、最高裁判所の違憲立法審査権の限界をどのように決めるかの論議。

ケーディス大佐「SWNCC《スウィンク》—228には、〈国民を代表した立法府の承認した立法措置に関しては、他のいかなる機関も暫定的拒否権を持つにすぎない〉と書いてある。最高裁判所にも、暫定的拒否権を与える以上のことはできないと思うよ」

ハッシー中佐「その制限は、最高裁判所による立法的拒否権の行使における制限に留《とど》まるのではないかと思う。我々は、憲法の解釈の問題については、最高裁判所に完全な審査権を与えることができるのではないか」

ケーディス大佐の発言のバックグラウンドになったSWNCC―228のその部分は、

〈（日本に住むすべての人々に）基本的な人権を保障する旨を憲法の明文で規定することは、日本の民主主義を健全に発達させる条件を作り出し、また日本にいる外国人に、彼らがこれまで有していなかった高い保護を与えることになるだろう。〉

とした上で、

〈国民を代表する立法府の地位は、国会に対してその欲する時に会議を開く権利を与えることにより、また立法府の承認した立法措置――憲法改正を含む――に関して、政府の他のいかなる機関も暫定的拒否権を有するに過ぎないとすることにより、一段と強化されるであろう。〉（傍点著者）

と議会が国民を代表する最高機関であると規定している。

前出のケーディス大佐の発言は、傍点を付した部分を指していると思われる。

「SWNCC―228は、冒頭に、〈合衆国太平洋軍総司令官に《情報》として送付〉と書かれているように、参考資料という意味でマッカーサーに送られてきたものですが、憲法草案作成の極めて重要な下敷きとなった文書でしたので、ずいぶんこの種の解釈論議をしました」（ケーディス氏）

ケーディス大佐は弁護士ではあったが、憲法が専門ではなかった。また、軍の配属もヨーロッパ戦線だったから、日本に来るまで、日本の知識はほとんどなかった。その意味で、国務省の知識の集成であるSWNCC文書には敬意を表せざるを得なかったようだ。

この日の会議では、SWNCC文書がそれぞれの小委員会の委員長には配付されたが、部数が足らず、他の委員たちはそれを覗《のぞ》き込みながら討論をしたようだ。

「ラウエル中佐は、法規課長として日本の民間研究者や政党の憲法草案に目を通していたし、アメリカ側の資料にも精通していましたが、私も含めてほとんどの民政局員は、大変な勉強から始めなければなりませんでした。その意味でも、二〇日ほど前に届いていたSWNCC―228は、単なる〈情報〉ではなく、ずっと重みのあるものでした。各小委員会に、草案に書いた内容をこのSWNCC―228に照らし合わせて、矛盾がないようにチェックしておくよう注意しました」(ケーディス氏)

SWNCC―228には、「日本の統治体制の改革」という文書名がついている。憲法改正を含めた、日本の占領政策に関する最終的な目的が、「合衆国太平洋軍総司令官」に宛ててきわめて丁寧に書かれた文書である。

宛て名が、「連合軍最高司令官」でなく、「合衆国太平洋軍総司令官」であること、それに「指令」ではなく「情報」としている点が非常に興味深い。連合軍の最高司令官の立場ではなく、アメリカの国益に立った上での判断資料という意味なのだろう。

討議の内容を理解していただくために、その内容を説明しておこう。

文書は、最初に「結論」という見出しで指針を示し、次に問題点を一二の条項に分けて論じ、最後にポツダム宣言の一部と八月一一日の日本降伏に対する回答文、さらにアメリカ合衆国の占領目的を掲げて結んでいる。重要な「結論」の部分には、おおよそ次のような項目があげられている。

◎選挙による国民の意思を代表する立法府が置かれ、その立法府に対して行政府が責任をとる。
◎日本国民および日本の統治権の及ぶ範囲にある人に対し、基本的人権を保障する。
◎日本国民が、その自由意思を表明しうる方法で、憲法改正または憲法を起草し、採択する。
◎日本の最終的な政治形態は、日本国民が自由に表明した意思によって決定すべきだが、天皇制を現在の形態で継続することはできない。
◎日本国民が天皇制を必要としないと決定したときは、憲法は次の目的に沿って改正されなければならない。
○国民を代表する立法府の立法措置——憲法改正を含む——に関して、他の機関は、暫定的拒否権を有するに過ぎない。
○国務大臣は文民でなくてはならない。
◎日本人が、天皇制を廃止するか、民主主義的方向に改正するよう奨励しなければならない。

日本人が天皇制を維持すると決定した時は、次の安全装置が必要である。

○国民を代表する立法府が選任した国務大臣が、立法府に連帯して責任を負う内閣を構成する。

○天皇は、一切の重要事項につき、内閣の助言に基づいてのみ行動するものとする。

○天皇は、憲法に規定されている軍事的権能をすべて剝奪される。

○内閣は、天皇に助言を与え、天皇を補佐するものとする。

まさに、戦後日本のラフ・デザインがすべて網羅されているが、その「結論」の最後に書かれた文章が非常に面白い。

〈最高司令官が、さきに列挙した諸改革の実施を日本政府に命令するのは、最後の手段としての場合に限られなければならない。というのは、前記諸改革が連合軍によって強要されたものであることを日本国民が知れば、日本国民が将来ともそれらを受け容れ、支持する可能性は著しく薄れるであろうからである。

日本における軍部支配の復活を防止するために行なう政治的改革の効果は、この計画の全体を日本国民が受け容れるか否かによって、大きく左右されるのである。日本政府の改革に関する連合国の政策を実施する場合、連合国最高司令官は、前記の諸改革による日本における代表民主制の強化が永続することを確保するために、日本国民がこの変革を受け

容れ易いような方法を考慮するとともに、変革の順序と時間の問題をも考慮されなければならない。〉

民族自決の原則は守らねばならないという理念と、困難が予想される日本の民主化には力で臨まざるを得ないだろうという現実的な状況との間を、なんとか政治的配慮でうまくやりなさいというアドバイスである。

日本人にとって非常に好意的に感じられる指針だが、この「結論」の最後の部分には、「本文書は、公表されてはならない」と書かれており、いま読んでも衝撃的だ。実際、憲法改正の裏にこうした極秘文書があったことを日本側が知るのは、ずいぶん後になってからのことである。

ＳＷＮＣＣ―２２８の基本精神からすると、日本の政治改革は、本来、日本政府の手で行なわれるべきことであった。その政治改革の根本である「憲法改正」を、民政局の手で行なうこと、つまり文中にある「最後の手段」をとることの重みは、運営委員会のメンバーには、よくわかっていた。それだけにＳＷＮＣＣ―２２８の分析には時間を費やしたと思われる。

ケーディス大佐は、今は眉毛《まゆげ》も白く、穏やかなお年寄りという雰囲気だが、当時は剃刀《かみそり》のような切れ味で民政局のリーダーシップをとっていた。行政権の問題についても彼が口火を切った。

現在のケーディス氏

「日本政府では、かつて立法府と司法部の権限を強化したため、行政府の実権が奪われることになった。立法府が不信任決議をすれば、内閣は総辞職しなければならなくなり、そこに空白が生じるのではないか?」

これに対して、ハッシー海軍中佐と、行政小委員会委員長のサイラス・ピーク氏が答える。

「たとえ政府が総辞職し、選挙民の審判を仰いでも、総選挙までの期間および、新内閣が政権につくか旧内閣が政権に復帰するまでは、暫定内閣が権限を行使することになるだろう」(ハッシー中佐)

「この期間中も政府の日常的活動は継続し、既存の債務は、すでに承認された歳出予算から支払われる。しかし新しい事業は始められず、新たな財政負担はなされない。総辞職後、九〇日以内に新しい政府を組織することは可能なはずであり、なんらかの理由でそれが不可能なときでも、国会は開会されているであろう」（ピーク氏）

このあとに続く議論が面白い。ピーク氏は、

「行政府の長の権能中、若干のものを憲法に記すべきだろう」

と問題提起をする。

「たとえば、内閣総理大臣の任命は、行政府の長が公表する旨を定めるとか、すべての法律に行政府の長が国璽《こくじ》を捺《お》し、自らの名において公布するものとすべきではなかろうか？」

というのである。これに対してケーディス大佐は反論する。

「そういう比較的重要でない権能を特に挙げるべきではない。もし憲法にこれらの事項を書き込むと、将来この点の手続きを改正しようとした場合に憲法改正という形をとらねばならなくなる」

ケーディス大佐の考え方は、一貫して明快である。前日の自由討議でも出てきているが、「憲法上の権利について単一の基本的な定義のないイギリスほど流動的ではいけないが、フランスほど精細なものであってもいけない」、憲法はもっとも基本的なことのみを規定すればよいという考え方だ。

これに対してハッシー中佐が意見をいう。

「天皇または行政府の長が、立法府に対し責任を負う内閣の助言と承認のもとにのみ行為

する旨を明確に定義すれば、国璽を捺すということは儀礼的な手続き以外の何ものでもなくなる」

この議論を理解するためには、『日本国憲法制定の過程』の訳注でも指摘されているように、行政府の長を天皇と置き換えて読む必要がある。最後のハッシーの発言の中に天皇という言葉が出てくるので混乱するが、内閣総理大臣の上に行政府の長を想定していることは、当時噂にのぼっていた昭和天皇の退位や、その後の皇太子などが地位についた場合の天皇制のありようまで、思考の範囲にあったのかも知れない。

憲法改正を急いだ理由の一つにあった、昭和天皇を戦犯から何とか守りたいというマッカーサー元帥の意志と、制度としてあまりよくない天皇制を守ることの乖離《かいり》に悩んだ跡がこの記録からも断片的に見える。

ケーディス大佐の簡明をもってよしとする基本方針は、次の予算制度の論議でも一貫している。

「予算の面からの行政府へのコントロールに関しては、詳細を憲法に書く必要はない。予算は立法府が明確に示した承認がない限り、効力は生まれないと規定しておけば十分だ」

というような調子だ。

会議の記録から、その議論を再現しよう。

リゾー大尉「行政府が予算についての拒否権を持つべきではない、という立場が望ましいかどうかは問題だ。行政府に拒否権がないとすると、立法府がやたらに大きな支出を認めることを効果的に防ぐ方法がなく、金のかかる計画が、情実に基づいてやたらに気前よく立てられるということが考えられるが、どうだろうか？」

ピーク氏「内閣の予算案が国会に提出され、承認された後は、国会は歳出予算を増やすことはできない。立法府は承認された予算の範囲内で資金を操作し得るだけだ。内閣は年度ごとの予算について責任を負うのであって、内閣の承認しないような予算の操作がなされた時は、おそらくそのまま責任をとり続けるより、総辞職するだろう」

スウォープ中佐「プエルトリコ総督の経験から推してみるに、実際上、行政府は、その承認しない歳出予算に基づいた措置をとることを、拒否できる権能を持つものだ」

ケーディス大佐「国会というのは、憲法で明らかに禁じられていない限り一切の権能を持つと、もう一度強調しておきたい」

記録から見ても、インタビューした方々の記憶からも、このような討論は長く続いたようだ。サンドウィッチとコーヒーが持ち込まれ、煙草の煙の立ち込める中、この日の議題はまだまだ続く。

「内閣総理大臣及び閣僚が選ばれる過程は、自《おの》ずと決まるだろうから、憲法で定める必要はない。おそらく衆議院か国会かが、多数党から内閣総理大臣を選ぶ——はっきりした多数党がなければ、多数を占めるだけの連立に基づいて選ぶ——という解決がなされるであろう。そしてこの内閣総理大臣が、多数党または、連立して与党を形成しているいくつかの党の中から閣僚を選び、衆議院ないし国会の承認を求めることになろう」

この発言の主はわからない。続いてリゾー大尉が重要な提起をする。

「権力の最終の源《ファイナル・ソース・オブ・パワー》をどのように規定するのか?」

ケーディス大佐「明らかに司法部、執行部もしくは行政府に与えられていない権限は、立法府にある。国民を代表し、選挙民に直接責任を負う機関の優位という事が、民政局の草案の中で強調されなければならない」

民主主義の原則のような話が、この日の会議の結びの言葉になった。

象徴天皇の誕生

会議に出ていない各小委員会のメンバーは、資料との格闘を続けていた。

その中で、リチャード・プール海軍少尉とジョージ・ネルソン中尉がメンバーである「天皇・条約・授権規定に関する小委員会」の作業のスタートは早かった。

「私も日本生まれですが、天皇のことについては、こんなエピソードを知っている程度でした。

これは私のいとこの話ですがね。天皇陛下がどこかへお出ましになった時のことでした。その当時は天皇陛下がお通りになると、道の両側は人で埋まりました。

私のいとこ――まだ数歳の子供でしたがね――彼もその人ゴミの中に埋まっていました。

天皇のお車が通る時、日本人はみんな深く頭を下げます。天皇の顔を直接見るなんて不敬そのものでしたから……。ところが、私のいとこは、頭を上げたまま手を振ったんです。そしたら天皇陛下もにっこりと手を振って応《こた》えられたんですよ。

この話を聞いて、いい人柄の方なんだなという印象が定着していましたね」（プール氏）

もちろん、日本生まれのプール少尉は、日本国民の中で天皇がどんな権力者であるかは、よく知っていた。

天皇に関する草案は、マッカーサー・ノートというハッキリとした指針があったため、一応の方向づけは出来ていた。とはいえ、さきに述べたように、この憲法草案の作成を急ぐ趣旨そのものに、「天皇を戦犯として問え」という国際的な世論をかわすことと、日本占領のために巨大な軍事力を使いたくないというマッカーサーの思惑があった。マッカーサーは、天皇は百万の兵力に匹敵する潜在的能力を持つと評価していたが、それに加え、昭和天皇と会い、その人柄に感動して命を助けることを決心したという、個人的な感情の問題もからんでいた。

実際天皇が戦犯に指名されたとしたら、日本の占領はうまくいくのだろうかという懸念は、占領軍に強くあった。それら諸々《もろもろ》の問題を解決し、天皇の地位を国民の意思として確定させようというのであるから、大変な作業だった。

前日の二月四日の会議で、ケーディス大佐は基本的な指示をしている。

「現行の明治憲法では、天皇の権限と権利とについては、明確な規定があり、保障がなされている。われわれの草案では、これを覆さないといけない。新しい憲法を起草するに当たっては、主権は完全に国民の手にあるということを強調しなければならない。天皇の立場は、社交的君主の役割のみとされるべきである」

統治権と統帥権が両立していて、軍人が内閣総理大臣を経由せずに軍事的な国家方針を遂行できる明治憲法こそが諸悪の根源である、という指摘は、さきに述べたように、ＳＷＮＣＣ文書やポツダム宣言などの、アメリカの日本分析の中核をなしている。日本の軍国主義化の根源は、そういった憲法上の問題に端を発した陸海軍大臣の現役武官制にあった。民政局には、国務省が時間をかけて作成した天皇制の分析は届いていなかった。しかし、ヒュー・ボートンが執筆したＳＷＮＣＣ—２２８に、その考え方が十分反映されていたので、精神は伝わっていた。

アメリカ側の方針は、日本国民の欲する天皇制という「冠」そのものを拒否するわけではなかった。しかし、それが民主主義のルールにのっとった新しい冠であること、また、それを、日本国民が納得して戴《いただ》くことが必要だったとケーディス氏は回想する。

「一九四六年の元旦《がんたん》に、天皇の人間宣言がありましたし、天皇の地位はどのようなものであればよいかという、国民の考えはできつつありました。

しかし、日本政府が作成しつつあった憲法草案は、明治憲法の〈神聖にして侵すべからず〉が、〈至尊にして侵すべからず〉というふうに修正されたものに過ぎませんでした。当時の政府の中枢の人たちの考えは、その意味できわめて保守的でした。

天皇は、新しい存在として護《まも》られるけれども、神格化された天皇制は払拭《ふっしょく》されなければならないというのが、一貫したマッカーサー元帥の考えでした。

精神的な面も含めて、その複雑な状況を理解するには、日本生まれのプール少尉は適役でしたね」

天皇制の問題は日本側の最大の関心事だっただけに、マッカーサー・ノートによる指針があるといっても、いざ条文にするとなると非常にむずかしい問題だった。

他の委員会の責任者は、弁護士、行政官、大学教授といった、いわばトップ・レベルの人材が選ばれていた。天皇条項という最も重要な役割を振り当てられたプール少尉にとっては、階級が低いことよりも、そういうキャリアを持ち合わせていないという重圧のほうが大きかった。

プールとネルソンは手分けして、君主制や王政の国の憲法を片っ端から読破した。その一方で、天皇制のどの部分が日本を軍事国家に導いたのかも詳しく知る必要があった。

ベアテ・シロタ・ゴードンさんのプール評。

「民政局員は、進歩的なニューディーラーばかりだったように言われていますが、保守的な人の方が多かったんですよ。人権委員会のワイルズ博士などはその典型的な人物でしたが、プールさんも、日本人の天皇に対する気持ちを知っていただけでなく、もともと保守的な人でした。ですから始めのころの草稿などは、明治時代の人も喜ぶくらい保守的でしたね」

プール氏の、資料を片手にしての解説。

「最初の日は、それは一生懸命に資料を読みました。明治憲法は英訳がありましたし、スウェーデンやノルウェーなど、北欧の王政の国々の憲法も読みました。一番参考にしたのは、英国の制度です。

また、SWNCC《スウィンク》―228をご存じでしょう？　基本的には、この文書の考え方が柱になりました。天皇に関しては、日本政府が二つの方向のどちらでも選べるようになっていましたが、最終的には日本国民に決定を委《ゆだ》ねることになっていました。つまり、一つは、天皇制を廃止する方向、もう一つは、天皇制を存続させる方向です。そして後者の場合には、民主的な制度でなければならない、というものです。天皇が象徴的存在であっても、その権力は最小限にする、など細かいことがたくさん書かれていました。

ポツダム宣言の〈日本国国民の自由に表明せる意思により〉の部分を尊重しているわけです。天皇制を守ろうという方向は、マッカーサーが決定しました。したがって私の立場は、そのための条件を整えることでした。

私はイギリスの王室のような制度を考えていたんです。天皇は、国を支配する権力は持たなくても、国民から尊敬される存在になればいいと考えました」

SWNCC―228には、天皇は一切の重要事項について、「内閣の助言に基づいてのみ行動する」とか、「明治憲法の十一条から十四条までの軍事に関する権能をすべて剝奪すること」など、かなり詳しく書かれている。

プール少尉がバックボーンにすえたイギリスの制度について、少し触れておこう。

イギリスには成文憲法はない。したがって、日本の憲法のように、六法全書の冒頭を見ればすべてわかるというふうにはいかない。一二一五年のマグナ・カルタから、権利請願（一六二八年）、人身保護法（一六七九年）、権利章典（一六八九年）、王位継承法（一七〇一年）、議会法（一九一一年）など、歴史を綴《つづ》ってきた数多くの法律の集積の中から憲法的な諸規範を抽出しなければならない。

アメリカで「歴史」といえばヨーロッパ史も含めて学習する。中でも英国法制史は、ハイスクール段階で習うので、プール少尉は復習する程度でその内容を思い出すことができたという。しかし、我々日本人にとっては、あまりなじみのない問題である。

英国憲法の原点とされる一二一五年のマグナ・カルタは、ジョン王の治世（一一九九〜一二一六年）に、各地の領主たちとの間に交わされた契約書だが、国王の地位にあっても、支配下の一般庶民の自由の権利を認めると書かれている。

一六八九年の権利章典には、「国会の同意なくして、王の権威により、法律の停止権、または法律の執行権があるかのように振るまうのは違法。金銭の賦課も、国会の承認がなければ、むやみに徴収してはならない」と厳しく書かれている。

イギリスの歴史には、よほど悪い王様がいたとみえて、誰々の王様の時代は悪政だったから、この法律を決めるといった表現が条文の中に見える。

日本で言えば、平安から安土《あづち》桃山といった時代に、すでに支配者の傲慢《ごうまん》さを戒める法があったのである。

問題の「象徴《シンボル》」という言葉は、一九三一年制定のウェストミンスター憲章の前文に出てくる。

〈クラウンは、イギリス連合（コモンウェルス）所属国の自由な連合の象徴であり、連合所属国は、クラウンに対する共通の忠誠によって結合されている。〉（傍点著者）

このような、イギリス国王が国民統合の「象徴《シンボル》」であるということは、西欧社会で教育を受けた人ならば、常識レベルで定着しているという。プール氏に、「象徴《シンボル》」は、ウェストミンスター憲章からとったのかと伺ったところ、

「そうです。〈シンボル〉という言葉は、旗とか紋章とかの物質を連想しやすいのですが、英語では、精神的な意味も強く含んだ言葉です。日本の憲法学者は、現行憲法第一条の〈シンボル〉という表現がどこから来たか非常にこだわっているようですが、アメリカ人ならば十人が十人とも、〈精神的な要素も含んだ高い地位〉という意味を、すぐ理解する言葉です。〈シンボル〉というのはよい表現だと思いました」

と、あまりにもあっけない返事にちょっと拍子抜けした。

このシンボルという用語について、取材の中で興味深い話題がでてきた。

メリーランド大学の「ケーディス文書」の中に、さまざまな書き込みのあるマッカーサー・ノートのコピーがある。

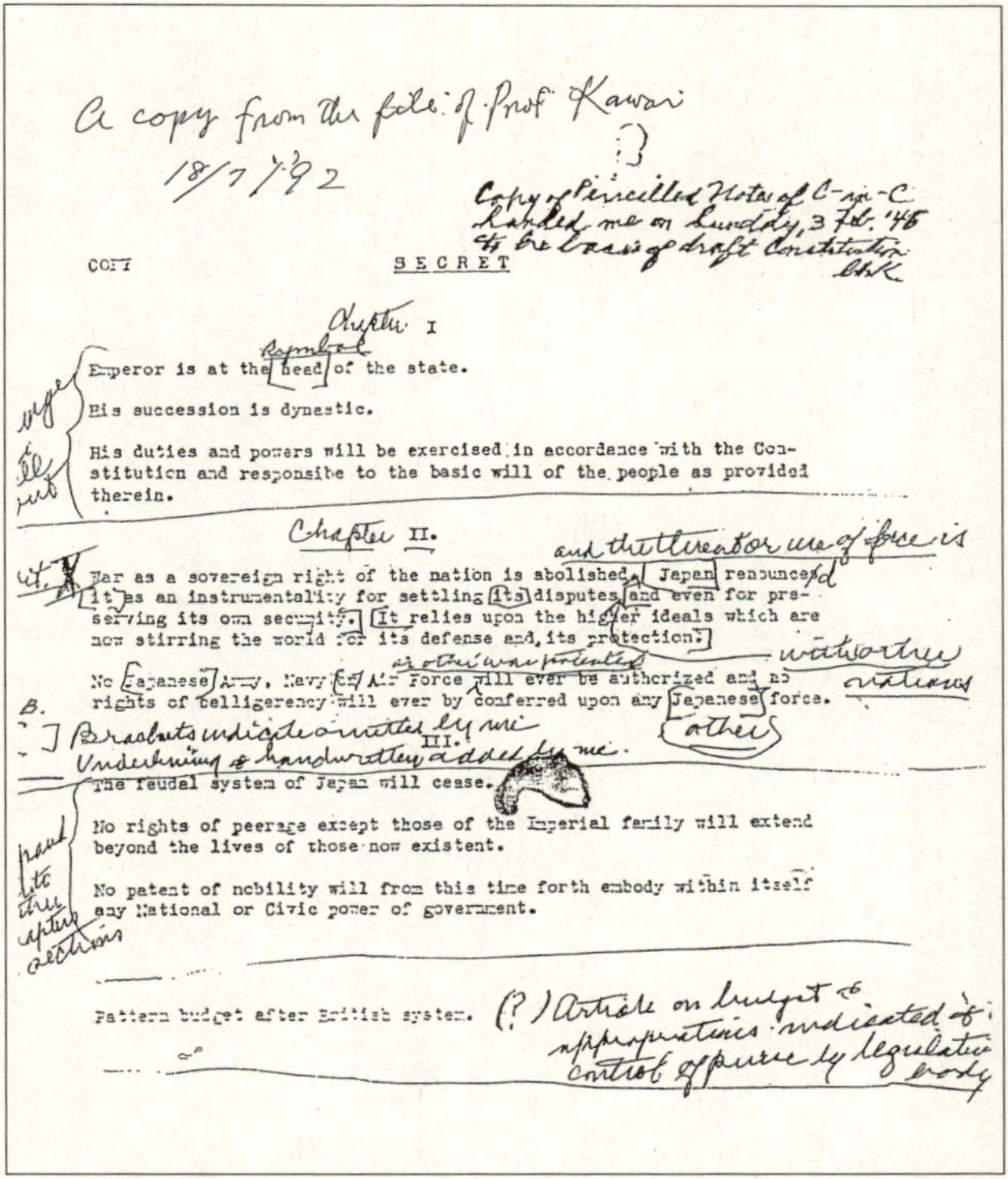

A copy from the file of Prof Kawai
18/7/'92

Copy of Pencilled Note of C-in-C
handed me on Sunday, 3 Feb. '46
to be basis of draft Constitution
CLK

COPY

SECRET

Chapter I

Emperor is at the head [symbol] of the state.

His succession is dynastic.

His duties and powers will be exercised in accordance with the Constitution and responsibe to the basic will of the people as provided therein.

Chapter II.

War as a sovereign right of the nation is abolished. [and the threat or use of force is] Japan renounces[d] it as an instrumentality for settling its disputes and even for preserving its own security. It relies upon the higher ideals which are now stirring the world for its defense and its protection. [with other nations]

No Japanese Army, Navy, or Air Force [or other war potential] will ever be authorized and no rights of belligerency will ever by conferred upon any Japanese [other] force.

[ ] Brackets indicate omitted by me
Underlining & handwritten added by me.

III.

The feudal system of Japan will cease.

No rights of peerage except those of the Imperial family will extend beyond the lives of those now existent.

No patent of nobility will from this time forth embody within itself any National or Civic power of government.

Pattern budget after British system. (?) Article on budget & appropriations indicated of control of purse by legislative body

ケーディス大佐がメモしたマッカーサー・ノート。１行目の「head」というタイプの文字の上に「symbol」と書き込みがしてある。いつ書かれたかは不明。

その第一条にある、〈Emperor is at the head of the state〉の、〈head〉の所が消されて、〈symbol〉と手書きの文字が記入されている文書である。この文書を発見されたのは、日本大学法学部の河合義和《かわいよしかず》教授である。書いた人物は間違いなくケーディス氏。

「河合先生にも申し上げたのですが、これを書いたのは確かに私です。私の字です。しかし、これをいつ書いたか覚えていないんです。

河合先生は、二月四日か、そのあたりだろうと言うんですがね。一九八六年にメリーランド大学で開かれた憲法四〇周年記念のシンポジウムに私も出席しているのですが、その時に書いたのかも知れないんです。思い出せないですねえ。私も齢《とし》ですね。

おたずねの通り、一九四六年の二月四日に書いたものかも知れませんが、その時このメモを書いたという記憶がないんです。いつ書いたのか思い出せないんですよ」

当事者というのは、しばしば聞き手の期待を裏切るような返事を、至極当然のような顔でするものだ。

プール氏の、

「この〈シンボル〉という書き込みのある文書は、河合先生が私からコピーをもらったと言ってこられましたが、私にも記憶がないのです。しかし、筆跡から考えると二月四日のものかも知れませんね。〈シンボル〉という表現が出てきたのは、その頃でしたから」

という話は二月四日説を補強するものだが、結局真相は闇から出なかった。

マッカーサー・ノートの天皇条項については、さらに別のエピソードを聞いた。

アメリカにおける日本国憲法制定に関する研究の第一人者、メリーランド大学名誉教授のセオドア・マクネリー博士の話だ。ラウエル文書をもとにまとめられた『日本国憲法制定の過程』を見ながらの説明である。

「以前から気がついていたのですが、この本のマッカーサー・ノートの訳には、〈天皇は国の元首の地位にある〉とありますね。これは正しい訳ではないと思います。〈head〉イコール〈元首〉と思ったのでしょうが、それは間違いです。この場合の〈head〉は、単に〈トップ〉であるという意味なんですよ。まず、前置詞の〈at〉です。それから、〈the head of the state〉と〈state〉の前に〈the〉がついているでしょう。〈the head of state〉なら〈元首〉という意味ですが、〈at the head of the state〉ですから、これは〈国のトップにある〉という意味ですね」

マッカーサー・ノートは、マッカーサーとホイットニーのどちらが書いたものか不明とされているが、この単純な文章の中に、元首を否定している意味があるというマクネリー博士の説明には驚かされた。

アメリカ人なら当然なのだろうが、プール少尉はその意味も正しく理解した上で草案作業を進めている。

さて、天皇小委員会は、早くも六日に運営委員会と初めての検討を行なっている。ということは、第一稿は五日中に書きあげていたことになる。

プール氏は、私のインタビューのために、自らが書いた原稿を四種類用意されていた。初稿から最終稿まで、どう変わったかを説明しようという訳だ。

その第一稿。冒頭の四行は横線で消されている。カットされた部分には、次のような文案が書かれていた。

〈日本の主権は、日本国民に存し、これは国民の意思により成立し、国家によって行使される。

日本国は、その皇位が世襲により継承された歴代の天皇によって君臨される。〉（傍点著者）

そのあとに、〈皇位は日本国の象徴であり、日本国民統合の象徴であって、天皇は皇位の象徴的体現者である……〉と続く。

プール氏の話。

「天皇に関して我々が基本的にしたかったことは、こうなんです。天皇の位置づけを〈何ら政治的な力を持たない立場ではあっても、憲法上では君主として重要な機能を持つ立場〉として打ち出したかったのです。言いかえると、それは単なるお飾りであってはいけないということです。

しかし、その一方で、天皇の立場に関して、過去に起きた過ちを繰り返すことだけは避けたかった。そこに難しさがありました。

過去に一部の軍人たちが、憲法に謳われていた天皇の大権を、自分たちのために利用したということがありました。そういうふうに悪用される可能性のあるような憲法上の権限を、天皇に持ってもらいたくないと思ったわけです。

そこで、天皇は直接的には政治上の権限は持たないけれど、ある重要な役割を持った、日本国民に尊敬される立場にあるという位置を打ち出したのです。

その二つの間のバランスを上手に取るというのが、天皇の位置づけとなったのです」

傍点をつけた「君臨」（reign）という言葉が、後に運営委員会で問題になるのだが、このプール氏の第一稿にはさまざまな書き込みがあり、無残なほどカットされた部分がある。天皇の役割についての制限条項に関しては特に詳細に書きこまれている。

プール氏の言う、「あとあと政治権力や軍に悪用される可能性のあるような憲法上の権限を天皇に持たせたくない」という気持ちがよくわかる原案である。

二月五日夜の天皇小委員会は、プール、ネルソンともに、アンダーウッド・タイプライターとの格闘になった。たくさんの資料を使ったが、草案執筆作業は決してパッチ・ワークではなかったと、プール氏は力説する。原稿が早くできたのは、安易な引用ばかりで執筆したからではないというのだ。半世紀たった今日でも、どのような文章がどのようにカットされ、どんな言葉を書き入れたか忘れていないという。

マッカーサーの夢、戦争放棄

戦争放棄の条項は、ケーディス大佐自身が、二月四日から執筆に入った。

運営委員会のハッシー中佐、ラウエル中佐が別室をとって陣取っていたのに比べ、民政局の大部屋の真ん中にあったケーディス大佐のデスクは、秘密を守るのにも、集中してものを考えるのにも不適当だった。各委員会のメンバーもしょっちゅう相談にやってくる。言うならば民政局の銀座通りといった趣きがあった。

ケーディス大佐にとって、直前まで手掛けていた公職追放の仕事が中途半端のままになっていることも気がかりだったが、一番心配なことは、総司令部内部の他の部署に秘密が漏れることだった。それでなくとも終戦連絡事務局の白洲《しらす》次郎などは無遠慮に部屋を訪れてきていた。

吉田茂《よしだしげる》（当時、外務大臣）とも格別に親しかった彼の英語力はアメリカ人なみだった。机の上には、世界中の憲法資料や、ＳＷＮＣＣ―２２８などの機密資料が散らばっている。その紙切れひとつを読んだだけで、進駐軍が日本をどうしようとしているかがわかってしまう。

「明日はもう少し注意深くするように、全員に通達しなければなるまいな……」と、疲れの色を滲《にじ》ませながら、ケーディス大佐が机に向かったのは、すでに夜になってからだった。

戦争放棄に関する草案の下敷きとなったのは、マッカーサー・ノートである。三項目あったマッカーサー・ノートの中で、天皇の地位に関する条項と封建制度の廃止についての条項がただ方針を示しただけの文案なのに対し、戦争放棄の条項は、定義、哲学が包含されたかなり推敲《すいこう》されたものだった。ケーディス大佐は、そのマッカーサー・ノートの文章を添削することから、作業を始めた。河合教授の見つけたシンボルという書き込みのあるマッカーサー・ノートは、ひょっとするとこの時のものかも知れない。というのは、添削箇所がまったく一致しているからである。

マッカーサー・ノートの原型を見ながら、ケーディス氏の話に耳を傾けよう。

〈国権の発動たる戦争は、廃止する。日本は、紛争解決のための手段としての戦争、さらに自己の安全を保持するための手段としての戦争をも、放棄する。日本は、その防衛と保護を、今や世界を動かしつつある崇高な理想に委ねる。

日本が陸海空軍をもつ権能は、将来も与えられることはなく、交戦権が日本軍に与えられることもない。〉

「重要な変更は、草案を数カ所カットしたことです。それは私がやりました。自分でやったのを覚えています。

まず、〈自己の安全を保持するための手段としての戦争をも〉という部分をカットしました。さらに、〈日本は、その防衛と保護を、今や世界を動かしつつある崇高な理想に委ねる〉の部分もカットしました。あまりにも理想的で、現実的ではないと思ったからです。

そして、〈武力による威嚇、又は武力の行使は〉という文言を、前段に挿入したのを覚えています」

ケーディス氏は、この大胆な処理を誰にも相談せずにやったという。絶対的権限の持ち主である上官のマッカーサーの原稿を書き直したのである。その重大変更の理由はこうだ。

「自衛権の放棄を謳った部分をカットした理由は、それが現実離れしていると思ったからです。どんな国でも、自分を守る権利があるからです。だって個人にも人権があるでしょう？　それと同じです。自分の国が攻撃されているのに防衛できないというのは、非現実的だと考えたからですよ。

そして、少なくとも、これでひとつ抜け道を作っておくことが出来る、可能性を残すことができると思ったわけです。（草案の中には）はっきりと〈攻撃を撃退することはできない〉とは謳われていないわけですからね。

この条項について、皆で議論していたら、一週間かけても結論は出ないだろうと思ったのです。それで、これは自分一人でやってしまおうと心に決めました」

つまり、法律家としての立場から言っても、国家に固有の自衛権を否定するようなことを憲法上に明記するのは、非合理で不適当であるというのである。

当時民政局員だったが、漆《うるし》にかぶれて入院中だったため、憲法草案作成に参加できなかったジャスティン・ウィリアムズ氏はこんなふうに言う。

「ケーディスは、第九条そのものが気に入らなかったんです。憲法草案の中で、ケーディスが書いた条項を読むと、数カ所マッカーサーが反対しているにもかかわらず、問題提起しているところがあります。彼の提案は、採用されたものもあれば、そうじゃないものもあります。第九条については、その後者の方です。

とにかく、マッカーサーは五つ星の元帥、ケーディスは非常に優秀でしたが、たかだか大佐でしたからね……」

ジャスティン・ウィリアムズ氏の最後の言葉の意味は、ケーディス氏はマッカーサー・ノートの修正を自分の独断によるもののようにいうけれども、それはホイットニー、マッカーサーの考え方に沿ったものだったはずだ、資料には出てこないが、ケーディス本人はもっと踏み込んだ訂正をしていたはずだということである。

当時のジャスティン・ウィリアムズ氏

実際に後日、一九五七年から活動の始まった憲法調査会が出した質問書簡に対する答えの手紙の中で、マッカーサーは、

〈戦争放棄の条項は、もっぱら外国への侵略を対象としたものであり、世界に対する精神的リーダーシップを与えようと意図したものである。

（略）第九条のいかなる規定も、国の安全を保持するために必要なすべ

ての措置をとることを妨げるものではない。〉（憲法調査会資料）

と書いている。理想と現実を踏まえて処理した現場の仕事を、見事にフォローしたものと言えよう。

マッカーサー・ノートの中で、この戦争放棄の条項だけが、他の条項と異質な雰囲気を持っていることは先に指摘したが、その発想の原点を再び追跡しておこう。

前にも触れたように、戦争放棄の発想のルーツは、一九二八年のパリ不戦条約（ケロッグ・ブリアン条約）である。正確には「戦争抛棄ニ関スル条約・一九二八年」というが、第一次大戦で近代戦争の悲劇を体験したヨーロッパの人たちの、心からの誓いが述べられている。

〈第一条　条約国ハ国際紛争解決ノ為戦争ニ訴フルコトヲ非トシ且其ノ相互関係ニ於テ国家ノ政策ノ手段トシテノ戦争ヲ抛棄スルコトヲ其ノ各自ノ名ニ於テ厳粛ニ宣言ス。〉

ルーツの二つ目は、一九三五年に制定された、当時世界で唯一、戦争放棄の条項を持っていたフィリピン憲法である。

〈第二条三節　フィリピンは、国策遂行の手段としての戦争を放棄し、一般に確立された国際法の諸原則を国家の法の一部として採用する。〉

フィリピンは、この年の一一月一五日に、一〇年後にフィリピン連邦として独立することを、当時の植民地支配者であるアメリカとの間で確認している。このフィリピン憲法も、おそらくパリ不戦条約を念頭に置いて書かれたものに違いない。

マッカーサー元帥の父親は、フィリピン駐屯軍の総司令官をつとめ、マッカーサー自身も若い時代から都合四回フィリピンで過ごしたことがあり、フィリピン独立の直前にはフィリピン軍の軍事顧問に就任している。フィリピン憲法に書かれた「戦争放棄」の文字が、マッカーサーの脳裏に深く刻み込まれていたことは疑いもない。

そして、その論理を大きく支えたのが、一九四五年六月に調印されたばかりの国連憲章である。

〈第二条の四　すべての加盟国は、その国際関係において、武力による威嚇または武力の行使を、いかなる国の領土保全または政治的独立に対するものも、また、国際連合の目的と両立しない他のいかなる方法によるものも慎まなければならない。〉

その国連憲章の前文の書き出しはこうなっている。

「われら連合国の人民は、われらの一生の内に二度まで言語に絶する悲哀を人類に与えた戦争の惨害から将来の世代を救い……」

第二次大戦後、我々日本人があの焼け跡に呆然《ぼうぜん》と立ちつくした時の思いと、まったく同じ発想による文章である。フィリピン攻防戦で惨敗と勝利を経験し、戦争の実像を網膜に焼きつけたマッカーサーの思いも、似たところにあったのではないだろうか？　二月四日、ホイットニー民政局長が訓示の中で、「国連憲章の諸原則を念頭に置け」とわざわざ注意したのも、この戦争放棄の条項にかけるマッカーサーの想いを強調したかったのだろう。

戦争放棄の条項に関する限り、運営委員会での討議の記録はない。しかし、ケーディスとホイットニーの間では、それなりに討議がされている。戦争放棄の条項を、憲法全体のどこに位置づけるかが最も大きな問題だった。

「ホイットニー将軍は、〈戦争と武器の放棄〉の条文は、きわめて重要なので、第一条に持ってくるべきだと考えていたと思いますね。そんなふうに私は記憶しています。

ところが、私自身が、二月四日でしたか、かなり早い段階の会議の時に、出来るだけ明治憲法の章の構成と同じようにした方がよいと発言しました。つまり天皇の章を第一章に持ってくるべきだと言ったのです」（ケーディス氏）

ホイットニー自身も、憲法草案が日本側に渡されたあとの松本烝治国務大臣とのやりとりの中で、

〈この原則（戦争放棄）を、憲法草案の第一章ではなく第二章にしたのは、天皇および天皇が日本国民の心の中に占めている地位に敬意を表してのことです。私自身としては、この原則が決定的重要性をもつことに鑑み、戦争放棄を新憲法草案の第一章に置きたいと考えるくらいです。〉（憲法調査会資料）

と述べている。

戦争放棄の条項の執筆はケーディス大佐一人によって行なわれたため、会議の記録からその跡をたどることはできないが、わずか数日で書かれたものにもかかわらず、各種資料を見事に使いこなしている。ケーディス大佐が挿入した一節、「武力による威嚇、又は武

力の行使は」の部分は、国連憲章の第二条からの引用であるし、マッカーサーの文章をカットしてまで法論理を通した国家自衛の原則は、未来を見据えたリベラリストとしての彼自身の信念であったようだ。

これは、あとに述べる芦田《あしだ》修正においても重要なポイントとなる部分である。

二月五日の夜、ホイットニーは、翌日マッカーサーに報告する文章を作るためにタイプに向かっていた。日本政府から憲法改正案が二月七日に届けられるという連絡を受けての報告書だが、そこに民政局内の作業の進捗《しんちょく》ぶりを次のように織り込んでいる。

〈私は、憲法改正についての民政局の作業を、完全に秘密にしてありますので、来週の火曜日（二月一二日）に、日本側の案について私と会談することになっている日本の係官が、我々の案について事前に情報を得ていることはない、と確信します。〉

〈我々の憲法改正原案は、細かな点の修正を後回しにすれば、週末までには閣下の検討を仰ぐために提出できる見込みです。目下の進行状況からみて、この原案は満足すべきものになるだろう、と確信しています。〉

ホイットニーの上機嫌な顔が、目に浮かぶような文章である。

第五章　マッカーサーの日本改造プログラム
（一九四五年九月～一九四六年二月）

憲法改正へのアプローチ

この第一生命ビル六階の密室の中で、ケーディス大佐以下の民政局員二五人が奮闘していたころ、もう一つの敗戦国ドイツでは、まだ憲法改正など手にも染めていなかった。「ドイツ連邦共和国基本法」（ボン基本法）は、日本よりずっと遅れて、一九四九年五月二四日に施行されることになる。

これは当時、ドイツは米、英、仏、ソに分割占領されており、その四カ国の意見が一致しなかったためだ。しかし西ドイツの場合、コンラート・アデナウアー初代首相を中心とした、憲法制定会議を議会の中に設置し、七〇人の議員で討議し、「ドイツ連邦共和国基本法」を制定している。

この草案の作成には、ドイツ系アメリカ人の憲法学者フリードリッヒ博士も参加しているが、非常に興味をそそられるのは、当初の前文には「過渡期のあいだ国家生活にひとつの新しい秩序を与えるために、その憲法制定権力に基づいて」制定されたものであることを明記していることだ。そして第一四六条で、「ドイツ国民が自由な決断で議決した〔統一ドイツの〕憲法が施行される日に、その効力を失う」と、その暫定的性格を認めている。

国民全体の意思で作った憲法ではないので、「憲法」という用語も使わず、「基本法」で押し通しているのは、その誕生の経緯を無言のうちに語っている。

同じ占領国でありながら、なぜ日本の場合、こんなに急いで、しかもGHQの手で憲法草案が作成されなければならなかったのか？

アメリカが、どんな態度で日本占領に臨んだかは、すでに述べた。

マッカーサーは、連合軍最高司令官としてフィリピンから日本に向かう輸送機の中で、占領の仕事についてこんなふうに言ったという。

「まず、日本の女性を解放しなくてはならない。そして男女同権を実現して、女性を政治に参画させなければならない」

これは、日本占領政策を象徴的に語る言葉としてよく使われているが、そのときホイットニー准将に、日本で実行しなければならない事柄を膨大にメモさせている。

軍事力の破壊、国民を代表する政府の確立、婦人の参政、政治犯の釈放、農民の解放、戦争犯罪人の処罰、自由な労働運動の育成、自由経済の促進、警察弾圧の排除、言論の自由と新聞の育成、教育の自由化、権力の中央集中の排除などなど、日本占領政策の重点項目すべてである。

占領初期に日本に来たケーディス大佐ら米軍将兵の描いていた日本像を集約すると、――日本は、神がかった天皇を中心としたきわめて古い封建国家で、天皇イコール国家である。日本国民、特に農民、労働者、商人はひどい抑圧を受けており、人権は存在しない。彼らは天皇のために死を求められ、それを拒絶すれば逆賊となる。思想信条、言論、教育の自由はなく、世襲的独裁によって支配される組織に搾取されている。その独裁組織は、軍閥、財閥、官僚によって動かされている——

となる。当時、グルー大使、ボートン博士ら知日派の分析をもとにして作られた、占領要員訓練のための映画「わが敵日本人」には、そのような日本像が見事に描かれている。日本占領を成功させるには、日本を戦争に駆り立てた古い社会の仕組みを根本から改造しなくてはならない。マッカーサーに限らず、GHQの民政局の高級将校たちも同じ思いを持って、厚木や横浜に降り立っていた。

マッカーサーは、九月二日のミズーリ号での降伏調印式の「今日、銃声は止んだ。大きな悲劇は終わった。今、全世界は平和の静けさを味わっている」の名文句ではじまった演説の中で、

「ポツダム宣言によって、日本国民が奴隷状態から解放される事を実現すると約束した。私の目的はこの約束をできるだけ早く達成することである」

と語っている。

しかし、日本人にとって、敗戦直後、占領初期の最大の関心事は天皇がどうなるかということであった。

「天皇の国家統治の大権を変更するの要求を包含し居らざることの了解の下に……」（八月一〇日）という、日本政府が示したポツダム宣言受諾のための条件に対し、アメリカ政府からは、

「天皇および日本国政府の国家統治の権限は、連合国最高司令官に従属す」（八月一二日）

という返事があっただけであった。

この「従属す（subject to）」の意味がよくわからず、まして九月一七日、東条首相以下中枢の人物が戦犯として逮捕されるという状況の中で、日本側の心境は、不安そのものであった。また、マッカーサー自身も、腹の中は定まっていなかった。

天皇を守る決意をしたマッカーサー

九月二七日、マッカーサーを天皇が訪問される。その時の記録が二つある。

まず、奥村通訳官の「会談記録」から。

陛下「コノ戦争ニツイテハ、自分トシテハ極力之ヲ避ケ度イ考デアリマシタガ、戦争トナルノ結果ヲミマシタコトハ、自分ノ最モ遺憾トスル所デアリマス」

マ元帥「……又聖断一度下ッテ日本ノ軍隊モ日本ノ国民モ全テ整然ト之ニ従ッタ見事ナ有様ハ、是即チ御稜威ノ然ラシムル所デアリマシテ、世界ノ何レノ元首ト雖モ及バザル所デアリマス」（憲法調査会資料）

マッカーサー元帥と昭和天皇

同じ部分を、『マッカーサー回想記』(朝日新聞社)から。

陛下「私は、国民が戦争遂行にあたって政治、軍事両面で行ったすべての決定と行動に対する全責任を負う者として、私自身をあなたの代表する諸国の採決にゆだねるためにおたずねした」

同回想記によると、マッカーサーは天皇のこの言葉に感動して、私はこの人を守らなければならないと決意したという。天皇擁護へのマッカーサーの動きは、この日を境にして、ワシントンからも非難されるほど変化する。

マッカーサーは、日本軍の武装解除が驚くほどスムーズに行なわれた理由に、天皇の力があったことを、ホイットニーらにも漏らしていたが、一七日、

「日本政府機構を利用して占領は極めて順調に進んでおり、最初の予定より占領軍を大幅

に減らすことが可能であり、六カ月以内に二〇万人で十分となろう」

と声明を発表している。

しかし、連合軍最高司令官といえども、天皇に厳しい連合国の声には配慮せざるをえない。天皇の戦犯問題をかかえて、マッカーサーは頭が痛かった。

天皇がマッカーサーを訪問した直後の一〇月二日、秘書のフェラーズ准将からマッカーサーに、覚書きが提出されている。

「無血侵攻を果たすにさいして、われわれは天皇の尽力を要求した。天皇の命令により、七百万の兵士が武器を放棄し、すみやかに動員解除されつつある。天皇の措置によって、何万、何十万もの米国人の死傷が避けられ、戦争は予定よりもはるかに早く終結した。したがって、天皇を大いに利用したにもかかわらず、戦争犯罪のかどにより彼を裁くならば、それは、日本国民には背信に等しいものであろう。（略）もし、天皇が戦争犯罪のかどにより裁判に付されるならば、統治機構は崩壊し、全国的反乱は避けられないであろう」

（『資料　日本占領1—天皇制—』大月書店）

この覚書きが、マッカーサーにどんな影響をもたらしたかは、わからない。しかし、彼の心中とそれほどの違いはなかったのではなかろうか？

だが、そんなマッカーサーの心の内など、日本政府の誰も知るはずがなかった。

憲法改正への二つの流れ

マッカーサーが連合軍最高司令官として厚木に降り立ってから、民政局による憲法草案の作成作業が始まるまで、つまり一九四五年初秋から四六年二月に至る間の、日本政府側の憲法改正作業の流れは二つある。

マッカーサーが初めて憲法のことを口にしたのは、一九四五年の一〇月四日。東久邇《ひがしくに》内閣の副首相であった近衛《このえ》文麿《ふみまろ》が訪れた時である。政府の組織や議会の構成についてご意見を承りたい、と近衛が切り出したのに答えて、

〈第一に憲法は改正を要する。改正して、自由主義的要素を充分取り入れねばならぬ。第二に議会は反動的である。これを解散しても現行選挙法の下では、顔ぶれは変わっても、同じタイプの人間が出てくるだろう。それを避けるためには、選挙権を拡張し婦人参政権と労働者の権利を認めることが必要だ。〉（矢部貞治著『近衛文麿』読売新聞社）

と強い口調で言ったとされる。

近衛はもとより、この会談に立ち会ったアチソン政治顧問も、この寝耳に水のような発言にショックを受ける。

同じ日の午後六時、マッカーサーは占領以来はじめて日本政府に指令を発している。いわゆる「人権指令」といわれるもので、内容は次のようなものであった。

（一）政治犯人の即時釈放

(二) 思想警察その他類似機関の廃止
(三) 内務大臣および警察関係の首脳部、その他日本全国の思想警察および弾圧活動に関係ある官吏の罷免
(四) 市民の自由を弾圧する一切の放棄の廃止乃至停止

そして翌日、共産党の徳田球一ら三千人が釈放され、東久邇内閣が総辞職する。

近衛文麿

近衛は、副首相の立場でなくなる寸前の八日、アチソンを訪ね、アメリカが考えている憲法改正の要点を聞き出している。この時は、米国政治史の第一人者である高木八尺《やさか》東大教授、同盟通信編集局長だった松本重治《しげはる》らを伴って訪れ、綿密にメモを取らせている。

要点は、「議会」「人民の基本的権利」「警察制度」「教育制度」「憲法改正手続」など多岐にわたったが、天皇の地位や軍隊のありようそのも

のについては、触れられていない。

これを受けて、近衛は木戸内大臣と相談し、憲法改正作業は内大臣府御用掛として近衛が行なうことを決める。そして秘書の細川護貞《もりさだ》氏（細川元首相の父）と相談し、実務作業を佐々木《ささき》惣一《そういち》京大教授に依頼することにする。

そして、近衛は翌九日、天皇に拝謁して一部始終を報告し、予定通り一一日に御用掛に任命され、本格的に憲法改正作業をスタートさせる。一三日の朝日新聞の朝刊には、第一面のトップで、「畏き大御心を奉體、近衛公、佐々木博士ら早急に草案を作成」と報じられ、前記したアメリカ側の要点に近い内容が解説の形で紹介されている。

この一〇月一一日に、もう一つの憲法改正の動きもスタートしている。一一日に近衛が天皇陛下に拝謁している同じころ、新しく就任した幣原喜重郎《しではらきじゅうろう》首相が、マッカーサーと会談している。

そこで幣原首相は、マッカーサーから憲法の自由化を含む五大改革を指令される。

内容は非常に具体的で、

（一）婦人解放

（二）労働組合の助長

（三）教育の自由化、民主化

（四）秘密的弾圧機構の廃止
（五）経済機構の民主化

となっているが、会談内容の説明として、

「ポツダム宣言を履行するにあたり、日本国民が何世紀もの長きにわたって隷属してきた社会の秩序伝統を矯正する必要があろう。日本憲法の自由主義化の問題も当然この中に含まれるであろう」

とマッカーサー元帥の見解が述べられている。

幣原喜重郎

一〇月一三日の朝日新聞は、先の近衛の憲法改正作業のスタートと、この五大改革指令、それに要求項目検討のための臨時閣議、加えて社説では欽定《きんてい》憲法の民主化について論じるなど、憲法に関する記事で埋まっている。新聞を見る限りでは、マッカーサー司令部、天皇・内大臣府、政府の間に有機的なつながりがあって、憲法改正に向けてスタートしたように見える。

しかし、実態は大きく違っていた。

幣原首相は、一〇月一三日、急遽《きゅうきょ》松本烝治《じょうじ》国務大臣を委員長とする憲法問題調査委員会の設置をきめている。近衛に先を越されまいとして、内閣でも憲法改正へむけて動きだしたのである。

しかも松本国務大臣は、

〈憲法改正は重要な国務である。政府が調査し、大権の発動に補弼申し上げるのが、国務大臣の責である。〉（一九四五年一〇月一六日付「毎日新聞」）

と談話を発表し、競い合いに火をつけた。

これに対し、佐々木惣一博士は直ちに反論する。

〈内大臣は、単に天皇が或事についてご判断されるために、その材料として内大臣の考え方を申し上げるのであって、そのことの実際上のことを実現するようお願いするのではない。君徳玉成となるために申し上げることである。（略）

憲法の改正ということについて、内大臣側で、天皇のご判断上の御心構えの材料のために、調査研究して申し上げることは、内大臣官制の定めた補弼として、何ら違憲とならないのである。〉（一九四五年一〇月二一日付「毎日新聞」）

この双方の主張には、根拠がある。憲法改正を決めた明治憲法の第七十三条の解釈の問題である。

大日本帝国憲法　第七十三条
〈将来此ノ憲法ノ条項ヲ改正スルノ必要アリタルトキハ勅命ヲ以テ議案ヲ帝国議会ノ議ニ付スヘシ〉（傍点著者）

つまり、憲法改正は、天皇によって発議して初めて議会で審議ができることになっていた。そのために、天皇に近い内大臣府がという主張と、議案だから当然内閣の仕事であるという主張が対立したわけである。どちらかと言えば、朝日新聞を始め、近衛を批判する声が多かった。

そうした雑音混じりで二つの流れが動く中で、アメリカの新聞に、近衛が憲法改正作業にあたることを強く批判する記事が出た。

コロンビア大学のナサニエル・ベッファー教授は、近衛は中国侵略の時の首相を務めた人物であるとして、一〇月二六日の「ニューヨーク・タイムズ」に、次のように書いている。

〈近衛のようなものに、日本の新憲法案起草の音頭をとらせ、そうして日本の将来の計画を立てさせることは、彼を許すばかりでなく、彼に公的承認を与えることになる。それは奇怪な話である。〉

〈近衛を現在の地位にとどまらせることは、日本の降伏後の極東に起こった事態の中でもっとも危険なものであろうし、われわれが犯した最悪の失策であろう。それに比べれば、

天皇の存在などは些細なことである。〉（憲法調査会資料）

しかし、近衛、佐々木は、箱根にこもって新憲法の作成に没頭する。その間中、高木はGHQと接触を保ち、アチソン政治顧問のスタッフであるエマーソンから、のちにSWNCC《スウィンク》—228となるアメリカ側方針の骨子を入手する。つまり天皇制の存続は国民が肯定するか否定するかによる、もし肯定するとしたらさまざまな制限が必要だ、という原則が書かれた文書である。

ところが、一一月一日になってGHQは、

「近衛公は、連合軍当局によってこの目的（憲法改正）のために選任されたのではない。近衛公は、首相の代理としての資格において、日本政府は憲法を改正することを要求されるであろう旨通達されたのである」

と声明した。

つまり、あの時は副総理としての近衛に依頼した。その後幣原内閣に変わったので、幣原新首相に命令を下した、というのである。

近衛は、憲法改正は内閣の交代とは関係なく日本の問題として取り組むのであると反論、アチソンにも問いただすが、GHQは手のひらを返したように冷たくなる。

そして、近衛は一一月二二日、天皇に憲法改正「近衛案」を報告するが、その直後、戦争犯罪容疑者として出頭を命じられていた一二月一六日に、服毒自殺を遂げる。

矢継ぎ早の日本改造指令

マッカーサー司令部は、こうした動きの間も矢継ぎ早に民主化指令を出す。

一一月六日　財閥解体指令
一一月七日、一二月九日　農地解放指令
一一月一八日　天皇の資産凍結
一二月二日　過去七年間の日本の指導者だった人物五九人の追加逮捕
一二月一五日　国家神道の廃止

これらの占領政策は、一九四二年からブレークスリー、ボートンらが情熱を傾けて立案したものの実現であった。日本政府、日本国民にとっては、まったく寝耳に水で、あれも悪いことだ、これもよくなかったと指摘されて、右往左往するばかりであった。

その頃、ケーディス大佐らの民政局員は、翌年の年明けに日本をゆるがすことになる公職追放のリスト・アップに専念していた。

「一九四五年の暮れにリスト・アップが終わったとき、ホイットニーを通じてマッカーサーに報告しました。すると、日本の家庭では、お正月に家族全員で楽しむものだ、急ぐ必要はないという返事でした。そして（公職追放の）実施は年明けに延期されました」（ケーディス氏）

政党、民間の手で続々と憲法改正草案が書かれる

一方、日本政府の憲法問題調査委員会は、一〇月二五日に組織され、翌年の二月二日までに、七回の総会と一五回の調査会が持たれている。

メンバーは、委員長に松本烝治国務大臣、顧問に清水澄《しみずとおる》、美濃部《みのべ》達吉、野村淳治《じゅんじ》、委員に宮沢俊義《としよし》、清宮四郎、河村又介《またすけ》、石黒武重《たけしげ》、楢橋渡《ならはしわたる》、入江俊郎《としお》、佐藤達夫《さとうたつお》といった錚々《そうそう》たる顔ぶれである。

この委員会の推進役は、松本の他、美濃部、宮沢であったが、当初の流れでは、「暫定憲法の存在は考えられる」としながらも「憲法の改正を軽々に実施するは不可なり」といった意見が大勢を占めていた。

年末の声を聞くころ、各政党や民間団体、それに憲法学者が次々に憲法改正の検討に入った。そして、それぞれに改正案や要綱を発表する。

保守の旧民政党系の進歩党、旧政友会系の自由党の草案は、明治憲法とあまり変わりない内容でしかなかった。

進歩党の要綱は、「臣民」という言葉が生きているほど、明治憲法そのままの案で、天皇の大権が議会の議決を必要とするという程度の修正がされているに過ぎなかった。人権にいたっては、

「自由の制限の法律は公安保持の為必要なる場合に限り之を制限することを得」とするなど、治安維持法が生きているような錯覚を覚える。

自由党の憲法草案も極めて保守的だ。

一、統治権の主体は日本国家なり
二、天皇は統治権の総攬者なり
三、天皇は万世一系なり
四、天皇は法律上及政治上の責任なし

人権条項では、

「思想、言論、信教、学問、芸術の自由は、法律を以てするも猥りに之を制限するを得す」

と進歩党案よりはまだましという感じで、明治憲法を添削して、時代の流れに合わせたという感じのものだ。

注目しなければならないのは、この自由党案の起草者の中に、新憲法の帝国議会での審議の際に活躍した金森徳次郎（吉田《よしだ》内閣の憲法問題担当国務大臣）や長谷川《はせがわ》如是閑などが名を連ねていることである。GHQの憲法草案が出なかったら、どんなことになっていたかと思うほど、民主主義の原則の理解が及んでいない。

社会党は、一〇月二五日に憲法改正を議題に載せており、草案作成のスタートは早かった。内容は、保革折衷という感じで、

主権　主権は国家（天皇を含む国民共同体）に在り
統治権　統治権は之を分割し、主要部を議会に、一部を天皇に帰属（天皇大権大幅制限）せしめ、天皇を存置す

とあり、人権には次のような生存権を主張しているところに特徴がある。

国民は生存権を有す、その老後の生活は国の保護を受く
国民は労働の義務を有す、労働力は国の特別の保護を受く

共産党は、「新憲法の骨子」という表現で発表、天皇制は否定している。

一、主権は人民に在り。
二、民主議会は主権を管理す、民主議会は十八歳以上の選挙権、被選挙権の基礎の上に立つ、民主議会は政府を構成する人々を選挙する。

三、政府は、民主議会に責任を負ふ、議会の決定を遂行しないか、又はその遂行が不十分であるかあるいは曲げた場合、その他不正の行為あるものに対しては即時止めさせる。
四、人民は、政治的、経済的、社会的に自由であり且つ議会及び政府を監視し批判する自由を確保する。
五、人民の生活権、労働権、教育される権利を具体的設備を以て保証する。
六、階級的並びに民族的差別の根本的廃止。

明治以降の日本現代史の中に、自由民権運動があり、大正デモクラシーがあったといっても、昭和に入って社会が右傾していく中、そのほとんどが消え去っていた。保守二党は、そうした中で信念を貫いてきた自由主義思想の持ち主を党の中に数人取り込んでいたが、大多数は大政翼賛会と同じ顔ぶれであった。民主主義が何であるかを理解できないというより、天皇が戦犯指名を受けるかどうかを気づかう人たちの集団であった。当時の日本の保守陣営の思想はこのようなものであったのだ。

社会党までが、国民は神代の時代から天皇の所有物「おおみたから」であったというこれまでの立場と、国民主権という命題との矛盾に困惑の体であった。

日本側にもあった進歩的憲法草案

興味深いのは、憲法研究会の案である。憲法研究会というのは、高野岩三郎《いわさぶろう》、馬場恒吾《つねご》、杉森孝次郎、森戸辰男《たつお》、室伏高信、鈴木安蔵ら進歩的学者の私的なグループである。このグループがどんな考え方を持っていたかを理解するために、何人かの経歴を紹介しておこう。

高野岩三郎は、日本の労働組合運動の先駆者である高野房太郎の実弟で、ヨーロッパに留学、帰国後東京帝国大学の教授につき統計学を教える。大正八年に経済学部を独立させ、自らは大原孫三郎《まごさぶろう》が設立した大原社会問題研究所の所長に転じ、研究と労働者教育にあたった。戦後NHK会長に就任、放送の民主化に貢献したことで、一般にもよく知られている。

森戸辰男は、東京帝国大学経済学部助教授のときに発表した「クロポトキンの社会思想の研究」が、朝憲紊乱《びんらん》、新聞紙法違反にあたるとして起訴され、大内兵衛《ひょうえ》らとともに大学を追放される。そして、高野のいた大原社会問題研究所に転じ、さらにドイツに留学する。帰国後、大阪労働者学校をつくり、西尾末広らを知る。戦後、衆議院議員となり、片山、芦田《あしだ》内閣で文相を務めた。

鈴木安蔵は、京都帝国大学在学中の大正十五年に、治安維持法が初めて適用された京都学連事件に連座して中退、その後治安維持法で度々検挙される。一九三七年から衆議院憲政史編纂《へんさん》会に勤務し、憲法学者の道を歩む。

ケーディス氏の保存している文書の中に、この憲法研究会の草案を英語と日本語で併記した手書きの文書があるが、現行憲法ではないかと思わせるほど似た条項が見える。その目につくところをまず抜粋する。

〈憲法研究会の憲法改正要綱（一九四五年一二月二七日）

根本原則（統治権）

一、日本国ノ統治権ハ日本国民ヨリ発ス

一、天皇ハ国政ヲ親ラセズ国政ノ一切ノ最高責任者ハ内閣トス

国民権利義務

一、国民ハ法律ノ前ニ平等ニシテ出生又ハ身分ニ基ク一切ノ差別ハ之ヲ廃止ス

一、国民ハ言論学術宗教ノ自由ヲ妨ゲル如何ナル法令ヲモ発布スルヲ得ズ

一、国民ハ健康ニシテ文化的水準ノ生活ヲ営ム権利ヲ有ス

一、国民ハ休息ノ権利ヲ有ス国家ハ最高八時間労働ノ実施勤労者ニ対スル有給休暇制療養所社交教養機関ノ完備ヲナスベシ

一、民族人種ニヨル差別ヲ禁ズ〉

GHQ草案の作成に、この憲法研究会案が採用されたことは、憲法学者の中では広く知られている。

「この憲法研究会案と尾崎行雄の憲法懇談会案は、私たちにとって大変に参考になりました。実際これがなければ、あんなに短い期間に草案を書き上げることは、不可能でしたよ。

ここに書かれているいくつかの条項は、そのまま今の憲法の条文になっているものもあれば、いろいろ書き換えられて生き残ったものもたくさんあります」

ケーディス氏は、二ヵ国語併記の草案を見ながら、これもそうです、これもそうです、とまったく当然というような口調で私に教えてくれた。

この憲法研究会案が、どうしてGHQ案に採用されることになったのか？　それには若干の説明が必要だろう。

運営委員会のメンバーの一人、マイロ・ラウエル中佐は、日本上陸部隊より遅れて一〇月に民政局に法規課長として赴任する。そこで当時の民政局長クリスト准将から、大日本帝国憲法を分析研究するよう命じられた。

命令の内容は、「日本軍閥が政治をほしいままにするようになった原因を、明治憲法のどこに欠陥があるのかという点から分析せよ」というもので、ハーバードで法律を学んだ弁護士ラウエルの腕の振るいどころであった。ラウエルは、日本の法律学者にも接触し、翻訳文の分析と合わせて一二月六日には、その報告書を提出している。

その報告書は、過去二〇年にわたり軍国主義者が政治を支配し得た原因には、数多くの職権濫用があったとし、自由主義的傾向にある憲法の権威者たちと会談を重ねて、この点を調査することが必要であると提案している。

その中で、日本の民主化のためには旧来の弊風を抑止しなければならないとして、aからiまで九項目の指摘をしている。

a、個々の市民の権利が実効性を持って保障されていないこと
b、天皇に助言を与える地位にあるが、国民の意思には責任を負わない憲法外の機関が認められていること
c、軍隊の兵力、組織および予算が、天皇の直接の統制下に置かれていること
d、e、（省略）
f、政府が国民の意思に対し責任を負わないこと
g、行政府が立法権を行使しうること
h、憲法改正権が国民に与えられていないこと。
i、（省略）

そして結論として、

○憲法を改正する必要のあること
○憲法改正案は、総司令部の承認したものでなければならないこと

を提案している。わずか一カ月の勉強でまとめたにしては、実に的確に問題点を指摘したものである。

このラウエル中佐が、年が変わった一月一一日、一二月に赴任したホイットニー民政局長と連名で、「私的グループによる憲法改正草案に対する所見」という覚書きを、幕僚長に提出している。

「私的グループによる憲法改正草案」が憲法研究会案であるとは直接には書かれていないが、その内容から、そうであることは明確にわかる。

ラウエルとホイットニーはこの改正案を、「著しく自由主義的な諸規定」と高く評価し、「この憲法草案に盛られている諸条項は、民主主義的で賛成できるものである」と結論づけている。そして、その上で、

「若干不可欠の規定が入っていない。いかなる憲法も、承認を受けるには以下に示す原理を織り込んでいなければならない」

として、さまざまな細部にわたる箇条書きの条項を加え注文をつけている。

この文書には、先に説明した一二月六日の報告書も評価の基準として添付されているが、要するに日本側の民主化も非常に進んでおり、日本政府案もこれに近い形のものが期待できるといったニュアンスが感じられる。つまり連合軍総司令部としては、憲法草案に関しては、日本の民主的な憲法の専門家に任せても大丈夫という手応《てごた》えを感じ取っていたのではないかと思われる。

しかし、ここで重要なことは、民政局の実務レベルにおいては、憲法改正の作業は日本政府あるいは日本側の憲法の権威に任せるが、最終的には総司令部が当然チェックすべき

であるという現状認識が出来ていたことである。

ラウエル中佐は、当時のことを回想して、のちに憲法調査会のメンバーとして渡米した日本の憲法学者たちにこんなことを言っている。

〈日本人の憲法に関する考え方は、竹のようなもので、風が強い時は、撓《たわ》んで圧力をやり過ごす。しかし西欧的な考えでは、石の塀を築いて防御する。憲法改正は、我々の力で行なってサンプルを提示する以外に方法はないと結論した。〉（憲法調査会資料）

彼らは、撓んだ竹が跳ね返って元に戻るように、占領が終わったら日本はまた軍国主義に回帰するかもしれないということを恐れていた。ここで徹底的に民主化の路線を敷いておかなければいけない、というのは、日本改造計画を実施する占領軍の高級将校たちの共通した認識だったのである。

日本側の憲法草案について続けよう。

非常にユニークなのは、憲法研究会のリーダー役をつとめていた高野岩三郎の個人の私案というのがある。これは、天皇制を否定して大統領を置くという画期的な提案である。

まず、「根本原則」を〈天皇制ニ代ヘテ大統領ヲ元首トスル共和制ノ採用〉と定め、

〈日本国ノ主権ハ日本国民ニ属スル

日本国ノ元首ハ国民ノ選挙スル大統領トスル

立法権ハ議会ニ属ス
大統領ハ議会ヲ解散スルヲ得ズ
国民ハ生存ノ権利ヲ有ス
国民ハ休養ノ権利ヲ有ス
土地ハ国有トス
公益上必要ナル生産手段ハ国会ノ決議ニ依リ漸次国有ニ移スベシ
労働ハ如何ナル場合ニモ一日八時間（実労働時間六時間）ヲ超ユルヲ得ズ〉

としている。

高野岩三郎は、戦後すぐに社会主義政党結成に奔走した人だけあって、憲法研究会の案ではとても満足出来なかったのだろう。〈わが国民は由来自主独立の気性欠如し、とかく既存勢力に依頼する傾き顕著なるをもって、五年十年の後連合軍の威圧力緩減したる暁において、反動分子が天皇を担ぎあげて再挙を計ることも決して絶無なりとは断じがたい。〉（一九四六年一月一四日付「朝日新聞」）と、少し立場は違うが、民政局のラウエル中佐と同じ心配をしている。現在、私たちが、憲法を改正した場合、すぐに徴兵制が行なわれるのではないかという憂いを持っているのに似ていると言えるだろう。

共和制を主張したのは、この高野案の他に、共産党の案がある。ずいぶん遅れて発表されたものだが、紹介しておこう。
基本的立場は日本を「人民共和国」と規定しており、
〈主権は人民にある
政治は人民の自由な意思にもとづいて選出されたる議会を基礎として運営される
政府首席は国会によって任命される
政府員は首席が指名、国会の承認を受ける〉

高野岩三郎

日本側の各政党案、専門家による私案はまだあるが、共和制を主張した憲法案は、この二つだけであった。

一方、松本烝治国務大臣率いる政府の憲法問題調査委員会の考え方は、憲法研究会案やその他の進歩的な草案とは違った歩みを見せていた。たび重なる会合を重ねても、草案作成にはほど遠く、一二月に入ってやっといわゆる松本四原則を打ち出した。

〈第一に、天皇が統治権を総攬せられるという大原則にはなんら変更を加えないこと。第二に、議会の議決を要する事項を拡充すること。その結果として従来のいわゆる大権事項をある程度制限すること。

第三に、国務大臣の責任を国務の全面にわたるものたらしめ、国務大臣以外のものが、国務に対して介在する余地なからしめること、そして同時に、国務大臣は議会に対して責任を持つものたらしめること。

第四に、人民の自由・権利の保護を強化すること。すなわち議会と無関係の法規によって、これらを制限しえないものとすること。また他方、この自由と権利の侵害に対する救済方法を完全なものとすること。〉（憲法調査会資料）

この憲法問題調査委員会のメンバーの中にも、松本国務相らの現状認識の甘さにあきれて、意見書を提出した人物がいる。東大名誉教授だった野村淳治で、「憲法改正に関する意見書」という表題がついたその文書は、一三〇ページにものぼる膨大なものである。

要約すると、

――日本国民の中には、自由なる意思により従来の立憲君主制をそのままに踏襲するとして、明治憲法制度を画期的に改正しなくとも、連合国は異議を唱えないだろうと高をくくっている人がいるが、それは大きな間違いだ――

といった内容で、そのなかで、

「日本国民が、デモクラシーを実行することだ」

と提言をしている。そして、民主主義とは何かをきわめて丁寧に説明し、高野案などと同じ、土地、大工場、鉱山、銀行などの国営や、八時間労働の規定、労働権、休養の権利などを主張している。

これが提出されたのは一二月二六日だが、松本は「あまりに大きな変革で、私としてはそういう線はとれない」と退けている。

委員会の内部では、こうしたさまざまな動きがあったが、「草案」の体裁を整えるには至らず、松本自身が正月、鎌倉の別荘にこもって、とりあえず執筆を開始する。その草案は一月四日で完成する。

いわゆる「松本甲案」である。

保守的に過ぎる松本案

その松本甲案も、これではGHQは受け取らないかも知れないという心配から、乙案も作成された。こちらは、宮沢俊義が引き受け、何度かの推敲《すいこう》を重ねて成案に至る。

第一条

（A案）（第一条）　日本国ハ萬世一系ノ天皇統治権ヲ総攬シ此ノ憲法ノ条記ニ依リ之ヲ行フ

（第四条）　削除

（B案）（第一条）　日本国ノ統治権ハ萬世一系ノ天皇之ヲ総攬シ此ノ憲法ノ条規ニ依リ之ヲ行フ

（第四条）　削除

（C案）（第一条）　日本国ハ君主国トシ萬世一系ノ天皇ヲ以テ君主トス

（第〇条）　天皇ハ統治権ヲ総攬シ此ノ憲法ノ条規ニ依リ之ヲ行フ

（D案）（第一条）　日本国ハ萬世一系ノ天皇之ニ君臨ス

（第〇条）　天皇ハ此ノ憲法ノ条規ニ依リ統治権ヲ行フ

第二条　削除

第三条

（A案）　天皇ハ統治権ヲ行フニ付責ニ任スルコトナシ

（第二項）天皇ノ一身ハ侵スヘカラス

（B案）　天皇ハ国ノ元首ニシテ侵スヘカラス

（C案）　天皇ノ一身ハ侵スヘカラス

第四条　（前掲第一条参照）

第五条　現状

第六条　天皇ハ法律ヲ裁可シ其ノ公布ヲ命ス

第七条　天皇ハ国会ヲ召集シ其ノ開会閉会及停会ヲ命ス

天皇ハ衆議院ノ解散ヲ命ス但シ同一事由ニ基ヅキ重ネテ解散ヲ命スルコトヲ得ス

第三十条ノ四

日本国民ハ本章ニ掲ケタルモノノ外凡テ法律ニ依ラスシテ其ノ自由及権利ヲ侵サルルコトナシ

（注・この「松本甲案、乙案」は、ケーディス氏が保存されていたものを頂いた。正式には「甲案」は、「憲法改正要綱」に書き直され２月８日に提出されているので、これは２月１日夕方に届けられたものと思われる。）

〈甲案〉

憲法改正私案（一月四日稿）　松本烝治

第三条　天皇ハ至尊ニシテ侵スヘカラス

第七条　天皇ハ帝国議会ヲ召集シ其ノ開会、閉会、停会ヲ命ス

天皇ハ衆議院ノ解散ヲ命ス但シ同一事由ニ基キ重ネテ解散ヲ命スルコトヲ得ス

第八条　天皇ハ公共ノ安全ヲ保持シ又ハ其ノ災厄ヲ避クル為緊急ノ必要ニ由リ帝国議会ノ閉会ノ場合ニ於テ法律ニ代ルヘキ勅令ヲ発ス但シ議院法ノ定ムル所ニ依リ帝国議会常置委員ノ諮詢ヲ経ヘシ此ノ勅令ハ次ノ会期ニ於テ帝国議会ニ提出スヘシ若議会ニ於テ承諾セサルトキハ政府ハ将来ニ向テ其ノ効力ヲ失フコトヲ公布スヘシ

第九条　天皇ハ法律ヲ施行スル為ニ又ハ行政上ノ目的ヲ達スル為ニ必要ナル命令ヲ発シ又ハ発セシム

第十一条　天皇ハ軍ヲ統帥ス

軍ノ編成及常備兵額ハ法律ヲ以テ之ヲ定ム

第十二条　天皇ハ帝国議会ノ協賛ヲ以テ戦ヲ宣シ和ヲ講ス

前項ノ場合ニ於テ内外ノ情形ニ因リ帝国議会ノ召集ヲ待ツコト能フサル緊急ノ必要アルトキハ議院法ノ定ムル所ニ依リ帝国議会常置委員ノ諮詢ヲ経ルヲ以テ足ル此ノ場合ニ於テハ次ノ会期ニ於テ帝国議会ニ報告シ其ノ承諾ヲ求ムヘシ

第二十条　日本臣民ハ法律ノ定ムル所ニ従ヒ役務ニ服スル義務ヲ有ス

第三十一条　日本臣民ハ前数条ニ掲ケタル外凡テ法律ニ依ルニ非スシテ其ノ自由及権利ヲ侵サルルコトナシ

〈乙案〉

憲法改正案

「大日本帝国憲法」ヲ「日本国憲法」ニ改ム

「臣民」ヲ「国民」ニ改ム

「帝国議会」ヲ「国会」ニ改ム

松本甲案及び乙案（一部）

今の私たちの目で見ると、驚くほどの保守的な草案だが、松本国務大臣は「実質的には相当大きな改正」で、これでGHQも了解するだろうと信じていたようだ。一月七日には、自分が書いた甲案を持って皇居に出向き、天皇に憲法改正問題の状況について奏上している。

こうした憲法問題調査委員会の作業の推移は、GHQにはまったく報告されずに進められていた。これは松本国務大臣の意向であった。

憲法調査会資料によると、

〈(松本は)後に天皇制に関して、松本案起草の心境を回顧して、当時は八月一一日づけ連合国回答が、日本の政治形態は日本国民の自由意思によって決定されるべきものとしている以上は、天皇制をいかになすべきかは、総司令部や連合国側の意向とは関係なく、もっぱら日本の決定に任せられているものと解していたと述べ、しかし今となって考えれば、それはあまりにも法律的な考え方であったと述懐している〉

とのことで、状況判断の甘さに驚かされる。

そのあたりのずれは、同じ憲法調査会の資料にある高木八尺博士の話を聞くとよくわかる。高木博士は、近衛のブレーンとして憲法草案の作成にあたっていたが、近衛公爵が自決してからその活動は、自然消滅していた。

〈一月二六日であったと思いますが、松本先生のオフィスをおたづねしまして、「私どもの感じを申し上げると、どうもだんだん最小限度の改革ということでは、問題が解決しそうにも思われませんから、やはり一応司令部側の意向を御聴取になって、最後のご提案というのをなさった方がいいのじゃないかと思います。私どもがかつて聞いておる情勢を顧みると、例えば多くの憲法の条章を元のまま残そうという程度のことではなかなか問題は解決しないかと思われます」と申し上げたのです。松本先生は、当然お察しがつくと思いますけれども、あくまでこの改正というのは、自発的に自主的にやることであるのですから、今後もアメリカの意向を問い、打合せをする必要はないと思うというお答えでありました。〉（高木八尺・憲法調査会資料）

松本烝治

しかし、一月中旬ころから、終戦連絡事務局や内閣の首脳を通じて、GHQから、早く日本側の憲法改正案を示せという督促がしきりに入るようになる。松本国務大臣はこうした示唆や動きにまったく動ぜずマイペースで作業を進める。閣議で松本案の審議がはじまるのは一月二九日になる。

二九日の閣議では、「総選挙が四月上旬に行なわれ、特別議会が四月下旬に召集されるということであれば、憲法改正案もその特別議会に提出する、進め方としては、二月一〇日ころ改正案を総司令部に提出し、その承認に二週間程度、枢密院の審議に三週間程度を見積もれば、四月中旬の特別議会提出には間に合うだろう」という説明が松本によって行なわれている。

一月三〇日から閣議では、かなり熱心に討議が交わされている。しかし、実際にGHQから矢継ぎ早に出されている日本改造プログラムや、一月四日に発表された公職追放など、大革命が起こっていることを考えると、松本国務相の認識や審議の内容は、社会の流れと隔たりを感じさせるものだった。

〈松本国務相「憲法問題調査委員会では、軍の規定は全部削除せよとの論があった。しかし自分は、独立国なら軍隊はある。わが国は軍は現在はないが、ある時期に国防軍的なものができたときに憲法を改正することは適当ではない。将来の軍は、独立してなんでもできるというような統帥権独立の上に立つべきものではなく、軍の行動も法律の制限を受けるべきであり、統帥も一般国務の中に含まして内閣の責任にするたてまえを取るべきであると思うが、そのようなたてまえを今日から、すなわち軍のない今日から、憲法で明示しておくことが望ましい」

幣原首相「軍の規定を憲法の中に置くことは、連合国はこの規定について必ずめんどうなことをいうにきまっている。将来、軍ができるということを前提として憲法の規定を置いておくということは、今日としては問題になるのではないかと心配する。この条文を置くがために、司令部との交渉が一、二ヵ月も引っかかってしまいはしないか」
楢橋書記官長「これは世間的にも反対論が起こりはしないか」
石黒法制局長官「今日、軍の規定を削除しても、将来、軍を置こうとする場合憲法を改正せずとも置けると思うから、この規定を外したらどうか」
芦田厚生大臣「第十一条では、天皇が軍を統制するという規定になっているが、国民の代表に服従するという規定のしかたはどうであろうか?」
岩田司法大臣「今日の政治情勢からいうと、この規定は削ったほうがよろしい。理論的には松本さんの説が正しいけれども、自分はこの規定を置くのは反対である」〉（憲法調査会資料）

これは、一月三〇日の閣議における、軍に関する規定の討論の一部である。二月四日には、天皇制について論議が行なわれている。

〈松本国務大臣の発言
一、第一条ないし第四条については、乙案はいろいろな案を考えた。甲案としては、一条ないし四条にはなるべく触れない態度であるが、しかし、これらの条文に触れて改正案を提出することのほうが、この問題を議会で十分討議することができるようになるので、かえってよくないか、これに触れないことは結局議会の論議を制限することになるから、むしろ進んで一条ないし四条の広い改正案を出した方がいいのではないかという論があった。二、第三条について、「天皇の一身は」または「天皇の身位」と書いてはどうかという論があった。しかし天皇の不可侵は天皇御一身だけのことではない。一身として国王をギロチンにかけないというだけでは狭いのであるという論もあった。むしろそれならば乙案のA案すなわち「天皇ハ統治権ヲ行フニ付責ニ任スルコトナシ」という条文のほうがいいかもしれないと自分はおもう。

この報告に関連して、副島農林大臣は、わが国には皇室と肇国の精神との関係、皇室と国民との関係を示す独特のことばとして「しろしめす」「仰ぎまつる」等のことばがあるといい、第一条は「大日本国ハ萬世一系ノ天皇ヲ奉戴ス」と改めたい。また第三条は、「天皇ハ国ノ元首ニシテ侵スヘカラス」、第四条は「天皇ハコノ憲法ニヨリ統治権ヲ行フ」と改めたいと発言した。また安倍文部大臣は、天皇無答責ということは、天皇が道徳的にも責任を負わないという意味のように思われることについて疑問を述べた。〉(憲法調査会資料)

この憲法調査会の資料だけでは討論の深いところまではわからないが、雰囲気は伝わってくる。そして、閣僚それぞれの民主主義への理解の差とか、思想の違いも見えてくる。あとで触れるが、この討論の時点で、幣原首相はすでにマッカーサーと戦争放棄について語り合っていたし、芦田厚生大臣の勉強ぶりもうかがえる。

このように、日本側としてもそれなりに作業していた一九四五年一二月から二月にかけて、GHQ側では憲法草案作成へ向けてのドラマが進行していた。

切迫していたGHQ

一九四五年一二月二七日、マッカーサーを慌てさせる決定がモスクワで合議された。米英ソ中の連合国四大国外相会議で、日本占領を遂行するための連合国の組織、極東委員会（FEC）と対日理事会（ACJ）の創設が決定したのである。

極東委員会は、カナダ、オーストラリアなどを含む連合国一一カ国で構成され、ワシントンに置かれ、二月二六日に発足することになった。その役割は、日本に降伏条項を完遂させるための政策と基準の作成のほか、参加国の要求があれば、連合国最高司令官の発令する指令や措置について、委員会が決定した政策に関するものも含めて、検討を行なうというものであった。そして、その決議に対して四大国が拒否権を持っていた。

それまで、大統領と統合参謀本部からの指令に従うだけでよく、かなり自由な裁量を委《ゆだ》ねられていたマッカーサーにとって、この委員会がうるさい存在になることは目に見えていた。

対日理事会は四カ国で構成される諮問機関で、東京に置かれることになった。こちらは、降伏条項の実施と日本の占領および管理について、最高司令官と協議したり、最高司令官に助言するための機関で、議長には最高司令官またはその代理が就任することになっていた。

極東委員会の事務局のスタッフであったリチャード・フィン氏は、この決定を、「いつどのような形で対日理事会の助言を求めるかは最高司令官が決定する、そして最高司令官は〈日本における唯一の連合国行政権所有者〉であるとされました。それまで独自の解釈に従って任務を遂行していたマッカーサーに、広範な権限が公式に与えられたのです。つまり、アメリカとマッカーサーは、極東委員会の拒否権と対日理事会の大きな発言力によって、自国の優先権を守ることが出来るようになったのです」

として、モスクワでの外交戦に勝利したバーンズ国務長官を高く評価していた。しかし、マッカーサーの受け取り方は違っていた。

〈対日理事会の仕事は、私が日本占領を監督するのを、さらに監督することだったらしい。〉

〈私が「新しい日本管理計画が、モスクワで承認される以前に、それに反対しなかった」という、極東委員会の一官吏が出したといわれる声明は正しくない。モスクワ会議が開かれる前の一〇月三〇日、私は国務長官の最高補佐官に宛てて、この協定の条項は、「私の見解では受諾できない」むねの電報を送り、いわれていた計画に対して最終的な反対を表明した。それ以後、私の見解を求められたことはなく、ブレイク氏（注・前出の「極東委員会の一官吏」のこと）の声明が、モスクワ会議中私が相談を受けたかのような印象を与えている点も、事実に反している。私はモスクワでの決定に一片の責任も負っていない。

（一二月三一日のワシントンへの声明）〉
〈日本の再転換や再建について、極東委員会から何一つ建設的なアイデアは寄せられなかった。〉

と回想記の中でさんざんにこき下ろしている。

リチャード・フィン氏は、極東委員会の雰囲気をこんなふうに話してくれた。

「とにかく、オーストラリアとニュージーランドは日本が大嫌いで、天皇を戦犯にしろと大変に強硬でしたね。ソビエトと中国は、それほど強硬ではありませんでした。マッカーサーは、何とか天皇制を守りたいと考えていましたから、極東委員会はとても邪魔な存在だったでしょう」

日本国民の自由意思によって決定する憲法改正こそ、天皇制擁護の切り札と考えるマッカーサーが、この極東委員会の発足する二月二六日を新憲法発表のタイム・リミットと考えたのは当然といえる。

年が変わって、一九四六年一月七日。すでに述べたSWNCC《スウィンク》−228が承認されワシントンから届く。

日本国民が天皇制を否定した場合は問題ないが、天皇制を維持するべきと決定したときには、さまざまな条件を必要とする……という例の「情報資料」である。前述したように、この文書の結論は、「最高司令官が先に列挙した諸改革を日本政府に命令するのは、最後の手段としての場合に限られなければならない」としている。憲法の改正という大改革は当然、日本国民の自由意思によって、発議し決定されるべき問題であることが、大前提であった。

さきにも述べたように、この段階で日本政府の憲法草案は、GHQに提示されていない。

この状況をさらに決定的にするのは、一〇月にスタートしていた連合軍の占領諮問機関、極東諮問委員会のメンバーの来日である。

マッコイ将軍を団長とする委員会のメンバーは、一月一七日にケーディス大佐をはじめ民政局の主だったメンバーと会見をする。そこで、財政問題、政党の状況、三月に予定されていた総選挙、法制度、裁判官、検察官など占領政策を網羅的に質問した。その中で特に関心が寄せられたのは、憲法改正についてであった。質問の主役は、フィリピン代表のトーマス・コンフェソール上院議員だった。その会話の資料が残っている。

〈コンフェソール「私たちは、総司令部スポークスマンから、貴局が憲法の研究をなさっていると伺っています。この点に間違いありませんね」

ケーディス「それは、何かの誤解ではないでしょうか。民政局の任務は、文民政府の内部の政策について、最高司令官に助言することであります。（略）民政局は、憲法を検討することが、この仕事の一部だとは考えていません。憲法問題は、貴委員会に関わる問題だと考えられています」

極東諮問委員会とGHQ民政局メンバーとの会議

コンフェソール「最高司令官によって進められている日本人の生活様式のさまざまな改革は、日本の憲法に具体的に盛り込まれる性質のものであります。従って憲法の修正が必要となるのではありませんか？」

ケーディス「改革を永続的なものにするために、成文憲法の修正が必要かどうかについては、民政局は、そのような立場から日本の憲法を研究していませんので、私には、お答えしようのない問題です」

コンフェソール「現行憲法は、最高司令官によって行なわれた民主的変革を具現化していますか？」

ケーディス「成文憲法は、そのような変革を具現化しておりません」

コンフェソール「憲法改正が、あなたの民政局の仕事の一部ではない、という根拠は理解しがたいことです」

ケーディス「理由は、正式な改正は（略）日本の憲法構造の根本的な変化となるでしょうし、根本的な変化であるとするならば、それは貴委員会の権限だからであります」〉

このコンフェソールという人は、日本占領時代にパナイ島の知事として日本軍に抵抗した活動家で、マッカーサーやホイットニーの回想記にも出てくる人物である。反日のゲリラ組織にいた彼が、どういうつもりでこうした突っ込んだ質問をしたかは興味の残るところだが、日本軍と直接対決した経験が、日本人には本質的に民主主義的体質がないことを懸念させていたのかも知れない。

この会談に出席した民政局の顔ぶれは、民政局長に就任したばかりのホイットニー准将、ケーディス大佐、ハッシー、ラウレル中佐の他に、憲法草案の執筆メンバーであるプール少尉やハウギ中尉なども含めた一一人であった。

一方、極東諮問委員会側は、アメリカ代表でもある団長のマッコイ将軍をはじめ、イギリス代表のジョージ・サンソム卿《きょう》、フランス代表のフランシス・ラコステ氏、ネルソン・T・ジョンソン事務局長ら一〇カ国一一人。ソビエトからは参加していない。会話のやりとりをもう少し聞いてみよう。

〈マッコイ将軍「誰か憲法を研究している人はいますか？」

ケーディス「日本政府の委員会から市民団体まで、日本のさまざまなグループが憲法の研究をしていると聞いています」

ジョージ・サンソム卿「日本政府部内で起こりつつあるいろいろな改革についてのあなたの話によりますと、日本の憲法体系は、英国のそれとは違うもののように私には思えますが、そうですか」

ケーディス「部分的にはそうです。日本は、英国の憲法体系と違い、成文化された憲法を持っています。しかし、政府の日々の業務は、基本法から見れば、満たしていない部分があると言えるかもしれません。（注・占領が始まって以降、実質的には、憲法を変えなければできないはずの改革が進んでいるという意味）」

コンフェソール「私には、成文憲法に手を触れず、いかにしてあなたの局が憲法を修正できるのか、理解できません」

ケーディス「民政局は、おっしゃるような方法で憲法を修正しているのではありません。しかし、統治構造の変化、地方自治機関の再編、女性参政権の法制化、非憲法的な団体の排除は、実質的に、日本の憲法体系に変化をもたらしています。民政局の勧告に基づいて出されたさまざまな指令は、憲法の進歩を達成しています。

民政局は、たえず統治制度の変革を行ないつつあります。この過程が、具体的な表現を伴ってはいなくても、事実上憲法を変えているのです」

フランシス・ラコステ「私は、総司令部の指導の下に推進されている日本の統治制度の改革は、最終的には、成文憲法の修正に取り込まれるべきものと考えます。民政局の方法は、その意味で目的と完全に合致しており、私は満足のゆくべきものと思います」

ケーディス「ありがとうございます」

ジョージ・サンソム卿「貴官による区分の仕方に同意します。民政局はこの点について何か正式に研究をしていますか？」

ケーディス「いいえ、サンソム卿。研究しておりません」〉

民政局と極東諮問委員会とのこの会合が、結果的にGHQの憲法草案作成への決意をもたらすことになるのだが、この会議の冒頭ケーディス大佐は、

〈日本政府は軍関係機関と大東亜省、情報局を廃止したほかは、実質的にはまったく変わっていない。日本側は、「責任を有する政府の樹立」について何の動きも見せておらず、総司令部の検討を受けるための改革案を何ひとつ提出していない。〉

と述べ、一九四五年一〇月四日の人権指令、一九四六年一月四日の公職追放令、幣原内閣を通じての議会による農地調整法、労働組合法の制定、選挙法の改正の実現など、総司令部が進駐後の半年足らずの間に行なった日本の制度の変革を、逐一説明している。

総司令部の姿勢としては、日本政府への介入は最小限に止《とど》め、これからの目的は、さらに日本の非軍事化をすすめ、地方自治体の権限の拡大、封建的、全体主義的慣行の排除、潜在的に戦争能力を支えた政府と財界を解体することに限定される。そして、近々行なわれる総選挙は、ポツダム宣言の目的達成に大いに役立つだろうと見通しまで述べているが、

憲法改正については上記のやりとり以外何も触れていない。近衛や幣原にマッカーサーが命令したことや、ラウエル中佐が調査を進めていることなども、まったく話題になっていない。

「この段階では、民政局で憲法草案を執筆するなど思いもよらないことでした。私たちは、第一次に続く第二次の公職追放のための調査など、とても多忙だったのです」

私の記憶では、という言葉を繰り返しながら、ケーディス氏は、極東諮問委員会とのやりとりでは、意図的に何かを隠して発言したわけではないと、私の質問には短くしか答えてくれなかった。

しかし、このころのGHQ内部のことをよく知っているジャスティン・ウィリアムズ氏によると、

「一月一七日現在における民政局全体の見解は、ホイットニー将軍が民政局スタッフとマッカーサーとの間を緊密に打ち合わせていたにもかかわらず、煮え切らないものだった」

とのことである。(つまり、表向きはそうした意志はないとしながらも、ホイットニーの心の中は、すでに動き始めていたようである。)

ともあれ、日本現代史の上で決定的な意味を持つことになる動きは、この直後からドラスティックに展開していく。

ＧＨＱ憲法草案へのカレンダー

一九四六年一月二四日前後は、憲法制定過程の中で不思議なドラマが積み重なっている。結論から言えば、このころマッカーサーは、日本政府の作りつつある憲法草案をとても待ってはいられないと心に決めた節がある。

一月二四日正午、幣原首相が第一生命ビルの連合軍総司令部にマッカーサー元帥を訪問する。幣原首相は、正月過ぎから風邪をこじらせて病床に臥《ふ》せっていたが、マッカーサーから贈られたペニシリンで全快した。そのお礼に訪れたのである。

その時の雑談の中で戦争放棄の話が出る。『マッカーサー回想記』（朝日新聞社）によると、その場面は、こんな運びだったらしい。

〈幣原男爵は、私にペニシリンのお礼を述べたが、そのあと何かためらっているらしいのに気がついた。首相として自分の意見を述べるのに少しも遠慮することはないと言ってやった。

首相はそこで、新憲法を書き上げる際にいわゆる「戦争放棄」条項をふくめ、その条項では同時に日本は軍事機構は一切持たないことを決めたいと提案した。そうすれば、旧軍部が再び権力を握るような手段を未然に打ち消すことになり、日本が再び戦争を起こす意思のないことを世界に納得させるという、二重の目的が達せられるというのが、幣原氏の説明だった。

そして、日本は貧しい国で軍備につぎ込むような余裕はないのだから、残されている資源を、すべて経済再建に当てるべきだと付け加えた。

私は腰が抜けるほど驚いた。長い年月の経験で、私は人を驚かせたり、興奮させたりすることには不感症になっていたが、この時ばかりは息も止まらんばかりだった。戦争を、国際間の紛争解決には時代遅れの手段だとして廃止することは、私が長年情熱を傾けてきた夢だった。

現在生きている人で、私ほど戦争と、それが引き起こす破壊を経験した者は恐らく他にはあるまい。何百という戦場で生き残った老兵として、原子爆弾の完成で戦争を嫌悪する気持ちは、最高度に高まっていた。私がそういった趣旨のことを語ると、こんどは幣原氏がびっくりした。よほど驚いていたらしく、事務所を去る時には、顔を涙でくしゃくしゃにしながら「世界は私たちを非現実的な夢想家と笑いあざけるかも知れない。しかし百年後には私たちは予言者と呼ばれますよ」と言った。〉

幣原首相は、その時の心境をのちに、枢密顧問官大平駒槌《おおだいらこまつち》に語っている。その場のことを大平の娘、羽室ミチ子がメモしている。それによれば、幣原がマッカーサーに天皇制の維持について協力を依頼したところ、協力し努力しようという返事をもらった。そしてホッとして雑談に入ったときに、幣原がこの話題を持ち出したということになっている。その後のストーリーは、マッカーサーの回想記と同じだ。

しかし、映画にでもすれば、まさに感動的なこのシーンを、信用しない人もいる。彼らの見解によると、マッカーサーは、後に警察予備隊の創設を命令していることから、第九条成立の提案者を幣原首相とすることで、自らの責任を回避しようとしたのだという。憲法草案の作成に携わった人たちの中にも、回想記の内容を否定する人は多い。

運営委員会のメンバーだったハッシーは、一九五〇年に会ったときに幣原が、マッカーサーが一九四九年末の記者会見で第九条の作者は幣原だといったことで自分は迷惑している、と語ったと述べており、人権小委員会のワイルズ、立法権小委員会のハウギも否定的意見を述べている。

このエピソードの真偽はともかく、憲法改正を前提にしたこの会談で、天皇制維持と戦争放棄という二本の柱が、二人の間で合意されたことに注意していただきたい。

マッカーサーは、心に決めていた

同じ一月二四日ころ、ケーディス大佐はホイットニーから憲法についての命令を受ける。それは、「連合軍最高司令官の憲法改正に関する権限」についての報告書を、至急作成するようにというものだった。

一七日の極東諮問委員会との会議から一週間が過ぎていたが、その内容の報告を受けたマッカーサーが、ホイットニーに調査を命じたことは明らかだった。

年が明けてから、憲法改正についてさまざまな動きを感じていたケーディス大佐には、その調査の意味はよくわかっていた。

あとに述べるように、毎日新聞に問題のスクープが載るのが二月一日。まさに運命の悪戯と言えるほどの偶然だが、このケーディス大佐が作成した「最高司令官のためのメモ――憲法の改革について」という文書も、二月一日付でホイットニーからマッカーサーに上がっている。

「この文書が二月一日に提出されているのは、まったくの偶然です。多分一週間くらい前（一月二四日頃）に、そういう報告書を作成するようホイットニー将軍から依頼されました。マッカーサー元帥に日本の憲法を改革できる権限があるかどうか、調べろということでした。〈日本の統治機構について憲法上の改革を行なうという問題は、急速にクライマックスに近づきつつある〉という報告書の書き出しの文章は、今でも暗記しているほどよく覚えていますよ。憲法改正への流れは、必然になってきたという感じでしたね」

ケーディス氏がメモも見ずに語った文章の次はこうなっている。

〈日本の憲法の改正案が、政府の委員会や私的な委員会によっていくつか起草された。次の選挙の際に憲法改正問題が重要な争点になるということは、大いにありうることである。

このような情況のもとで、私は閣下が最高司令官として、日本の憲法構造に対する根本的変革の問題を処理するに当たってどの範囲の権限をもつか、日本政府によってなされる提案の承認または拒否をなしうるか、あるいはまた日本政府に対し命令または指令を発しうるかという問題について考察した。私の意見では、この問題についての極東委員会の政策決定がない限り――いうまでもなく同委員会の決定があれば、われわれはそれに拘束さ

れるが——閣下は、憲法改正について、日本の占領と管理に関する他の重要事項の場合と同様の権限を有されるものである。〉

マッカーサーは、回想記の中で当時の気持ちをこう綴《つづ》っている。

〈そのころ私は時間的な問題をかかえていた。これに先立って、日本の議会は私の提案で、婦人の参政権を含め、従来選挙権を持っていなかった多数の国民に選挙権を与えるよう、選挙法を改正していた。私はそれ（総選挙）までに新憲法が出来上がり、総選挙が新憲法に対する事実上の国民投票となることを期待していたのだが……。〉

その時間的な問題の中に、極東委員会の発足が大きく立ちはだかるという情況が加わったのである。

極東委員会の発足日、二月二六日のプレッシャーは、ここでもマッカーサーに重くのしかかっていた。天皇制を守ることを心に決め、幣原首相にも約束していたマッカーサーは、「天皇を戦犯に！」と声高に叫ぶ、ニュージーランド、オーストラリア代表のいる極東委員会の場で、憲法の改正が議題になることは、どうしても避けなければならなかった。天皇制の維持は日本国民の意思である、と世界に認知させるには、憲法改正によってそれを決定的に知らしめるのが最良の手段であるという思いは、ますます強くなる。

マッカーサーは二五日、天皇制は占領政策にとって重要であるという長文の電報をワシントンに打つ。これは、二一日にオーストラリアの国連戦争犯罪委員会代表がロンドンで、天皇を戦争犯罪人として告発するよう訴えたことを、ワシントンを通じて知らされた返事として打電された。

電報の内容は、参謀長代理のリチャード・J・マーシャルが起草したものだが、もし天皇を訴追し、裁判にかければ、

〈その恨みを晴らすための復讐が始まり、それが数世紀間にわたって繰り返されないとも限らない。そうした不測の事態に備えるためには百万の軍隊が必要となり、その軍隊を無制限に維持しなければならない、という予測も成り立ち得る。おまけに行政官をも募集して、派遣してもらわなければならなくなり、その規模は数十万にも達するかも知れない。〉

（憲法調査会資料）

と脅している。その中には、天皇のために命を捧《ささ》げる若者が無限につづく特攻隊の姿をほんの半年前に見てきたマッカーサーの実感が含まれていた。

ケーディス氏も、その前後のことは明確に記憶している。

「これも同じ一月に、多分一月二〇日過ぎだと思いますが、マッカーサーは統合参謀本部に長い電報を打って、〈天皇を戦犯として裁判にかけるべきではない、天皇は日本国民の象徴であるべきだと考える〉と言っているのですね。

それでも、プレッシャーはありました。アメリカ合衆国の上院の軍事委員会委員長のラッセル上院議員が、〈上院として天皇裕仁は、戦犯として裁判にかけるべきと考える〉という決議案を出したんですね。これはオーストラリアからのプレッシャーだったのですが……。

それに国際極東軍事裁判所の裁判長ウィリアム・ウエッブが〈手下の者はみんな裁判にかけられているのに、親分はどうした。なぜ天皇はここに出てこないのだ〉と言ったのですね。ですから、これは私の推測に過ぎませんが、マッカーサーは、のんびりしてはいられない、何か早く手を打たなくては、天皇を裁判にかけろというプレッシャーから守ることは出来ないかも知れないと心配したんだと思います」

一月のカレンダーは、まだ憲法に関するエピソードで埋まる。一月二九日、極東諮問委員会のメンバーは、離日を前にしてマッカーサーと会談する。会談は二時間半にもおよんだが、憲法問題についてマッカーサーは、極東諮問委員会の興味を逸《そ》らすような不思議な発言をしている。

〈憲法改正問題は、モスクワ協定（前出）によって私の手を離れてしまった。今後の作業がどのように進められるのか、まったくわからない。

私が日本で最初の指令を出した時には、この問題の権限は私にあった。私は示唆を与え、日本人は私の示唆に基づいて作業を始めた。ある委員会が憲法改正を行う目的で作られたが、この作業へのGHQ側の関与につき、最高司令官は、いかなる行動もとることをやめている。私はなんらの命令も指令も発しておらず、示唆だけに限定している。

（略）憲法の内容がいかに立派で、よく書かれていても、武力によって日本に押しつけられた憲法は、武力が存在する限り続くであろうが、軍隊が撤退し、日本人が自由になると

ともに、日本人はその憲法を廃止してしまうだろう。（略）私はこのことを信じて疑わない。〉（『マッカーサー回想記』・同前）

しかし、マッカーサーの心のうちは、腹心のホイットニー准将との毎夜の意見交換の中で、外向きの発言とは違う方向に固まっていく。同じ時期に、日本政府は憲法問題調査委員会の総会の討議を受けて、閣議で甲案、乙案の検討を積み重ねていたが、そのことはマッカーサーには、詳しくは伝えられていなかった。

誰が仕組んだ「毎日スクープ」

〝〈憲法改正調査会の試案〉　立憲君主制を確立　国民に勤労の権利義務〟

二月一日の毎日新聞朝刊の一面トップの見出しを見て、関係者は目を見張った。総司令部民政局のメンバーも多少の時間のずれがあったが、一様にこのスクープ記事に驚いた。ハウギ氏の話。

「その日も、朝、司令部に出勤する前、日比谷の同盟通信社に、新聞、通信の記事をもらいに立ち寄りました。それが私の日課でしたから……。

毎日新聞に政府の憲法改正試案が載っていたのを見て、これは大変だと思って、大急ぎで第一生命ビルに戻り、マッカーサー元帥のデスクに届けました。元帥はまだ出勤前だっ

現在のジョセフ・ゴードン氏

たので、机の上にメモをつけて置き、すぐ目に入るようにしたのを覚えています。

でもその時、この記事がきっかけで、憲法草案の仕事が自分に降りかかって来るなどとは、夢にも思いませんでした」

ケーディス氏の話。

「私の記憶では、あの毎日新聞のスクープのことを知らせてくれたのは、民政局の通訳をしていたうちの一人、ジョセフ・ゴードン陸軍中尉だったと思います。私のところに持ってきて、これは重要だと思うといったのです。そこで、大急ぎで翻訳するように命じました。どんな形にしろ、政府案が発表されたのは初めてでしたからね」

今はベアテ・シロタさんのご主人であるゴードン氏は、

「多分私が翻訳したと思いますよ。当時は私くらいしか、そういうことをやる人間がいませんでしたからね。大変に急がされて、翻訳は数時間でやったように思います」

とあまり記憶が定かではないようだ。話すよりも読み書きが得意だったゴードン氏は、翻訳要員不足のスタッフ中で八面六臂《ろっぴ》の活躍だったという。

その毎日新聞の内容はどんなものであったか、見てみよう。

〈松本国務相を委員長とする憲法調査委員会は、昨年十月第一回会合を行ってから小委員会、委員会、総会を開くこと二十余回、各委員から甲案、乙案の憲法改正私案を提出、活発なる論議を展開、去る二十六日の委員会で漸く草案を脱稿、二日の総会で可決されるが、政府は憲法改正原案をマッカーサー司令部極東委員会に提出すべくこれが決定を急ぐこととなり、三十日の臨時閣議に緊急付議、松本国務相から逐条説明を行い各大臣から活発なる意見の開陳があり、更に三十一日も臨時閣議を開き討議した。しかして松本国務相の起草した憲法改正草案は調査委員会案を骨幹とし、これに修正甲、乙案を作成したものであるが、次の一次案は、調査委員会の主流をなすもので、試案から政府案の全貌が伺われ、特に重大なる意義がある。〉

記事は、スクープというより記者会見での発表があったような感じで、実に整然と草案作成の流れを記している。

そして記事に続いて、試案の全文が掲載されている。長いので重要と思われる部分のみ抜粋する。

第一章　天皇

第一条　日本国は君主国とす

第二条　天皇は君主にして此の憲法の条規により統治権を行う

第三条　皇位は皇室典範の定むる所に依り万世一系の皇男子孫之を継承す

第四条　天皇は其の行為に附責に任ずることなし

第八条　天皇は公共の安全を保持し又はその災厄を避くる為の必要により、帝国議会審議委員会の議を経て法律に依るべき勅令を行す
この勅令は次の会期において帝国議会に提出すべし
もし議会に於いて承諾せざるときは政府は将来に向かって其の効力を失うことを公布すべし

第二章　臣民の権利義務

第一九条　日本臣民は法律上平等なり、日本臣民は法律命令に定むる所の資格に応じ均く官吏に任ぜられ及其の他の公務に就くことを得

第二五条　日本臣民はその住所を侵さるることなく公安を保持する為必要なる制限は法律の定むるところに依る

全文で七章七六条にのぼるこの試案は、基本的には明治憲法を添削した形をとっている。

現状、削除などと書かれた条項が半分以上あり、何も書いていない空白の条項もある。特徴的なのは、第一一条の統帥大権、第一四条の戒厳大権が削除されていることで、軍に関する規定は書かれていない。

この毎日スクープによって報じられた試案は、憲法問題調査委員会のメンバーの一人宮沢俊義博士の作成した、いわゆる宮沢甲案と呼ばれるものに近かった。憲法問題調査委員会では、委員の一人ひとりが草案を作成して、それを松本国務大臣を中心に討議するといった形式をとっていた。

この宮沢甲案というのは、一月九日の小委員会のときに配付されたもので、審議の参考にはされたが、委員会案の直接の骨格にはならなかった。ともあれ、国民を臣民といっているあたりは、松本甲案と同じレベルの保守性を感じさせられる。

毎日新聞の編集局は、このスクープ報道に全力をあげたようで、社説にも力が入っている。

〈政府の憲法改正試案は一般的にいえば進歩案に違いない。しかし憲法の中核ともいうべき天皇の統治権については、現行憲法と全然同じ建前をとっている。すなわち天皇を君主とし、日本国は君主国であるとなし、天皇が統治権を総攬することにおいてこれまでと変わりない。天皇が日本の君主であるといふことには、われらはもとより異議はない。ただそれは、天皇を日本国民の形式的、儀礼的の代表者と考える意味においてであって、(略)また対外的には条約の締結名義者とする天皇ならばよい。然らずして実際上にも天皇の自由意思の発動を認めるといふのであれば、それは将来天皇に責任を帰するような議論の行われる事態を生ずる恐れもある。

英国はその不文憲法に於いて、国王の「君臨すれども統治せざる」立場が確立している。わが国の成文憲法において英国式を採ろうとするならば、この実質不統治の原則を何らかの形で憲法に明らかにして置く必要があろう。もし英国式を採らずして天皇の自由意思を認めるといふことであれば、それは明らかに民主主義に逆行することになる。〉

おそらく論説委員室の全員が集まって侃々諤々《かんかんがくがく》論じた末の社説だったのだろうが、言外に象徴天皇のデザインが浮き彫りにされている。わずか半年前に始まった民主化政策が、こういう記事を生み出させていることに驚く。

この関連記事として「憲法改正に連合軍の承認不要、マッカーサー司令部言明」という見出しで、三一日に行なわれた記者会見の内容が載っている。

〈(憲法改正は)ポツダム宣言にも明らかなように、日本政府が決定すべき問題だ。(略)司令部は日本政府に対し助言と協力を与え諮問に応ずるものであり(略)極東委員会の承認を必要とすることはない〉

前に述べた一月二九日のマッカーサーと極東諮問委員会との会談の内容を報じたもののようだが、この時点ですでにGHQは、逆の方向に向かって走りだしていたのである。

しかし、松本国務大臣がGHQにも知らせず進めていた極秘の憲法改正作業の草案が、どうして毎日新聞の手に入ったのか？

この草案を手に入れたのは、枢密院詰めの二九歳の政治部記者、西山柳造であった。彼は長い間沈黙を続けていたが、一九七三年になって憲法学者の田中英夫《ひでお》博士のインタビューに答えている。

〈一月三一日、私が（松本）委員会の事務局から特だねをとったのです。（略）事務局にあったから「もらった」ただそれだけなんですよ。（略）それですぐ社に帰りまして、プリントになっていたのですが、そのプリントの綴じをほぐして、デスク以下全員が手分けして書き、プリントはもとのとおり綴じ直して返したわけなんです。二月一日の朝刊に報道されたのは、ただ一月三一日に取材したからというだけです。

あの時は（松本委員会の審議は）全く極秘で、箝口令がしかれてどこからも取材できないくらい厳しかったのですけれども、ぼくが偶然にとって載せただけです。吉田外相のアドバルーンでも何でもないのです。〉（『憲法制定過程覚え書』有斐閣）

それにしても、タイミングといい、記事の内容の充実度といい、偶然とは言いがたい絶妙さがある。特にGHQとしては、決断のきっかけがほしい時に救いの神が現れたようなものだった。

ケーディス氏との二日間に及ぶインタビューの最後に、毎日スクープはGHQのすばらしい演出だったように思えるのですが、と尋ねてみた。

「推理小説のストーリーとしては、それはすばらしい発想です。（しかし）事実は実につまらないもので、それに対しての答えはノーですよ」

とにこやかな口ぶりで一蹴《いっしゅう》されてしまった。

「私たちの方が、日本政府側のアドバルーンではないかと思っていたほどなんです。ホイットニー将軍も、そんなふうに思っていたようですよ。

新聞の検閲は、私たちの部署の担当ではありませんでしたから、まったくどのように運ばれていたのか知りません。でも、憲法草案の記事は、各政党や学者の私案などすでに出ていましたから……」

なおも食い下がったが、お疲れさまと握手の手を出されて終わりになってしまった。有能な弁護士の実に上手なはぐらかしかただ……。私は今でも、この件はケーディス氏が、お墓まで持っていくつもりの極秘事項だと疑っている。

民政局の二月一日

さて、二月一日の民政局に戻ろう。

「翻訳が上がってきたのが何時頃だったか忘れましたが、すぐ日本政府に電話をしました。すると、〈それは最終草案ではない〉と言っていました。そこで、もし新聞に出たのが正式な松本草案でないのなら、正式なものを見たいと言いました。そうしたら、多分夕方近くになっていたと思いますが届けてきたのです」

松本案の草案が民政局に届けられたのは、定説では二月五日ということになっている。

二月一日説もないではなかったが、ケーディス氏の口からこんなにハッキリ聞いたのははじめてだった。

「持ってきたのは、白洲《しらす》か楢橋か覚えていません。A案（甲案）だったかB案（乙案）だったか忘れましたが、〈明治憲法の〉〈天皇は神聖にして侵すべからず〉の〈神聖〉が、〈至尊〉に変わっていただけだったり、〈天皇は陸海軍を統帥する〉とあった条文が、〈天皇は軍を統帥する〉と変わっていた程度で、それはひどいものでした。毎日新聞がスクープした草案との間には、小さな違いはあったものの、それほど差はないことが明白でした。日本文だったので、とりあえず翻訳の出来た毎日スクープをもとに報告書の作成をすることにしました。そして翻訳が上がった段階でホイットニー将軍に見せたところ、早急にこれを批判した報告書を出せと命令されたのです」

この辺の動きは、一九四九年にGHQ民政局が発行した『日本政治の再編成』にも詳しい。もっとも、これはケーディス、ラウエル、ハッシーらが執筆しているのだから、記憶違いを除けば内容が今回のインタビューと一致するのは当然だ。

〈二月一日、非公式の「要旨」および「説明」が、最高司令官に提出された。外務大臣吉田茂は、二月五日火曜日、提案を検討する非公式会談を民政局長に求めた。二月一日の夜、内閣書記官長楢橋渡は、毎日草案が松本委員会の草案を示したものであることを公式に否定した。二月二日、外務省の代表は、吉田が求めた会談の延期を申し入れた。一週間の延期が許された。いかなる議論も全く非公式の記録外のものたるべきことが、明らかにされた。しかし、松本草案なりとされたものに対する激しい世論の反対にかんがみ、最高司令官が基本的と考える諸原則に基づき、内閣の方針を変えさせることが必要と考えられた。二月一日、二月五日に仮会談が行なわれるという報告を受けたマッカーサー元帥は、民政局長ホイットニー准将に、松本案を拒否する詳細な回答書を作成し、その会談において日本政府に手交することを命じた。その午後、民政局はこの拒否の準備をする仕事に着手した。〉

ケーディス大佐の周辺は、この毎日新聞のスクープによって騒然となった。まず新聞に載った試案なるものに対する評価。それに夕方日本政府から届けられた日本政府案に対する分析、そしてそれらがなぜ受け入れられないかを文書化する作業が始まった。

「毎日スクープの試案の翻訳は、その日のうちに上がってきました。金曜日のことです。で、それを読んだラウエルが、非常に気にかかったらしく、ハッシー、ヘイズ、それに私に相談して、我々で、それをホイットニー将軍のところに持って行こうということになりました。グループとしての行動をとったわけです。するとホイットニーは、我々にこのスクープの翻訳文のまわりの空いたところにコメントを書いてくれと言うのです。コメントを書いたものをマッカーサー元帥に渡すからということでした。

というのも、金曜日ももう遅くなってきていましてね……。多分夜になっていました。

でも重要度からして、マッカーサーにこのまますぐ渡した方がよいという判断でした。つまりメモしたものを清書させている時間はない。それより、はやく渡すことが先決だと、次の日に回さずに、その場で翻訳のページのまわりのスペースにコメントを書き込み、金曜日の夜遅く、マッカーサーに提出しました」

その二月一日の夜遅くに提出されたという文書が残っている。時間がなかったのか、前半だけが翻訳されている。そして、試案が翻訳された部分には、ケーディス氏の言うように、条文のうしろや欄外にさまざまなコメントがついている。

ケーディス氏へのインタビューのとき、私は記憶を呼び戻して頂くために、入手できた資料のコピーを蝸牛《かたつむり》のようにかついでお伺いした。資料をフロアいっぱいに広げてすぐ取り出せるようにしていたが、幸いにその書き込みのある文書が出てきた。二月二日付でホイットニーからマッカーサーに上げた「最高司令官への覚書き」という文書の付属文書であった。

「そう。これがゴードンの翻訳したものですよ」

「直接コメントを書き込んだとおっしゃいましたよね」

「そうそう、これがそのコメントです。〈天皇は制限なしに、自由に行動できるようになったまま〉などのコメントが書いてあるでしょう。つまり単に上辺だけの変更にすぎないことがわかったのです」

ラウエル、ハッシーらと手分けして作業をしたらしいが、注目すべき部分にはアンダーラインが引いてあって、ほとんど一条ごとにコメントがついている。削除された条項の箇所は、元に何が書いてあったかまで書き込んであり、マッカーサーが一目で、どこに問題点があるかわかるようになっている。

一方、ホイットニーもこの絶好のチャンスを逃がさないために、必死になってタイプを叩《たた》いていた。二月二日付のマッカーサーに宛てた上申書は、GHQ憲法の作成を誰が推したかがよくわかる内容の文書だ。その中に、こんな言葉が書かれている。

〈私は、憲法改正案が正式に提出される前に彼らに指針を与える方が、我々の受入れ難い案を彼らが決定してしまってそれを提出するまで待った後、新規蒔き直しに再出発するよう強制するよりも、戦術としてすぐれていると考えたのです。〉（傍点著者）

つまり、どんな草案を日本側から持って来ても、民主主義の根本的な部分のギャップが大きすぎるという判断である。思考の円の中に存在しないものを表現しろというのが土台無理なことは、私たちも日常的に経験している。まずい原稿に手を入れるよりも、破り捨てて書き直した方が、はるかに早い。ホイットニーにとって、松本国務大臣ら日本政府の憲法問題調査委員会の頭の固さに、ほとほと困らされた結論がこれであった。

この二月一日の毎日新聞のスクープがなかったら、日本の憲法制定史は変わっていたかも知れない。

ホイットニーは、その意味で、毎日新聞のスクープという「神風」を最大限に利用した。誰が「神風」を吹かせたのか？　謎は永遠の謎として残る。

第六章　二月六日（三日目）

密室の苦闘は誰のために

第一生命ビルにあった連合軍総司令部の通常の勤務は、午前八時に始まり午後五時に終わる。マッカーサー元帥は、通常は午前一〇時ごろに姿を見せ、午後一時ごろまで執務し、昼食のために米国大使館にあった住居に一度帰っていた。午睡もかねて休息したあと、午後四時ごろに再び執務室に戻り、午後八時か九時ごろまで働いていた。

その中で午後六時〜七時から一時間くらい、マッカーサーは、毎日ホイットニー准将と話しあっていた。憲法草案の作成期間中は、その時間がさらに長くなり、時には深夜にも及んだ。

マッカーサー元帥の部屋は、民政局のあった六階の反対側にあった。元帥が移動する時は、常にホイットニー局長や参謀たちが大げさに送り迎えするので、よくわかったという。その時二台しかないエレベーターは、高官たちの専用になるので下っぱの兵隊は乗れない。

「私たちにとって、元帥は雲の上の人でしたから、そんな時は柱の陰に隠れました。話をするなどとんでもない！」

と言うように、ベアテ・シロタ・ゴードンさんは、GHQ勤務の間はおろか、これまで一度もマッカーサーと言葉を交わしたことがない。

ケーディス大佐ですら、

「私が、マッカーサー元帥と直接言葉を交わしたのは、ずっと後にワシントンから大統領補佐官にならないかと声がかかった時に、相談に行ったのが初めてでした。〈東京はいま君を必要としている！〉という一声で、私は東京にとどまりましたがね」

と言うほど距離があった。准将と大佐は、星一つの差しかない。フィリピン戦線で生死を共にした側近のホイットニーが、いかにマッカーサーのお気に入りだったかがわかる。

一九九三年の五月にケーディス氏とベアテさんが、四〇年ぶりに第一生命ビルを訪ねた時のことである。マッカーサーの執務室は、その頃は当時のままの状態で保存されていたが、ベアテさんは私の勧めでマッカーサーの椅子に腰をかけた。

「ジェネラル・シロタ、本日着任！」

ユーモアを解するケーディス氏は、こんなふうに言ってにこにこ見守ったが、当の本人は絶対に座ろうとしなかった。もっとも、ベアテさんも、

「ちょっとふざけ過ぎだった」

マッカーサーの椅子に座るベアテ・シロタ・ゴードン氏（1993年４月）

と悔やむことしきりだった。感じとしては、天皇の玉座にうっかり腰をかけてしまったというような感覚だったのかも知れない。

二月六日、寝不足のまま出勤したケーディス大佐は、ホイットニー民政局長に挨拶《あいさつ》をするため、部屋を訪れた。そのとたんに、作業の進み具合はどんな具合かねと問われた。ホイットニー自身が、マッカーサー元帥から昨夜同じことを聞かれたに違いないとピンとくる。

「順調に進んでおります。後刻ディテールを報告しますので、若干時間をいただきたくあります」

と答えて部屋を出、そして全員を招集した。その会議のエラマン女史の記録が残っている。

民政局の大部屋の隣の会議室は、二〇人のメンバーで満員になった。

「確認事項を通達する。この憲法草案作業の進行中は、日本人は民政局には一人たりとも入れてはならない。このことは、この会議に出席していないスタッフに注意しておくように……。

書類や資料類は、夜間は一切金庫の中に入れておくこと。この中に〈ナラシ・パーティー〉に招待されている者もあると思うが、どのような性質のものであっても、政治問題を議論しないように注意してほしい」

「ナラシ・パーティー」というのは、英語が達者だった内閣書記官長の楢橋渡《ならはしわたる》氏が、連合軍の幹部と政府の交流を円滑にするために、華族の婦人や令嬢なども交えて時々催していた晩餐会《ばんさんかい》で、ケーディス大佐ととかくの噂のあった鳥尾子爵夫人も、接待側のメンバーとして華やかに振るまっていた。その日の夜にもパーティーは予定されていた。たぶんその招待状を持って誰かが民政局の部屋を訪ねてきていたのだろう。ケーディス大佐、ハッシー中佐、ラウエル中佐ら、民政局の主だったメンバーは、みな招待されていた。

資料と格闘する各小委員会の異様な光景が、外部に漏れたとしたら一大事だ。ケーディス大佐は、機密保持には厳重に注意をするようにという言葉で結んだあと、作業日程を通達する。

「各小委員会の第一次草案は、明日二月七日までに完成すること。この試案は、原本一通、カーボン・コピー三通、ダブル・スペース（一行ずつ空白をあけて）でタイプ・アップすること」

明日！　全員から驚きともなんとも言えない声が漏れた。しかし、当初の予定より一日遅れて二月一三日に設定されている日本政府との会談に間に合わすことが至上命令だ。マッカーサー元帥の承認を取りつける時間を考えると、週末の九日にはほぼ完璧《かんぺき》な草案にしなくてはならない。となると物理的に第一次草案は明日中という計算になる。

そこで、と人権委員会のロウスト中佐が意見を言わせてほしいと立ち上がった。

「日本流の術語と形式を使ってという方針が昨日の会合で確認されたが、民政局で考えた憲法を、完全に日本側の手になる文書として公表することは、心理的信憑性《しんぴょうせい》の点で問題があるのではないか？」

確かに日本の政治、文化に人権の概念は希薄だ。庶民は天皇に仕える臣民で、天皇のために命を捧《ささ》げることが最高の忠義であるという観念を、つい数ヵ月前まで信じてきた。その同じ日本人が、西欧文明が何世紀もかけて到達した人権の概念を自力で書けるはずがない。

実際、一七八八年の最初のアメリカ合衆国憲法には、

「各州の人口とは、年期服役者を含み、納税義務のないアメリカ・インディアンを除く自由人の総数に、自由人以外のすべての人数の五分の三を加えたものとする」

という表現が出てくる。自由人以外というのは、黒人奴隷のことであり、アメリカ・インディアンも人口には数えられていなかったのである。アメリカ憲法に黒人奴隷の禁止条項である第一三修正が加わるのは、一八六五年。女性に参政権が与えられるのは、一九二〇年の第一九修正まで待たなければならなかった。

アメリカですら長い歴史を経ているではないか、というのがロウスト中佐の言い分だ。

「確かにロウスト中佐が指摘するような問題の存在は、認めざるを得ないだろう。しかしアメリカの政治イデオロギーと、日本の中での最良、または最もリベラルな憲法思想の間には、日本政府案との不一致ほどのギャップはないと思う」（ケーディス大佐）

ケーディス大佐の頭の中には、先に紹介した高野岩三郎《いわさぶろう》らの憲法研究会の草案があった。

だがロウスト中佐ばかりでなく、日本の現実を熟知しているシロタ嬢もその説得には不満顔であった。

「ところで、第一次草案が出来る段階で、ＳＷＮＣＣ《スウィンク》―２２８との整合性をどうするかだが、私はＳＷＮＣＣ―２２８を拘束力がある文書として取り扱うべきと考える。各小委員会の委員長は、それぞれの提案がＳＷＮＣＣ―２２８に矛盾しないかどうかチェックして貰《もら》いたい。時間がないので大変だと思うが、民政局員としてこの仕事はどうしてもやり遂げなければならない。マッカーサー元帥も、大きな期待を持っておられる。頑張って欲しい」

ケーディス大佐の締めくくりの言葉は、いつもながらの軍隊の命令口調になった。

〈第一生命ビルの最上階（七階）に簡易食堂がありました。そこでサンドウィッチなどを立ち食いなどしながら、夜も白々となる頃まで働きました。明方、宿舎に帰ってシャワーを浴び、一時間ほど仮眠して、また定刻の八時には全員集まって草案づくりをやりました。女の私も同様でした〉（週刊新潮編集部編『マッカーサーの日本』）

のちにハッシー夫人になる運営委員会の秘書ルース・エラマン女史が後日語った話である。

彼女の場合、特に大変だったのは、この日からはじまった運営委員会の議論の記録を取ることと、ケーディス、ハッシー、ラウエルの書いた草稿をタイプ・アップすること、それに時をかまわずホイットニー将軍から呼ばれ、資料を懐に隠して運んだり、スタッフにメモを回したりと、仕事の量は膨大だった。

二月六日は、各小委員会にとって非常に多忙な一日となった。明日までに何としてでも第一稿を間に合わせなくてはならない。六階の民政局の大部屋は、徹夜組もあって煙草の煙と人いきれでむせかえっていた。秘密保持のため、扉を開けて空気を入れ換えることなどまったく出来なかった。しかし、日本の民主化は自分たちの仕事が決定する、その極秘作業を任されているのだという興奮が、疲れを感じさせなかったという。

〈秘密は完全に守られたと思う。部屋の外に見張りがいて、他の部局の人間が来るとサッと信号を送る。とたんに一同は憲法関係の書類を裏返しにし、デタラメの数字を書いたりしてごまかしました。〉

と、ラウエル氏は、後に、憲法調査会のメンバーに当時のことを楽しい思い出として語っている。

総司令部内部にも、「敵」はいた。マッカーサーのもう一人の腹心、G2（参謀第二部、諜報・治安担当）のウィロビー少将は、民政局をアカの集団として警戒していた。ホイットニーとは特に仲がよくなかった。何をやっているか、しばしば部下を偵察に飛ばしてきたが、憲法草案が発表されるまで突き止められず悔しがったという。

つわもの揃いの人権小委員会

民政局の中でも、一番の重責を担うことになったのは人権小委員会であった。

マッカーサー・ノートには、人権条項に関する条件はまったく書かれていないので、基本方針を決定するところからの作業となるからだ。

もちろん、明治憲法は参考にはならない。ここで、現在の憲法と明治憲法の人権に関する部分が、どんなに違いがあったか、いちべつしておこう。

明治憲法の中で、人権に関する記述があるのは、第二章「臣民の権利義務」の条項。日本列島および植民地に住む人間は、みんな天皇の所有物としての臣民であるという立場だから、その精神は現行憲法とはまったく違う。しかもすべての条項に「法ノ定ムル所ニ従ヒ」とか、「臣民ノ義務ニ背カサル限ニ於テ」という制限がついている。そしてその「法ノ定ムル所」という場合の法も、天皇の超法規的権力の前には無力なのである。

第三一条　本章ニ掲ケタル条規ハ戦時又ハ国家事変ノ場合ニ於テ天皇大権ノ施行ヲ妨クルコトナシ

第三二条　本章ニ掲ケタル条規ハ陸海軍ノ法令又ハ規律ニ牴触セサルモノニ限リ軍人ニ準行ス

年配の方ならすぐ頭に浮かぶあの「上官の命は、朕の命と心得よ」という軍人勅諭の一節を思い出させる文言である。特攻隊の志願者を募るとき、しりごみをする者は非国民であった。その法的根拠はここにあったのである。

ＳＷＮＣＣ―２２８「日本の政治体制の改革」は、その問題を次のように指摘している。

〈6、人権保護の規定が不十分なこと

（a）日本の国民は、特に過去一五年間においては、事実上、憲法が彼らに保障している人権の多くのものを奪われていた。憲法上の保障に「法律に定めたる場合を除き」あるいは「法律に非ずして」という文言による制約がもうけられていたために、これらの権利の大幅な侵害を含む法律の制定が可能になった。同時に、日本の裁判所が、かりに直接的な政府の圧力ではないにしても、社会的圧力に屈従し、公平なる裁判を行い得なかったことも、はっきりしている。

（b）このような状態を改善するため、マッカーサー元帥は、一九四五年一〇月四日、言論、思想および信教の自由を制限する一切の措置を廃止し、日本政府に対して、一九四五年一〇月一五日までに、人権を国民に対し保障するためにとった一切の措置を彼に報告するよう、命令した。

（c）別の一面においても、日本の憲法は、基本的諸権利の保障について、他の諸憲法に及ばない。それは、これらの権利をすべての人に対して認めるのではなく、それらは日本臣民に対してのみ適用すると規定し、日本にいる他の人はその保護をうけられないままにしている点である。〉（『日本国憲法制定の過程』）

人権小委員会は、医者であり人類学者でもある社会学者のピーター・ロウスト中佐が責任者であった。それに、五五歳の経済学者で、日本の慶応義塾大学でも教鞭《きょうべん》をとったというハリー・エマーソン・ワイルズ博士、加えて弱冠二二歳のベアテ・シロタという組み合わせだったが、法律の専門家はいなかった。しかしロウスト中佐は、インドでも教鞭をとっていた経験から、カースト、人権抑圧の実態を熟知しており、ワイルズ、シロタも、日本生活の実体験から、人権には一家言持っていた。

「私は、日本での生活が長かったものですから、女性の権利がないことはよくわかっていました。日本の女性は、家庭の中では財布を握っていてなかなか強いし、子供の教育などにも意見が言える立場にあることも知っていました。しかし、いったん外に出ると、夫の数歩うしろを歩かなければなりませんし、娘たちはお金がなくなると売られていくことも聞いていました。

私は、どうしても憲法の中に、女性の権利について詳しく書いておかないといけないと思ったんです。だって、後で民法を書く人たちは、男性でしょう。ですから、憲法にどうしてもちゃんと書いておかなければならないと思ったのです」

ベアテ・シロタさんは、流暢《りゅうちょう》な日本語でこんなふうに話す。一九九三年に来日した際の講演でも、会場を埋めた女性から割れんばかりの拍手を浴びたが、それは、ベアテさんの話が、すべて女性が現実に経験する差別の実態をよく表していたからだ。

「だって、アメリカの憲法は、まだ男女同権ではないことをご存じですか？　連邦政府は議決したのですが、州議会が批准していないので成立しないのです。これは女性が男性と兵役義務も同じように果たさなければ、などという意見が出てまとまらないのです。女性が女性でいることの得もあるし、むずかしい問題ですが、アメリカでも雇用とか会社内の地位に関しては、決して平等ではありませんから……」

実際、この人がいなかったら、日本国憲法の女性の権利はかなり後退していたのではないかと思われる。

「でも、私の書いた最初の草案は、ずいぶんカットされてしまいました。その時、私はくやしくて泣いてしまいました」

そのベアテさんの書いた最初の草案を見てみよう。彼女の人柄が、そのまま伝わってくるような内容の条文である。

彼女が担当したのは、人権に関する章の「社会的権利および経済的権利」の一部である。

〈第一八条、家庭は、人類社会の基礎であり、その伝統は、善きにつけ悪しきにつけ国全体に浸透する。それ故、婚姻と家庭とは、法の保護を受ける。婚姻と家庭において、両性が法律的にも社会的にも平等であることは当然である〔との考え〕に基礎をおき、親の強制ではなく相互の合意に基づき、かつ男性支配ではなく〔両性〕の協力に基づくべきことをここに定める。これらの原理に反する法律は廃止され、それに代わって、配偶者の選択、財産権、相続、本居の選択、離婚および家庭に関するその他の事項を、個人の尊厳と両性の本質的平等の見地に立って定める法律が制定さるべきである。〉

「日本の女性は、夫から離婚されることはあっても、妻から離婚を申し立てることはできなかったんです。そんな不公平ってないでしょう。結婚もお見合いで、自分では決められない。すべて親や家のいいなりって悲しいですよね。

家庭は一番大切だと思っていました。その中心は妻です。それにプロパティ・ライツって何と言いますか日本語で……、そう財産権、それに相続の権利もありませんでした」

実際に、かつての日本女性は、「女子供」とまとめて呼ばれたように、子供と成人男子との中間のような存在だった。それは、戦前の民法を見ればよくわかる。

明治二十九年に制定された民法には、妻の無能力規定というのがあって、女性は準禁治産者と同じ立場にあった。ベアテさんの言うとおり、離縁されることがあっても、自分からそれを要求することなどとんでもなかったのだ。理不尽な仕打ちをうけたとしても、裁判を起こすこともできない、財産の相続権もない「無能力者」だったのである。

ウィーン生まれのベアテさんの父母は、すでに紹介したが、キエフ生まれのロシア系ユダヤ人であった。彼らが一九一七年のロシア革命で住みづらくなった故郷を去って、ウィーンに生活の場を移した時にベアテは生まれている。天才的なピアニストであった父親のレオ・シロタは、その傑出した才能でヨーロッパの楽壇に地位を築いていく。

ベアテは、父が天才と持てはやされる裏で、血のでるような稽古《けいこ》と努力をしていたことを知っていた。しかし、努力と才能が地位を勝ち取ることを目にする一方で、潜在的にあるユダヤ人迫害、ユダヤ人蔑視《べっし》のどうにもならない差別も見る。そして、革命後のロシアを外から見ながら、主義主張の中で生命が簡単に消されていく事実を知る。それらの背後にある家庭の崩壊と、常に犠牲になる女性と子供の姿を見ていく。

シロタ一家が来日した一九二八年は、大恐慌の時代だ。娘が売られていくのは日常的なことで、一部屋に何人もが住む家庭や、寒風の吹き抜ける家の中で、火の気も食べるものもなく震える子供たちのことも知った。日本女性は、接客業の人か、特別のハイソサエティのお嬢さんなど以外、お化粧もせず、なりふり構わず働いていた。

日本女性の地位の低さは、シロタ家のお手伝いさんの沢辺ミヨさんを通じて子守歌のように聞かされていた。ミヨさんは、英語が喋《しゃべ》れないにもかかわらず、シロタ家がアメリカに移住したあとにも渡米してお手伝いさんをつづけた。今でもベアテさんが来日する度に、彼女の家に泊まり、夜中までお喋りする仲だ。ベアテさんが、彼女の家を訪ねる時の挨拶は今でも「ただいま」だ。沼津の貧しい漁村から口減らしのために奉公に出されてきていた彼女の体験談だけでも、十分に説得力があった。

しかも、正月やお祭り、また銀座や浅草に出たときなど、道端に並ぶ物乞《ご》いの群れを目にすることもあった。

シロタ家は乃木坂《のぎざか》の近くにあったが、ミヨさんに連れられていった銭湯で、女の人が裸で男、たぶん夫の背中を流している風景をみて仰天した。礼儀正しい日本人は、風呂場だけでは恥ずかしくない不思議な民族だと、幼いころの日記に書いている。

彼女の嫌いなものは、汽車の中に必ず置かれていた痰壺《たんつぼ》、それに人力車。人が乗るものを人が引くことが耐えられなかった。その人力車に一度だけ乗ったことがある。家の階段で転んで膝《ひざ》がはれたときだ。そのとき以外、どんなに遠くても、どんなに寒くても、人力車には乗らなかった。

「こんな風景が日常的にあった日本を、もう若い人たちは知らないでしょうね。日本が美しくなって嬉《うれ》しい。しかし、アジアの国々には、まだまだ昔の日本よりひどいところがたくさんあります。まだ私の仕事が、いっぱい残っています」

一九九三年に来日した時、こうも語っていた。

「妊娠中のお母さんと子供を育てている最中の母親に、国から養育費を出すこと、これはどうしても書きたかったし、いわゆるお妾《めかけ》さんの子、嫡出子でない子供、それに養子は法律的にハンディキャップを持っていることも何とかしたかったのですが……。

それから、子供が搾取されることや、誰でもお医者さんにかかれるようにすることも書いておきたかったのです。このチャンスを逃したくなかったのです」

ベアテさん自身、日本で差別されたことがあった。小学校をドイツ学校で学んでいたころ、ヒトラーが権力を握ってナチの教師が本国から派遣されてきた。「ハイル・ヒトラー」

を叫ばされ、ナチス党の歌「ホルスト・ベッセル・リート」を覚えさせられた。東京ではユダヤ人であるための弾圧はなかったが、いやがらせはかなりあった。一度ドイツ学校で操行の点にCがつけられたこともあった。親がびっくりして、学校を訪ねると、パーティーで「ザール地方は、ドイツに返されるよりも、国際連盟の管理下に置いた方がいい」と発言したことが原因とわかった。

近くに兵営があった赤坂の家には、毎日のように警察官や憲兵が来た。来客の置いて帰った名刺やパーティーの時に集まった名簿なども、いつの間にかなくなっていた。外人であればすべてスパイ扱いされていたのである。

人権小委員会の草案は、ベアテさんが保存している原案をふくめて、手書きや、一、二、三というナンバーのついたもの、そして第〇条という空白の見出しがあるものなど、実にたくさんある。ベアテさんの担当した草案は、先に紹介した「家庭は、人類社会の基礎であり……」という第一八条を除いて、目まぐるしく変化していく。とりあえず、カットされる以前のベアテさんの原稿の目ぼしいところを次ページに紹介しておこう。おそらく女性の読者は、一条ごとに頷《うなず》き、拍手を送るはずだ。

「ほんとに日本の女性は、かわいそうでしたね。奥さんがお妾さんと同居しているなんていうことは、ずいぶんありました。私なんか焼きもちやきですから、とても辛抱できないでしょうが。

第一九条	妊婦と乳児を持つ母親は、国から守られる。必要な場合は、既婚、未婚を問わず、国から援助が受けられる。 私生児は、法的に差別を受けず、法的に認められた子供同様に、身体的、知的、社会的に、発展することにおいて権利をもつ。
第二〇条	養子にする場合には、その夫と妻の合意なしで家族にすることはできない。 長子（長男）の権利は廃止する。
第二一条	すべての子供は、生まれた環境にかかわらず均等にチャンスが与えられる。 そのために、無料で万人共通の義務教育を、八年制の公立小学校を通じて与えられる。 中級、それ以上の教育は、資格に合格した生徒は無料で受けることができる。 学用品は無料である。 国は才能のある生徒に対して援助することができる。
第二四条	公立、私立を問わず、国の児童には、医療、歯科、眼科の治療を無料で受けさせなければならない。また適正な休養と娯楽を与え、成長に適合した身体検査を行わなければならない。
第二五条	学齢の児童、並びに子供は、賃金のためにフルタイムの雇用をすることはできない。 児童の搾取は、いかなる形であれ、これを禁止する。 国際連合ならびに国際労働機関の基準によって、日本は最低賃金を満たさなければいけない。
第二六条	すべての日本の成人は、生活のために仕事につく権利がある。 その人にあった仕事がなければ、その人の生活に必要な最低の生活保護が与えられる。 女性はどのような職業にもつく権利を持つ。 その権利には、政治的な地位につくことも含まれる。 同じ仕事に対して、男性と同じ賃金を受ける権利がある。

ベアテ・シロタの執筆した草案（一部）

それから、夫がどこかで生ませた子を勝手に連れてきて養子にしたり……もちろん奥さんに一言の相談もなくです。法律的にも相談する必要がなかったのです。私は、そのような点も大問題だと思って草案に書き入れました」

これらの条項が、どんな資料から引用され、ベアテさんの胸中でどう組み立てられていったのか、そして文案がいかに無残にカットされていったかのプロセスは、まさに一つのドラマである。それは言い換えれば、女性の権利をめぐって展開された、女性の執念と男性優位社会との戦いでもあった。

「人権条項を書くための資料として、ドイツのワイマール憲法の他にスカンジナビア憲法、人権宣言、アメリカ憲法、ソビエト憲法、国連憲章などを参考にしました。スカンジナビア憲法が役に立ったのを覚えています」

六カ国語を駆使できたベアテさんならではの資料渉猟力である。こうした資質には天性のものもあるが、資料調査の能力は、ベアテさんが若いころ、悔しさの中で身につけた特技である。

一九歳でカリフォルニアにあったミルズ・カレッジを卒業したあと、ニューヨークでタイム社に就職した彼女は、リサーチャー（調査担当者）という職種につく。調査担当といえば何となく恰好《かっこう》よく聞こえるが、実はライターの使い走りでしかなかった。理由は女性だからであった。男女同権のアメリカでも、ライターには男性しかなれなかったのである。

年は若くても、文章を書くことには少なからず自信のあったベアテさんには不満だったが、その代わりに誰よりも優れたリサーチャーを目指した。人見知りをしないこと、それに、母国語のドイツ語をはじめフランス語、スペイン語、ロシア語、それに日本語が出来ることは、何よりの強みであった。タイム社では、多くのライターから引っ張りだこになった。

レッド（共産主義）条項だなどと非難された土地国有化の条項が取り入れられたのも、ソビエト憲法を十分に読みこなせたベアテさんがいたせいだろう。

彼女が参考にした資料の原典をたどると、日本国憲法の条文のルーツがわかる。（228・229ページ参照）

このように原典をたどってみると、明治憲法と世界の進歩的憲法の人権に対する違いがよくわかる。そのギャップを埋める人権小委員会の作業は膨大なものとなった。実際、明治憲法の人権に関する条文である第二章「臣民の権利義務」は一五条しかないが、現行憲法の第三章「国民の権利と義務」は三一条と倍増している。しかし、ロウスト、ワイルズ、シロタら三人が書いた原案は四一条もあった。その特徴的な草案を232・233ページに紹介しておこう。これらはいずれも、彼らがいかに人権の理想像の追求に燃えていたかが伝わってくるような文章だ。

この草案の冒頭に、「すべて自然人は」というなじみのない表現が用いられている。人

■フィンランド憲法

養子縁組法

養子を迎える場合は、配偶者のある者は、婚姻関係が継続している限り配偶者との合意において決定しなければならない。

■ソビエト社会主義共和国連邦憲法（1936年成立）

第10章

第120条

ソ連邦の国民は、老齢並びに疾病または勤労能力喪失の場合に、物質的保障を受ける権利を有する。この権利は、国家の負担による勤労者および勤労者の社会保険の広汎な発達、勤労者に対する無料の医療並びに勤労者の利用に供せられる、広く行き亘った療養地の提供によってこれを保障する。

第122条

ソ連邦における女子は、経済的、国家的、分野的及び他の社会活動のすべての分野において男子と平等の権利が与えられる。これら女子の権利を実現する可能性は、女子に対して男子と平等の勤労、労働賃金、休息、社会保険および教育に対する権利が与えられること、女子の利益の国家的保護、多児の母及び未婚の母の国家的扶助、妊産婦に完全な有給休暇が与えられること、広く行き亘った産院、託児所及び幼稚園の供与によって保障する。

■ワイマール憲法

第109条〔法律の前の平等〕

（1）すべてのドイツ人は、法律の前に平等である。

（2）男女は、原則として同一の公民的権利および義務を有する。

第119条〔婚姻、家庭、母性の保護〕

（1）婚姻は、家庭生活および民族の維持・増殖の基礎として、憲法の特別の保護を受ける。婚姻は、両性の同権を基礎とする。

（2）家族の清潔を保持し、これを健全にし、これを社会的に助成することは、国家および市町村の任務である。子供の多い家庭は、それにふさわしい扶助を請求する権利を有する。

（3）母性は、国家の保護と配慮を求める権利がある。

第122条〔児童の保護〕

（1）児童は、酷使されないように、ならびに、道徳的、精神的または肉体的に放任されることのないように、これを保護するものとする。

■アメリカ合衆国憲法

第1修正〔信教、言論、出版、集会の自由、請願権〕（1791年成立）

連邦議会は国教を樹立し、または宗教上の行為を自由に行うことを禁止する法律、言論または出版の自由を制限する法律、並びに人民が平穏に集会する権利、および苦情の処理を求めて政府に対し請願する権利を侵害す法律を制定してはならない。

第19修正〔婦人参政権〕（1920年成立）

合衆国市民の投票権は、合衆国または州によって、性別を理由として拒否されまたは制限されることはない。

ベアテ・シロタが参考にした各国憲法の条文

権の本質は、彼らにとって、民族とか国によって束縛されるものではなかったのだ。ロウスト、ワイルズ、シロタとも、世界を渡り歩いたコスモポリタンだったが、彼らならではの発想といえる。この主語は、最終的に「国民」と変わるわけだが、「地球に住む人」とでも訳すと面白い。進歩的と言われるワイマール憲法すら「ドイツ人」という主語を使っているのと比較すると、意識してこの表現を使った意味が伝わってくる。

その他、〈土地および一切の天然資源に対する終局的権原は、国民全体の代表としての資格で国に存する〉とした条文は、レッド条項と騒がれたものだが、私権を制限している点で、特異なものといえる。ソビエト憲法の影響というよりも、進歩的執筆者としての先見性が書かせたものだろう。

ここに掲げたのは、シロタを除く二人の執筆になる部分だが、人権が守られるためのあらゆる条件を、微に入り細を穿《うが》って書き込んでいる。

[四、司法上の人権]については、ベアテさんによれば、たぶんワイルズ博士の手になったものだという。日本の暗い時代を知っている彼ならではの、思想犯の扱いや、憲兵による不法逮捕、予備検束に対する配慮の行き届き方には感服させられる。

一番乗りは天皇小委員会

原案ができあがると、順次、小委員会と運営委員会との間で会合が持たれた。明日まででよいと言われたにもかかわらず、プール少尉とネルソン中尉の天皇小委員会は、六日の午後、ケーディス大佐の手元に原案を提出した。

「それでは、すぐ検討に入ろう」

　ケーディス大佐は、先々のことを考えて、一歩でも半歩でも作業を前に進めたかった。法律家のいない小委員会の草案は、実際に書かれたものを見るまで不安で仕方がなかったのだ。

「天皇の章については、マッカーサー元帥の三カ条のメモ（マッカーサー・ノート）にも注意されていたが、きわめて重要な問題なので、論議に入る前に確認しておく」

　ケーディス大佐は、プール少尉の顔を見つめながらそう前置きした。まさに軍の上官と部下の関係である。しかも階級の違いはもちろんのこと、ベテランの弁護士と、カレッジは卒業しているものの法律にうとい若者では、歯が立つはずもない。さらに、ケーディス大佐の両脇には、ハッシー、ラウエルの両中佐が控えている。

「運営委員会としては、天皇の有する権限を厳重に制限しておくこと、および天皇は装飾的機能のみを有する旨を、疑いの余地のないほど明白にしておくこと、を改めて強調しておく。さてそれでは、第一条から検討して行こう」

　プール氏は、その時の情景とやりとりを今も明確に記憶している。保存していた草案を片手に次のように説明してくれた。

「まずいきなり、第一条の最初の二行がカットされました。〈日本の主権は日本国民に存し、それは国民の意思により動く国家により行使される〉。この部分は、前文に〈主権は

り、すべての人に保障される。

何人も、自らの希望で他国に移住する自由を、その選んだ国の法律上、入国と居住が許される場合に限り有するが、日本国民を日本の領土から追放することはできない。他国に移住した者がその国籍を変更することは許される。

〔三、社会的権利および経済的権利〕

第○条　土地および一切の天然資源に対する終局的権原は、国民全体の代表としての資格で国に存する。〔従って〕土地およびその資源は、国が、正当な補償を支払い、その〔適正な〕保存、開発、利用および規制を確保し増進するためにこれを収用する場合、〔並びにそのために必要また便宜な法律を制定する場合〕には、このような国の権利に服せしめられるものとする。

〔四、司法上の人権〕

第○条　何人も、現行犯として逮捕される場合を除き、裁判所の一員で権限を有する者により発せられ、かつ、訴追のなされる可能性のある犯罪を明示した令状によらなければ、逮捕されない。

何人も、理由を直ちに告げられ、かつ、弁護人を依頼する権利を与えられなければ、抑留または拘禁されない。また何人も外部との連絡を一切遮断されたままで留め置かれることはなく、正当な理由がなければ、拘禁されない。拘禁の理由は、被疑者またはその弁護人からの要求があれば、直ちに公開の法廷で示されなければならない。

何人も、国会の定める手続きによらずに、その生命、自由または〔財産〕を奪われることはない。また、何人も、裁判所に出訴する権利を奪われることはない。

〔一、総則〕

第○条　すべて自然人は、法の前に平等である。人種、信条、性別、カーストまたは出身国により、政治的関係、経済的関係、教育関係および家族関係において差別がなされることを、授権しまたは容認してはならない。華族の称号は、今後は、国民的または市民的な政治権力を伴わないものとする。貴族としての権利は、皇族のそれを除き、現存する者一代限りとする。〔称号〕、栄誉、勲章その他の栄典の保有または賜与は、現にこれを保有し、または将来それを受ける者の一代に限り、その効力を有するものとする。

第○条　外国人は、法の平等な保護を受ける。犯罪につき訴追を受けたときは、自国の外交機関および自らの選んだ通訳の助けをうける権利を有する。

〔二、自由権〕

第○条　何人も、奴隷、農奴、その他いかなる種類にせよ奴隷的拘束を受けない。また、犯罪に因る処罰の場合を除いては、その意に反する苦役に服せられない。

第○条　集会、言論および出版の自由は、これを保障する。〔この自由には、公務員、公の機関もしくは公の慣行を批判する権利、または法律の制定、改正もしくは廃止を提唱する権利が含まれる。〕検閲は、これをしてはならない。通信の秘密は、これを侵してはならない。言論および出版（報道）以外の一切の形式における表現の自由も、同様の本質的自由を与えられるが、青少年の保護および公衆〔道徳〕の高い水準維持のために、卑猥で下品な文学、演劇、映画、放送および展示を抑制するための法的措置をとることは、許される。

第○条　転居および本居の選択の自由は、一般の福祉に反しない限

人権小委員会が作成した試案（一部）

国民に存する〉と書かれているので、必要ないというのがその理由でした。

次の第二条も、冒頭の二行〈日本国は、その皇位が世襲により継承される歴代の天皇により君臨される〉の部分がカットされました。〈rule（支配する）〉という言葉は、権力を暗示するので使いたくなかった。それで〈reign（君臨する）〉という言葉なら、君主の時に通常使う言葉だからと考えたのです。しかし、不必要ということで削除されることになりました。君臨というのが、政治的意味を含んでいるからだというのが理由でした」

エラマン女史の議事録によると、不必要という発言の主はラウエル中佐で、〈reign（君臨する）〉という言葉は、〈govern（統治する）〉という意味も含むものである旨指摘したとある。そして続いて、案文は、〈天皇は日本国の象徴であり、日本国民統合の象徴であって……〉というふうに改められた。

このとき、プール氏はこんなふうに考えていた。

「われわれの草稿では、まず〈throne（皇位）〉の象徴するところに重きを置いたのです。考えていたのは、たとえば英国の場合、議会の開院式の勅語を、〈the speech from the throne（王位からのお言葉）〉というでしょう。王様のお言葉でも、女王様のお言葉でもなく、王位からのお言葉という。だから〈throne（王位、皇位）〉は、制度であるわけですね。制度としての皇位という意味のわけです」

実際に、二番目の草案は〈An Imperial Throne shall be symbol of the State ……〉となっている。

「そして結局〈天皇は日本国の象徴であり、日本国民統合の象徴であって……〉となりました。これはたぶん六日の会合でそこまでいったと記憶しています。私の主張は最後まで通りませんでした」

ところが、エラマン女史の一二日の会議のメモには、この六日の記録と同じ内容の記述がある。草案に「天皇」と「皇位」という二重の表現があったのを、「天皇」に統一したというのである。

エラマン女史のオリジナル・メモ（72ページ①）というのは、手帳サイズのメモノートに自分だけがわかるような筆跡で書き留めてあり、アメリカ人に判読してもらっても、文章がつながらないほどのものだ。別の日に書き込んだらしい日付などもある。六日の天皇小委員会の頭の部分だけを再現すると、こんな文字が並んでいる。

第一条　ケーディスとハッシー

天皇の章に、主権の問題は触れるべきではない。

前文に主権を意義づけている。

前文と矛盾してはいけない。

第二条　〈Reigned〉

〈Reigned〉は日本語では、「君臨する」ことも「統治する」（Govern）ことも意味する。

別の言葉を使った方がよい。

ラウエルとハッシーは、〈Reside（属する）〉をサジェスト。
ハッシー……天皇は国家の〈head〉にある。
ケーディス……最初の文章を省略して。
プールとネルソン……まず定義づけないと。

わずかこれだけのメモから再現して後に文章化した記憶力には驚かざるを得ないが、この記録と、今日のインタビューとでは、一致しないところもある。

ケーディス氏の話。

「皇位という言葉を使わず、天皇という風に単純化したのは、六日だと思いますが、最終日にはさまざまな確認をしておりますのでね……。エラマン女史は忙しくしており、他の仕事も兼ねて書類を整理していましたので、混乱したのかも知れませんね」

プール氏が保存する天皇条項の変遷をみると、第三稿まで「皇位」となっている。議事録と、ケーディス、プール氏の記憶と交えて、会合の状況をよみがえらせてみよう。

「次の条項に行こう。私の個人的意見として、第五条に書かれた天皇が自らなしうる権限は多すぎると思うがどうかね。ハッシー、ラウエル両君はどう思うかね」

ケーディス大佐のリーダーシップの取り方は天性のうまさだったという。ハッシー、ラウエル両中佐の意見を交互に出させ、運営委員会の考え方をまとめる。それはすぐ、プール少尉への指示になっていく。

ケーディス大佐「第五条に、包括的な条項でも、制限条項でもよいが、〈天皇は、内閣の助言と同意のもとにおいてのみ、一定の国の職務をなしうる〉という文言を追加してはどうだろう。

天皇の権限の中に〈裁判所の判決を確認する〉ことが挙げられているが、この部分は削除しよう。このような条項は、裁判所の独立を侵害するものであるし、すべての判決が天皇によって確認されなければならないという趣旨に、誤解される恐れがある」

ハッシー中佐「どんなものだろう。立法府、および行政府から独立した、憲法の解釈にあたる裁判所を樹立する必要性があると思うが？」

ケーディス大佐「ところで、プール君。君の書いた第六条では、宮中に二名の内大臣、一名の国璽《こくじ》尚書、一名の宮内大臣の計四名の宮内官を置くことになっているが、これには反対だ。

この条文は、国会や国民に対してではなく、天皇に仕える、つまり天皇に対して責任を負う非立憲的な官吏が存在することを正式に認めることになる。そればかりか自由主義的な憲法のもとでは、事務官的な仕事以上の任務を行なうことがありえない官吏、つまりただの事務官を高い地位に置くという間違いをおかすことになる。これにはとても賛成はできない」

ラウエル中佐「確かに、この条文があると、国会はこれらの官吏を養うための予算を承認する義務も負うことになる……」

プール少尉「この条項は、天皇の側近にいる官吏を厳しく制限するつもりで設けたものです。これ以上、宮内官が新しく増やされたりすることに憲法上の制約を設けるべきだと考えたのです。確かに木戸内大臣の果たした役割などを見ると、天皇の威光を利用できる存在ではありますが……」

結果的にこの第六条は全面カットの決断を下される。プール氏の四種類の草稿の第一稿には、プール氏本人のしっかりした筆跡で、追加した部分、変更した部分、書き直した部分が書かれており、カットした条項には、きっちり線が引かれている。

運営委員会の訂正は、まだまだ続く、

ケーディス大佐「プール少尉の草案によると、皇室に対する費用が予算から支出されることを義務づけているが、皇室の費用に関する規定は財政に関する章におこう。天皇に関する章では、むしろ国会の事前の決議がない限り、皇位は金銭や財産を受け取ったり、支出する権限をまったく有していない点を強調すべきだ」

第一稿の原稿には、その皇室の財政に関する訂正のあとも残されている。プール氏の原案では、

〈皇室は、国会が決定した皇室典範によって運営され、その費用は国家予算に含まれる。〉

となっている。天皇の馬車行列を知っているプール氏には、〈reign〉という単語を持ってきたことからもわかるように、日本国民の上に座る天皇の立場を配慮しているところが

ある。しかしケーディス大佐は、ＳＷＮＣＣ—２２８の立場を守って、国民がいつでも天皇を必要としない意思決定が出来るよう、訂正を加えている。原稿は線で消されて、第二稿の、

〈国会の決議がない限り、皇位に対し金銭その他の財産を与え、または皇位が支出を行なうことはできない。〉

という文言が、プール氏によって万年筆で書き込まれている。

実に従順に上官の命令に従っているように見えるプール少尉とネルソン中尉だが、憲法改正に関する規定については、猛然と反発する。エラマン女史が克明にメモしているこのくだりは、日本の当時の民主化の状況を反映していてなかなか面白い。発言の主は、おそらくケーディス大佐。

「（この草案の中で）国民の（憲法）改正権について厳重な制限がついている点——一九五五年までは憲法の改正を一切許さないこと、改正については、国会の三分の二以上の提案がなければ発議されず、国会の四分の三以上の多数を得ねば承認されないこと——には反対だ。これは理論的には、後世の国民の自由意思を奪うことになる。また、憲法を保護するためにこのような制限をするのはよくないと思う」

プール及びネルソン「私たちの考え方を言いますと、第一に日本国民には、まだ民主主義の運用ができないと思います。しかも我々は、今なお神がかり的（ミステリアス）な考え方をする国民のために民主主義的な憲法を起草するという立場に置かれています。です

から、一〇年間改正を禁止することにすれば、日本国民が新しく獲得した民主主義を学んでいる間に、自分たちで自主的に運用する技術を失ってしまうことを防ぐことができます。一九五五年以降になれば、国会の特別議会を召集して憲法改正について検討でき、そして、このような特別議会は、その後も一〇年ごとに開かれるとしています。また、憲法改正の提案と承認を、三分の二と四分の三という高率の賛成が必要であるとした点は、単に多数派というだけの勢力による政治的気まぐれで、憲法が改正されることをなくすためであります」

プール氏は、この情景もよく記憶している。どうも激論だったようだ。大佐と少尉の間で、なおかつ法律の専門家と門外漢の間でも、フランクに言葉を投げ合っていること、しかも、それを記録にとっておいて、発表までするアメリカの民主的体質には、敬服させられる。

「この記録は、百パーセント正確じゃありませんがね。日本人は、〈いまなお神がかり的〈ミステリアス〉な考え方をする国民〉……ミステリアスなんて言葉、どこから引っ張ってきたのだろう？

たしかに日本が民主主義化していくかどうかは未知数でした。今から振り返ると、そのような心配は不要だったかも知れませんがね。逆に考えると、日本人はこの日本国憲法を行使することによって、確かに民主的プロセスを理解したと思います。歴史が、私たちが日本国民の民主的プロセスの理解について抱いていたあらゆる不安を越えさせたと思いま

すね」（プール氏）

ケーディス氏も、この問題については、やはりエラマン・メモは正確でないという。

「憲法改正のための発議を定数の三分の二以上とすること、そして議決を四分の三以上という高率に設定するというのは、後世の歴史まで制限するので、私はこの記録にあるよりも、もっと強く反対しました。このエラマン・メモは、記録文書をチェックするという公式記録のための手続きを踏んでいませんので、正確とは言えません。

エラマン・メモの基本的な骨組みは正確ですから、今となっては非常に価値があります。しかし、これがすべてという訳ではありません。

確か四分の三という部分は、カットした記憶があります」

ケーディス氏には、一九九三年の来日時も含めて前後四回のインタビューをしているが、エラマン・メモの記録性と信頼性については、一九九四年九月に聞いた話である。半世紀近く経過した今となっては、どちらが正確かなどと軽々には言えないが、密室の状況を活写する唯一の記録であるだけに、ケーディス氏の記憶とのずれや、欠落している部分が非常に気になる。

憲法改正に関する条項についてのケーディス大佐の結論は、こんな具合になっている。

「自由主義的な憲法の起草は、責任感のある選挙民を前提にしなければならないし、また、どの世代にあっても、次の世代が憲法を改正する自由を制約する権利があるわけはない。

憲法は相当に永続性のある文書であると同時に、弾力性のある文書でなくてはならない。その改正手続きは、複雑であってはならず、簡明である必要がある」

ケーディス大佐の簡明主義は、ここでもその主張の中心になるが、彼は一〇年ごとの再検討条項も外すことを主張している。

それを受けてのハッシー中佐の発言。

「憲法改正は、国会が総議員の三分の二の賛成によって発議し、選挙民の過半数以上の賛成によって承認されるものとしてはどうだろうか？」

この結論が現行憲法の原型になるが、このように憲法改正の条件について厳しく論争されたことは、基本的人権の本質をのべた現行憲法の第九七条の存在とあわせて、プール氏も感じていた日本人の民主主義の理解度に対する不安を運営委員会も持っていたことを匂わせる。

この天皇小委員会と、運営委員会との会合は、小委員会と運営委員会の間で持たれた最初の会議であり、しかも天皇の地位を定義づけるという重要な議題だったこともあって、実に長い時間をかけたと、プール氏は記憶している。

その他、この会議では、条約締結権、弾劾、反逆罪、最高法規、承認などについて実に詳細に検討されている。最後に行なわれた、最高法規のありようについて論議をしている部分を紹介しておこう。

議論は、ネルソン中尉の提案からはじまる。

「少数意見かも知れませんが、前文か最高法規の条項に、この憲法はその主権の基礎を国民の意思だけではなく、普遍的な道徳の諸原理に置いている旨、明記しておくべきだと思います。つまり物理的な力だけでなく、道徳的高潔さが権威の源泉であることを正面から謳っておくべきではないかと考えるわけです」

それには反対だ、と直ちにケーディス大佐は応酬する。

「国の憲法に、ユニバーサル・チャーチ（普遍的教会）というような類のものを入れるべきではないと思う。というのは、憲法の効力というのは日本国民に由来するものであって、どんなものであれ、普遍的道徳に由来するものではないからだ。主権は力に基礎を置くもので、どの国もその主権を行使する権利を擁護するには力に頼らざるを得ない」

法律的立場というより、実務家としての視点がはっきりしている。これは戦争放棄を謳ったマッカーサー・ノートから、独断で「自己の安全を保持するための手段としての」という文言をカットしたのと同じ立場である。

ハッシー中佐は、反論する。

「私は、ネルソン中尉と同じ意見だ。すべての国の国民を支配する、より高い次元の法があることを――これは若干気がかりな点はあるとしても――、世界が認める傾向になってきた。つまり、こういう高い次元の法によって、戦争犯罪人裁判を行なっているのだから」

ケーディス大佐「私は、その考えに納得しない」

このやりとりは、一二日の会合でもぶりかえすが、この日の結論は、ハッシー中佐の次の言葉でしめくくられる。

「しかし、普遍的政治道徳の法則を満足すべき形で起草作業に当たる、という結論でこの場は意見を一致させておいたらどうだろうか」

第七章　二月七日（四日目）

日本政府も「松本試案」のまま上奏

運営委員会と各小委員会の間で活発に討議が行なわれた二月七日は、GHQの外でも憲法に関しての動きがあった。松本国務大臣は、この日午後二時に皇居に参内し、憲法改正試案を天皇陛下に奏上している。この改正試案は一月末から四回にわたって、閣議で松本国務大臣が閣僚に報告し、二月四日にその全条項の説明が一応終わったものだ。

しかし、この日の上奏は、政府案としてではなく、松本試案として行なわれている。翌日の朝日新聞は、「閣議決定を経ずに上奏している点について注目すべきである」と指摘している。この記事は、松本甲案乙案の内容を詳細に理解した上で書かれており、松本案の草稿を読んでいる人でなければ書けない内容のものである。たとえば、天皇について明治憲法の「神聖」を「最高地位」に変えただけで問題があるなどいくつか例をあげて松本国務大臣の独走に疑問を投じている。

日本政府案については、この日までに全文らしきものが載ったのは例の毎日新聞の二月一日の記事だけで、松本案については、新聞発表はない。記事の内容と、憲法調査会の資料にある一月三〇日の閣議のやりとりとを見比べてみると、この情報の出所が見える。たぶん厚生大臣だった芦田均《あしだひとし》か楢橋渡《ならはしわたる》書記官長から取材したものだろう。

いずれにしろ、この日奏上した理由は、松本案を翌日の二月八日に正式に民政局に提出する必要上、進捗《しんちょく》状況を天皇に報告しておく必要があると考えたからだろう。何もかも、総司令部の内諾がなければ決定できないのが、当時の日本政府であった。閣議決定しようにも、総司令部の考え方がわからない以上、政府案は交渉の叩《たた》き台としての意味しかもたない。そこで幣原《しではら》首相も、松本国務大臣も、試案のまま上奏するという手続きをとったと思われる。

こと憲法改正に関する新聞記事は、このあとGHQ草案を発表した三月六日の政府の憲法改正要綱までまったく現れない。読者も記者も、この間にあったドラマは、もちろん知る由もない。

司法権の独立と権限でもめる

司法に関する小委員会は、運営委員会のラウエル中佐が責任者で、ハッシー中佐がスタッフという構成だった。したがって、運営委員会と小委員会との会合は、運営委員会の三人が二つにわかれて折衝する形になった。

『日本政治の再編成』にも指摘されているが、この司法小委員会の第一稿で一番問題になったのは、司法権があまりにも大きな権限を与えられていることにあった。

〈第五七条　強力で独立の司法部は、国民の権利の防塁であるから、すべて日本の司法権は、最高裁判所および国会が時宜により設置する下級裁判所に属せしめられる。特別裁判所を設けてはならないし、行政府の機関に終局的司法権を与えてはならない。すべての裁判官は、その良心に従い独立してその職権を行い、この憲法およびこの憲法に従って制定された法律によってのみ拘束される。最高裁判所は、訴訟に関する手続き、弁護士資格賦与、裁判所の内部規律、司法事務処理および司法権を自由に行使するのに関係があると認めるのが相当なその他の事項について、規則を定める権限を有する。検察官は、裁判所の成員であり、裁判所の規則制定権に服さなければならない。最高裁判所は、下級裁判所に関する規則を定める権限を、下級裁判所に委任することができる。〔裁判官に対する〕懲戒処分を行政機関が行うことは出来ず、〔裁判官の〕罷免は、公の弾劾による場合に限られる。〉（傍点著者）（『日本国憲法制定の過程』）

この司法についての草案は、仮につけられた条項番号五七条から六一条までの五条項のものが数種ある。最初のものは、括弧つきでクエスチョンマークが入ったりしており、条文はこんな風に試行錯誤されてできていったのだなということがよくわかる。最終のGHQ案は、この五条項が八条項にわかれるが、最初の草稿の各条項はおそろしいほど長く詳しい。

例によって、エラマン女史の記録をもとにして、どんな理由から変わったのか、会合の模様を雰囲気も含めて再現してみよう。

ケーディス大佐「原案のような性格の最高裁判所だと、政府の他のすべての部門を支配する〈司法的寡頭制〉が出来上がる可能性があるように思えるがどうかね？　というのは、裁判官は終身官として任命され、司法部自身の規律以外の一切の規律から独立している。また、もろもろの行政的裁判所は禁止され、かつ最高裁判所に最高の規則制定権が与えられているからだが……」

ラウエル中佐「これまでの日本の裁判所は、威厳もなかったし、独立もしていなかったんですよ。裁判所は検察の道具だったとも言えます。裁判官の昇進は、警察の意向に従順であるか否かによって左右された。だから裁判所の権限は、これまでの無力な立場を補うために、意識的に高くしたんです。

この憲法では、国会の権限は非常に強化されたし、独立性を与えられた司法部が、国会の権力を侵すということはないと思います。〈司法的寡頭制〉によって憲法が曲げられるということは、起こりそうもありません。その理由は、国会に、権利章典にある規定に関する判決以外の一切の判決を審査する権限が与えられているからです」

憲法草案を書いた民政局のメンバーに一貫しているのは、日本の旧体制の復活を非常に恐れていることだ。その歯止めのための言葉を書き込んでおかないといけないという思いが、この長文の条項にも、内容の討議にも現れている。

運営委員会の三人は、民政局の中でも進歩的な思想の持ち主だったが、常にケーディス大佐が保守的立場に回って、ハッシー、ラウエルが攻撃側に回って議論している。

この司法小委員会の草案で、非常に面白い内容の条項がある。

〈第六〇条　最高裁判所は、終審裁判所である。法律、命令、規則または処分の合憲性が問題となった場合に、最高裁判所の判決が第（三）章（人権条項）のもとで生じた事件または、同章に関連する事件についてなされたものであるときは、その判決は最終的である。しかし、法律、命令、規則または処分の合憲性が問題になった場合で、最高裁判所の判決がそれ以外の事件についてなされたものであるときは、その判決は、国民の審査に服する。審査の対象になった最高裁判所の判決は、国会の総議員の三分の二以上の賛成投票があったときに限り、くつがえされる。国会は、最高裁判所の判決の審査の手続きについての規則を定めるものとする。〉（以下略）（同前）

つまり、まず人権条項に関しての最高裁判所の判決は最終的であるとしている。旧憲法では、すべて人権は法律の範囲内でという制限があったが、GHQ草案では、人権は本来制限すべきでないという考え方で一貫している。公共の福祉に反しない限り、どんな法律ができても、人権は最高裁判所によって守られるということだ。

そして、それ以外の法律や処分に対して合憲性が問題になった時は、国会の審査に待つとされている。しかも三分の二の賛成が得られれば判決がひっくりかえるということになっていた。どこまでも国会が、最高機関であることを貫いているのである。

しかし最高裁判所の違憲審査権について述べたこの部分は、GHQ草案の段階まで生きていたが、日本側の手に渡ってカットされることになる。

違憲審査権については、のちに日米安保条約に関する判断（昭和三十四年）とか、衆議院の解散権に関する適用（昭和三十五年）などで、大きな話題になったが、この会合の議事録には、残念ながらそのような問題は出てこない。アメリカでは、議論するまでもない極めて常識的な事柄であったからかも知れない。

一目も二目も置かれた財政小委員会

財政に関する小委員会のメンバーは、のちにケーディス大佐のあとをおそって民政局次長になり、ホイットニーが去ったあと民政局長まで登りつめるフランク・リゾー大尉一人だった。リゾー大尉は、朝鮮戦争開始後のマッカーサー元帥時代と、リッジウェイ将軍時代になってからも、民政局を支えた人物である。戦後も、ビジネスで日米両国の架け橋的役割を果たし、日本政府から勲一等瑞宝章《ずいほうしょう》を受けているほどの人だったが、つい最近亡くなっている。

「彼は、経済の専門家でしたし大変有能でした。ですから、財政については、一人で担当してもらいました。そのことでは苦労をさせてしまいました」

ケーディス氏とは、チャック（ケーディス氏の愛称）、フランクと呼びあうほど仲がよかった。

ケーディス大佐以下運営委員会のメンバーは、階級こそ大尉で下だが、年齢も上だった

リゾー氏の見識には、一目も二目も置いていたことが、会合の記録から読みとれる。

ケーディス大佐「原案の第五条では、国会はその年度に見込まれた歳入を越える額の歳出を認めてはならないとしている。これでは、公共事業につきものの長期計画は不可能になるから、この制限は賢明かどうか疑問がある。こういう計画の総資金は、一年の歳入と借入金でまかなうのは不可能で、国会は、初年度の支出を認めるほか、年度を越えて継続して資金の支出計画を立てるべきだと思うがどうだろうか？」

リゾー大尉「それは原案にあるように、国会には予算の削減、追加の権限がある。つまり国会は、毎年の予算を批判的に検討することが可能でなければなりません。国会は、歳出ばかりでなく、歳入の面からの要請も考えないといけないし、ある年の国会が、それ以降の国会による支出を約束する権限を持つのは、よくないと思いますが……」

このやり取りのあと、運営委員会はさっさと意見を撤回し、「原案通りに承認した」とエラマン女史は書いている。

この財政に関する草案で特徴的なのは、各条項がほとんど明治憲法と対応することであ

る。二月四日に打ち合わせた、形式は明治憲法にならうという申合せに見事なまでに忠実だが、中には明治憲法の条項を英訳しただけというものすら見える。

明治憲法の条項からカットされたもので目につくのは、

〈憲法上ノ大権ニ基ツケル既定ノ歳出及法律ノ結果ニ由リ、又ハ法律上政府ノ義務ニ属スル歳出ハ政府ノ同意ナクシテ帝国議会之ヲ廃除シ又ハ削減スルコトヲ得ス〉

という、戦前の日本人が、あの膨大な陸海軍の軍事費に悩まされ続けるもととなった第六十七条だけであった。

民主主義国家の根幹にふれない部分だからか、ケーディス大佐がリゾー大尉の識見に敬意を表したためか、財政小委員会との会合はきわめて短い時間で終わったようである。

議論が沸騰した行政小委員会

この日のしんがりは、行政小委員会との会合であった。議論が沸騰して、二日間にわたって大激論になった会合だが、初日の記録を見る限り、波瀾《はらん》の幕開けではなかったようだ。リーダーのピーク博士は、小委員会の責任者としては唯一の民間人であり、階級を気にしなくてもよい立場だったので、ホイットニー将軍とも直接会話を交わしたりしていた。したがって行政小委員会は、他の小委員会とは少し雰囲気が違っていたようだ。ピーク氏は中国史が専攻で、漢字が読めたほどの東洋通。明《みん》朝の研究で、すでにこのころ学界では高い評価を受けており、日本占領の民政の知恵袋として民政局に呼ばれていた。

もう一人のメンバーであるエスマン中尉にしても、軍人は仮の姿で、ヨーロッパ近代政治史の研究家としてすでに頭角を現していた。まあ少壮学者といった趣きが強かったようだ。(もう一人のメンバーであるミラ氏のことは、よくわかっていない。)

「皆アメリカへの忠誠心が強く、すべてがアメリカ的見解で作業が進むなかで、唯一エスマンだけが、政治学者的な考えを持っていました。イギリス、アメリカ憲法についても知識があって、そのような異なった体制を日本に導入するのは無理だという見解の持ち主でした」(マクネリー教授)

マクネリー教授も、ピーク、エスマン両氏にはきわめて高い評価を与えている。行政小委員会の書いた原案は第二九条から第三四条のわずか六条項。これがGHQ草案では第六〇条から第六七条の八条項になる。

「蠟山《ろうやま》先生のところから借りて来た資料を使って一生懸命に勉強しました。でも、夜遅くまで頑張ったというほど重労働ではありませんでした。適当な時間に司令部を出て銀座などにも出かけましたよ」(エスマン氏)

人権小委員会が、完成した日本国憲法で三一カ条になるほどの膨大な条項を書いたのに比べると、作業の絶対量の差がこんな印象を残しているのかも知れない。問題になった原案をみておこう。

〈第二九条　行政権は、内閣に属する。内閣は、その首長たる内閣総理大臣および、国

会の認めるその他の国務大臣で組織する。内閣は、行政権の行使について、
国会に対し連帯して責任を負う。

第三〇条　天皇は、国会の指名した者を内閣総理大臣に任命する。
内閣総理大臣は、国会の助言と同意をえて、国務大臣を任命する。
内閣総理大臣は、任意に大臣を罷免することができる。
内閣総理大臣が欠けたとき、または新しい国会が召集されたときは、内閣は総辞職し、新しい内閣総理大臣が指名されるものとする。新しい内閣総理大臣の指名があるまでは、内閣は引き続きその職務を行う。〉

これは運営委員会との会合のあとにまとめられた文案だが、その前段階の書き込みがされた草案がいくつかある。行政権に関する条項は、最初の段階では一一条項あった。会議はその草稿をみて進められている。

まずハッシー中佐の反対意見からはじまる。

「〈内閣総理大臣は、天皇によって指名される〉という文章だが、これは内閣総理大臣の任命について、天皇の手に裁量権があって委《ゆだ》ねられているという意味になるのではないだろうか？」

ケーディス大佐が答える。

「天皇については、天皇の有する一切の権限を厳重に制限しておくこと、天皇は装飾的機

能のみを有することを、疑いの余地のないよう明白にしておくという大前提があるから、この文章は、こういうふうにしたらどうだろうか？〈天皇は、国会の指名した者を内閣総理大臣に任命する。〉

この条項は、天皇条項に入れることにしよう」

この会合の段階で注目されるのは、内閣総理大臣が国務大臣を選任するのに、国会の助言と同意が必要という部分である。

はじめのころの草案には、こんな箇所があった。

〈内閣は、常に文民の内閣総理大臣、国務大臣、無任所大臣によって構成されなければならない。閣僚は、そうした内閣の長と、時に応じて設立された立法府の代表と行政府によって選ばれなければならない。〉

ラウエル中佐「閣僚の任命については、国会の内閣に対するコントロールを強化する必要があると思います。〈国務大臣は、国会が承認した特定の地位以外には、任命され得ない〉とすべきではないでしょうか？　つまり、国会がある人物を郵政大臣に任命することを承認した時、その人物を外務大臣につけるには、再度国会の承認が必要ということです」

この議論の結論として、「内閣総理大臣に閣僚の罷免権が与えられ、これによって内閣総理大臣は、適度の行政権を有することになった……」とエラマン女史のメモは結んでいる。

このやりとりとは別に、この第一稿に閣僚はシビリアン（文民）に限ると定めた「文民条項」が入っていることに注意を引かれる。これがのちに、「戦争を放棄し、武力を持たない国に武官はいない」ということで消え、紆余《うよ》曲折を経て復活する経緯は、もう少し後で説明しよう。

もうひとつ大事なことが、この会議のラウエルの発言にある。

「国会が開かれていない間に行政権が濫用されることを避ける必要上、憲法の規定を実施するために政令および規則を制定することができるという内閣の権限を、制約するような規定を置くべきだと思います。つまり〈このような特別な状況下で生まれた政令または規則には、罰則を設けてはならない〉というように……」

これは運営委員会が、内閣総理大臣が行政府の中で優越的な地位をもつことよりも、内閣が連帯責任を負うことを強調した方がよい、という意見を出したところから議論が始まった。そして、その上内閣総理大臣が権限を濫用することを防止するため、〈内閣総理大臣は、内閣に代わって法律案を提出する……〉という条文を置くと決めたところで、さらに規制が必要だという意見を出している。

ラウエルは、明治憲法下で、緊急勅令によって議会が有名無実になっていったことを、学んでいたのだろう。

私たちが、なんとなく見過ごしてしまう条文にも、さまざまな試行錯誤があって、なじみのある文章に近づいていく姿が見えてくる。

行政権小委員会との会合は、時間切れでこの日は終わっている。議論がどこまで行ったかは、当事者もはっきり記憶していない。翌日の激論の記憶が強すぎたからだ。

第八章　二月八日（五日目）

日本に縁の深かった執筆者たち

民政局のメンバーは、階級によって第一生命ビルの周辺の焼け残ったホテルに分宿していた。ホイットニー准将ら将官たちの宿舎は帝国ホテル、ケーディス大佐、ハッシー中佐、ラウエル中佐らの佐官クラスは新橋の第一ホテル、ハウギ中尉やプール少尉らの下級将校は有楽ホテルだった。

ルース・エラマンやベアテ・シロタの女性組は、神田会館が宿舎になっていた。朝、宿舎にピック・アップにくるジープに分乗して総司令部に出勤していたが、ジープに余裕がないときは、ほとんど歩いて通った。

憲法草案を書いている期間中は、朝七時半に神田会館を出て八時から仕事、昼に宿舎に戻って三〇分ほどで食事をして、また第一生命ビルに戻る。夕御飯を食べに六時半ころにまた宿舎に帰って、その後再び仕事に戻り、一〇時、一一時まで書く。こういったペースの生活になった。宿舎への往復の時間がもったいなくて仕方がなかったという。

都電は走っていたが、空襲で焼けたため数が少なくなり、二〇分とか三〇分にやっと一台くる程度だった。しかも、超満員で前や後ろの排障器《カウ・キャッチャー》にも人が乗っていた。英語でオフリミットと書かれた札がぶら下がっていて、進駐軍の兵隊は乗ってはいけないことになっていた。

日本語が堪能《たんのう》なベアテは、電車に時々乗った。当時省線電車といった山手線《やまのて》にも乗ったが、満員で押し合いへし合いすると必ずシラミがうつった。それは、当時軽井沢に住んでいた両親のレオ・シロタ夫妻に会いに行くときも同じで、席に座ると必ずかゆくなった。

彼女が連合軍の要員を志願してまで日本に来た理由は、両親に会いたい一心だった。両親と最後に別れたのは、真珠湾攻撃のほんの三週間ほど前だった。娘に会いにはるばるアメリカまで来た親たちは、最後の引揚船になった日本郵船の大洋丸で日本に帰っていったのだ。ベアテは、懸命に引き止めたが、レオ・シロタの「私には、日本に音楽を教える生徒がいる」という言葉には勝てなかった。

一二月二四日、クリスマスイブの日に日本に来たベアテは、両親の居所がわからなかった。ある日、ケーディス大佐の宿舎である第一ホテルのフロントで、ベル・ボーイの会話を耳にする。

「昨日のレオ・シロタのピアノはすばらしかったね。あの人は元気だったんだね」

ラジオで父が演奏していたという話であった。すぐに、内幸町にあった東京中央放送局に電話した。するとレオ・シロタはもう軽井沢へ帰ったということだった。彼女は後を追って軽井沢に向かった。まだ蒸気機関車だった列車の中で駆け足したくなる思いで、雪がいっぱいの軽井沢駅につくと、あの沢辺ミヨさんが待っていた。

「お父さまは、貴女《あなた》に会いにトンボ帰りして、たった今お出かけになりました」

沢辺ミヨさん（中央）とベアテ・シロタ（右）

　そして、東京駅で涙の対面をする。その足でまた軽井沢へ戻った。

「涙ばかり出て、両親の顔がちゃんと見えませんでした。父は、骨と皮ばっかり。母は、栄養失調で逆にむくんでいて、少し肥《ふと》ったように見えました。食べるものがほとんどなく、戦争中は特高警察に監視されて買い出しにも行けなかったんですね。

　ボーイフレンドの一人にその話をしたら、彼はトラックに食料品を積んで軽井沢へ行こうといってくれました」

　それから何度か満員列車に乗って、食料を運んだ。その「運び屋」の仕事は、この憲法の仕事にかかってプッツリ途絶えてしまっていた。電話をしたくても、当時の市外電話は、申し込んで三時間も四時間もかかってやっとつながるという具合だったからどうしようもなかった。

「その買い出し列車の人たちも、お母さんたちが多かったですね。みんな必死に生きていました。まだ息子が戦地から帰っていない。消息もない……という話を列車の中で聞きました」

黙って座っていても日本語の会話が耳に入るベアテは、戦争が家庭を破壊し、女性を、そして母を悲しませている事実をいやというほど知る。そればかりか、アウシュビッツに代表されるユダヤ人虐待の真相も、ＷＶＴＲ（進駐軍放送）から知る。

草案作成の期間中、民政局の大部屋の大きな扉は固く閉ざされ、見張り役の兵士が何気ない顔で立っていた。

この日の朝、ベアテが横の入口から回って部屋に入ると、ロウスト中佐とワイルズ博士が、手書きの原稿に添削をしている。昨夜はどうやら徹夜だったらしい。その横で、ファーガスン嬢がタイプで清書している。ダブル・スペースで三部コピーをとるという指定どおりの原稿を仕上げているのだ。

とりあえず、人権条項だけの仮のナンバーをつけた条項が出来ていく。ところが、原稿が出来上がったところで、また添削が入るのでなかなか捗《はかど》らない。ベアテはタイプは得意なので、一応自分の書いたところは打ち上げていた。しかし、仮ナンバーで第一八条から始まる自分の受け持ちを、すべての完成原稿に書き込まなくてはならない。

「これが、その時の原稿です。運営委員会との会議の書き込みがありますけど、正真正銘のその時のものです。気持ちは急ぐし、同じ部屋の朝鮮部の人たちの大声の電話が、とてもうるさかったのを覚えています。無線電話ですから全部聞こえるんです」

締切り日を丸一日遅れてもまだ完成しない。しかし救いは、運営委員会との会議の予定が、エスマン中尉のいた行政小委員会が運営委員会ともめていたために、のびのびになっていたことだった。

大紛糾した行政小委員会との会議

二月八日は、朝一番から行政小委員会と運営委員会との会議が紛糾した。この論争は前日から始まっていた節もあるが、そのところはよくわからない。

ことの起こりは内閣総理大臣の任命と権限の問題について、若いエスマン中尉が独自の意見を強く主張したからである。議論はエスマン中尉とジェイコブ・ミラの書いた「内閣総理大臣は、天皇によって指名される」という条文が、天皇に裁量権が委《ゆだ》ねられているのは問題だとして、「天皇は、国会が指名した者を内閣総理大臣に任命する」と改められて天皇の章に入れられることが決まったところから始まった。

エラマン女史のメモから写実的に再現し、わかりやすく追跡していこう。

エスマン中尉「私たちが書いた原案を運営委員会が修正したことに対して、反対意見を言わせて下さい。

内閣総理大臣は、政党政治の上にある権威によって任命さるべきであり、それ故に天皇によって任命さるべきであると考えます。それは次のようなケースを考えた場合、どうなるかということです。

つまり、国会が多数の小政党から成り、その間には妥協できぬほどの相違があり、どの党も明確な多数を確保できないことが予想される時です。こういう状況のもとでは、内閣総理大臣の選任が、数週間にわたる論争のあとの妥協的な選択という以上のものにはなりません。したがって妥協の産物となるために、内閣総理大臣が内閣の政策に対する国会の支持を長期間保つことは難しくなります。

一方、天皇ならば、多数の支持を得られる者を短い日時で総理大臣に選任することが期待できます。ですから天皇に任命権を与えれば、政治の空白の発生を防止できます」

ラウエル中佐「天皇によって内閣総理大臣が選任されることは、ＳＷＮＣＣ―２２８に反することになるが、どうかね」

ケーディス大佐「こういうケースもあるのではないかね、エスマン中尉。国会が、天皇が最初に指名した人物を拒否し、二回目以降の指名も拒否することもあり得る。また、天皇が、内閣総理大臣任命についての裁量権を、国会抜きで国政を運用するための手段として利用するかも知れない。いずれにしろ、国会が内閣総理大臣の任命をするという手続きの能率の悪さの方が、天皇とその側近に裁量権を与える危険よりましだと思うがね」

エスマン中尉「もう一点、行政権は、合議体としての内閣にではなく、内閣の長としての内閣総理大臣に属する旨、明確にすべきだと考えます。内閣総理大臣に閣僚を自由に任

現在のミルトン・エスマン氏

命する権限を与えておきながら、行政権は内閣に属すると定義するのは矛盾だと思いますが……」

ラウエル中佐「でも、SWNCC—228で行政府と呼ばれているのは、内閣総理大臣ではなく内閣となっているよ」

ケーディス大佐「行政権の中でどこにも属さない権能は、内閣総理大臣に属すとしてはどうかね。したがってこの章の最初の条文はこんな風になる。〈行政権は、内閣の長としての内閣総理大臣に属する〉」

エスマン中尉「国家の内部が混乱した時には、絶対に強力な行政府が必要なことは、歴史が事実として証明しています。なかなか理解いただけないので、文書にして提出させていただきます」

その意見書も保存されている。

しかし、意見書を一読しただけでは、その内容を理解することは難しい。そもそもエスマン中尉は、この時すでに、ヨーロッパ政治史では一家をなしていた学者だった。

　現在、エスマン氏はコーネル大学の名誉教授として、ほとんど毎日研究室に顔を出していて、まことに元気で執筆に精を出している。資料を持参して、この論争を中心にしつこく聞いた。

「この時のことは、よく覚えています。私が、内閣総理大臣に強い権力を持たせることを主張したのは、一九三〇年代のヨーロッパの政治について、他の人たちよりよく知っていたからです。というのも、私はこの時点の少し前まで、比較政治論の研究をしていたのです。

（私が心配したような点は）第一次世界大戦後のフランスで、実際起こったことですし、困った事態になったのです。これは歴史が教えていることです。

　しかし、私の同僚たちは、ここにも書いてある通り、納得してくれませんでした。彼らは、強い立法府とそれに依存した行政府がいいと考えていました。私は彼らを説得できませんでした……」


エスマン中尉に休暇を命ずる……

「その頃、ある面白いことがありました。私の上司にあたる将校の間では、私がうるさい厄介な存在になり始めていたのですね。この種の議論をして時間を費やし、作業を長引かせることを心配する人が出てきました。つまり、憲法の草案を短期間で仕上げねばならないのに、協力的でない人間がいると困るわけです。それで、その時島流しにあったのですよ。たしか日光に行かされました。五日ほど骨休めしてこいと、お膳《ぜん》立てされてね。その間にどんどん作業が進んで、この部分（行政権に関する草案）のほとんどができていました。

ですから私個人の経験で言えば、ブラック・ホールがあったようなもので、最初の二〜三日と、最後の二〜三日を除いては、物理的に現場にいなかったのです」

この話を聞いて、思わず驚きの声をあげてしまった。寒い二月に日光見物に行かされて、凍った滝を見て、温泉につかっていたというのだから、GHQ憲法裏話としては、最高傑作のエピソードだ。

「たしか、民政局の管理職のロビンソン大佐から、単純明快に言い渡されました。簡単に言えばクビになったのですよ。主流派の方針に背いていたから……。でも、時間があれば、私の意見にも耳を傾けてくれたと思いますよ」

ケーディス大佐もエスマン中尉には、よほど困らされたようだ。

「彼は、殺人的な仕事をしている運営委員会の部屋へ来て、〈ねえ大佐！〉と議論をしかけてくるのです。それも、たびたびですから、草案の執筆がストップして困りました。そこで、一時的に遠ざけたのです。彼の意見自体は、傾聴に値すべきものでしたがね」

軍の組織にしては、エスマン中尉の識見に敬意を表して見事な配慮というか、大岡裁き的処置をしたわけだが、実はこの内閣総理大臣の権限をめぐる問題は、今日までも日本国憲法の欠陥部分として尾を引いている事柄なのである。

提出した反対意見書の解説を、エスマン博士から直接聞いた。

「内閣総理大臣に解散権がないと、たとえば、提出された法案が国会で内閣にとって好意的な扱いを受けなかった場合、解散して民意を問おうとしても権限がありません。こういう権能が認められないと、内閣制度の運用を極めて危うくするのです。つまり、行政府は国会と意見が一致しない時に、駆け引きがまったくできないので、辞職せざるを得なくなります。これは、第一次大戦後にフランスにあったことで、その悪い面の再現になるわけです。

そうでなければ、国会が法案を拒否する一方で、力のない総理大臣は地位にしがみつくという事態を招き、立法府と行政府との信頼関係がなくなり、暗礁に乗りあげてしまうという結果につながります」

エスマン博士は持参した資料をほとんど見ることなく、学生に教えるように話す。ひょっとすると、その後の大学の講義でも取り上げていたのかも知れない。

「たしかに、内閣総理大臣が解散権を濫用する危険はあります。しかし、その恐れはないだろうというのが私の考えでした。というのは、解散ばかり繰り返していると、立法府の継続性がなくなり、ひいては総理の地位も危なくなるからです。

一方、この草案のような制度をとった場合には、国会はやたらに不信任案を提出する必要がなくなります。任期を縮めるという危険を冒さなくとも、他の方法で政府の政策を拒否することができるからです。

あの戦後のような難しい状況の中で、沢山の懸案を抱えた政府は、強力でかつ責任を負うための力が必要です。もちろん草案にも、そのことは書かれています。しかし、政府が行政力を発揮できるかどうかは、国会をどう切り抜けるかにかかっています。

国会議員は、政治的、地域的、経済的な代表で構成されていますから、自己主張ばかりが優先して、無責任になる可能性が高い集団になります。その時、解散権でおどすことによって責任ある行政府を確保できる……とまあ、こう書いたわけです」

当時、日本の国会議員の資質は、未知数だった。ひどく右翼的な人物が数多く出てきたり、地域や、ある業種の利益代表がスクラムを組んだ場合、民主主義の運営に未経験だった日本にとって、重大な試練に立ち向かわなくてはならなくなる。

法律の素人である私などは、エスマン氏の話を聞いていると、総理大臣の解散権については、「そりゃあそうだ」と納得させられてしまう。（天皇に内閣総理大臣の任命権を与えてしまうという点については、同意できない。）

現実的には、昭和二十八年に吉田首相が抜き打ちで行なった有名な「バカヤロー解散」がきっかけとなって、七条解散という形で、エスマン氏の主張通り、内閣総理大臣に解散権を与えるという事実上の運用がなされている。現行憲法第七条の「天皇は、内閣の助言と承認により、国民のために、左の国事に関する行為を行ふ。（略）三 衆議院を解散すること（略）」という条項がその根拠だが、これはＧＨＱ草案の第六条ほぼそのままの条文だ。

不思議なことに、国会法その他をみても、どこにも内閣総理大臣に解散権を与えるということは書かれていない。考えようによっては、天皇に対する我々の助言と承認だと称すれば、七条を根拠としてなんでもできそうな感じさえする。エスマン氏の意見とは違う方向だが、明治憲法の統帥権を拡大解釈した軍部の危険性と同類の運用をしていることは、大いに気がかりである。内閣総理大臣の最大の権限とも言われる七条解散について、かつて保利茂衆議院議長が問題提起をしたこともあるが、「君主制的民主国家」を誕生させた時に、深く考えておかなければならなかった事柄が、憲法の条文の行間にもっとあるのかも知れない。

人権小委員会の人権闘争

人権小委員会の担当した仕事は、近代憲法の骨格をなす部分だ。人間社会の普遍的なモラルのありようを定義づけるための草案なだけに、膨大な原稿が出来上がった。しかも書き手が、凝り性で、完璧《かんぺき》主義者で、頑固で、個性的で、といくつも形容詞がつくような三人組だったために、締切り日を目前にひかえて間に合わなくなりそうになってしまった。第一稿の締切り日から一日遅れで、運営委員会との会議がはじまり、こちらも行政小委員会に負けず、二日がかりのマラソン会議になった。

この推移は、ベアテ・シロタ・ゴードンさんとケーディス氏と証言者が二人もいるので、その状況は、エラマン・メモと合わせると様子がよくわかる。関連資料も膨大にある。興味深い部分を選んで再現して行こう。

前述の行政小委員会とのやりとりで、会議室にいまだ余韻が残っているところへ、三人組が呼び入れられた。ベアテは、山盛りになった灰皿やコーヒー・カップを片づけた。部屋の空気を入れかえたかったが、短い時間扉をあけただけで、煙草の煙を全部追い出すことはできなかった。

この会議も最初から激しい議論で始まった。

ハッシー中佐「人権の章の原案第二条だが、〈この憲法に列記されていない権利は、国民に留保されている〉としているのは反対だね。残された権能も国会にあるべきだ。国民が彼ら自身が創設した国会に反した権利をもつということはありえない。そもそも、この憲法は他の条文で、国会を通して行使される国民の意思が最高である、としているが、どうかね？」

人権小委員会の草案の第一稿らしきものは、数種類あって、ハッシー中佐の言う原稿がどれかはよくわからない。(一番最初のものと思われる草案の第二条は、〈憲法によって定められた自由と権利、機会は、他人によって侵されない〉という簡単なものだった。)

しかし、この会議の結果、第二条はこんなふうに変わる。

〈第二条　この憲法が日本国民と協議して保障する基本的人権は、人類の多年にわたる自由獲得の努力の結果、過去の長い時間と経験を通して、現在及び将来の国民に対して侵すことのできない、永久の権利として信託されたものである。〉

この第二条の内容は、最終的に現行憲法では、第一三条と第九七条に受け継がれている。

さらにケーディス大佐が続ける。

「第四条には、さまざまな制限が記されているが、これには反対だ。つまり、これは暗黙のうちに、この憲法の無謬《むびゅう》性を前提としている。一つの世代が、他の世代に対して、自らの問題を決する権利の否定を強要することになる。原案のままだと、権利章典（人権に関する条項）の改正は無効。つまり権利章典の変更は、革命によってしか成就されないことになる。とても賛成はできないね」

その原案の第四条に書かれていた問題の箇所。

〈第四条　この憲法の後日の改正と、将来できる法律、法令は、すべての人に保障された平等と正義、権利を廃止したり、限界をもつけることはできない。公共の福祉と民主主義、自由、正義はいかなることがあろうとも、将来の法令によって侵されない。

現行の法律は、この基本にないものがあれば、すべて無効となる。〉

ロウスト中佐「しかし現代は、ある発展段階に達しており、現在人間性に固有のものとして認められている諸々《もろもろ》の権利を、将来の世代が廃止するということは許されるべきでないと考えます。今回の憲法改正は、日本に民主政治を樹立するだけでは不十分です。今日までに人類が達成した社会および道徳の進歩を、永遠に保障すべきだという理想を掲げなくてはなりません」

ワイルズ氏「この第四条を削除すれば、日本が再びファシズムへの扉を開くことは避けられないと思いますよ」

ハッシー中佐「第四条は、政治についての意見と論理を、憲法という高次元の存在としようとするものであるだけでなく、実際的でないことをも指摘しておきたい。この条項の趣旨は、憲法に厳密に書き込んでおくというよりも、最高裁の解釈の問題だとおもうが……」

この論議は結局妥協が成立せず、ホイットニー将軍の判断を仰ぐという決定がなされている。人権条項の位置づけを、人類に普遍的な道徳として固定的に考えるか、その時代の人間がそれぞれ決定すべきものだという民主主義の原則を基本にして考えるか、これは議論しても結論がでるというものではない。しかし、人権小委員会としては、明治憲法と日本の封建社会の中で、人権がいかにないがしろにされてきたかの事実を知っているだけに、将来またよからぬリーダーが現れて時計の針を逆戻りさせることを恐れたのである。天皇小委員会のプール少尉が、ミステリアスな日本人は信用できないといって、一〇年間憲法改正をしないという草案を書いたのと同じ発想だ。

この問題は、この運営委員会と人権小委員会との会議が行なわれたのが作業も大詰めの九日だったことから最終段階まで持ち越し、結論が出ないまま、ホイットニー、マッカーサーに上げて、判断を仰ぐ形になった。

人権小委員会の討議の議事録は、克明すぎてほとんど割愛しなければならないが、その中に、やはり占領軍なのだと思わせるやりとりがある。

〈小委員会の原案の第一二条は、「大学における教育および研究の自由並びに合法的な調査研究の自由を保障する。教員の罷免権を有するのは、教育・研究専門職従事者の組織ないし協会に限られるべきである」となっていた。これに対して運営委員会は、連合国がある種の研究を厳しく制限し、ものによっては完全に禁止しようと考えていることを理由にあげて、調査研究の自由に反対した。〉（傍点著者）

これは、占領軍が上陸するやいなや、日本の原子力研究のためのサイクロトロンを破壊したり、航空機の研究と生産を停止させたことなどの一連の占領政策に関係している。

占領の本来の目的は、日本の軍国主義、侵略主義を根絶し、日本のもつ軍備、武器生産の潜在能力を完全に抹消してしまうことにあった。その上で、民主主義を移植しようという意図であった。その最高の保障が、憲法によって日本民族が全世界に対して侵略戦争を反省し、民主国家に生まれ変わったという宣言をすることにあった。つまり、自由を保障されたといえども、あくまでも「占領下の自由」でしかなかったのだ。

この会議で議論が白熱してくるのは、「自由権」についての条項と、ベアテさんが書いた「社会的権利および経済的権利」の条項に入ってからである。いつの間にか、ホイットニー民政局長も来て、いろいろ意見を述べていた。一三日までに完全な草案にするには、一〇日が日曜日だったから、九日、つまり翌日には、ほぼ完全なものにしてマッカーサーのもとに提出しなければならない。否応《いやおう》なしに意思決定を迫られるものが続出するだろうと判断して顔を出していたのである。実際にこの会議では、そうした問題がいくつも出てきた。

ベアテさんとケーディス大佐のやりとりは、半世紀近く経って、一九九三年五月に東大で行なわれた憲法学者とのシンポジウムの中でも再現された。

ベアテ・シロタ氏「私は、どうしても女性の権利と子供の保護を憲法に詳しく書いておかなければならないと思って、とても細かく書きました。特に日本社会に概念のなかった社会福祉制度、公衆衛生、教育の無償、それに養子法、幼年労働……どれもこれも大切だと思いました。ロウストとワイルズは、私の考えに賛成してくれました。しかし、運営委員会は、それを認めてくれませんでした」

ケーディス氏「私は、憲法に細かく書きすぎると改正手続きが大変なので、原則を書いておいて、細部は法律で決めたらよいということを言いました」

ベアテ・シロタ氏「その法律を決める人も男性ですから、任せておくとだめだと思ったのです。どうしても憲法に書いておかなければと主張しました」

このやりとりはシンポジウムでも、特に白熱した部分だが、運営委員会と人権小委員会との会議でも面白い言葉が飛び交っている。

ロウスト中佐「社会保障を憲法に入れることは、最近のヨーロッパ諸国の憲法では、広く認められている。日本では、このような規定を入れることは特に必要だと思う。というのは、日本では、これまで国民の福祉に国家が責任を負うという観念はなかった。この観念を一般に受け入れられるようにするには、憲法に謳っておく必要がある。

実際に、現在の日本では、父親の気まぐれによって、庶子が嫡出子に優先することもあるし、婦人は動産に等しく、米の作柄の悪いときには、農民は娘を売る事もできるのだ」

スウォープ中佐「しかし、乳幼児をかかえている母親の保護や子供を養子にすることについて、詳細な指示を憲法に織り込んでも、それを補う立法を国会が行なわない限り、事態は改善されないだろうね」

ワイルズ氏「おっしゃる通りだ。だが、我々はこれらの事項について、日本政府に確約させなければならない。これは、絶対に必要だ」

ラウエル中佐「でも、社会保障について完全な制度を設けるということは、民政局の業務ではない。もし、この規定を入れることを強く主張したら、日本政府は憲法草案を全面的に拒否するおそれもある」

ワイルズ氏「我々には日本に社会革命をもたらす責任があり、この責任を果たす一番の近道は、憲法を通じて社会の形を一変せしめることにある」

激論はとどまるところを知らず、妥協点は見出せなかった。

この応酬の中に、ベアテさんの発言はない。彼女は、討論に参加していなかったからだ。

カットされた女性の権利

「私は、私の書いたものがどんどんカットされていくので、エモーショナルになってとうとう泣いてしまいました。それは、とても悔しかったんですもの……」（ベアテ・シロタ・ゴードン氏）

「ベアテは、私の胸に顔を埋めて大きな声で泣きました。私の服の胸の所が涙で濡《ぬ》れましたよ。軍服に涙の地図ができました」（ケーディス氏）

ベアテさんの泣き声が外に漏れるのではないかと心配になったと、ケーディス氏はしぐさっきで話してくれた。かなりドラマティックな情景だったようだ。

この激論の結末は、ホイットニー民政局長が引きとって結論を出した。社会立法に関する細かな点は省略した方がよいが、社会保障制度を設けるという一般的な規定は置く方がよい……。

この裁定の結果、ベアテさんの書いた条項は、「家庭は人類社会の基礎であり……」という前出の第一八条の他は、無残にカットされた。ベアテさんの原案を現行憲法と比較すると次のようになる。

第一九条、妊婦と乳児をもつ母親は、国から守られる。必要な場合は、既婚、未婚を問わず、国から援助が受けられる。

私生児は、法的に差別を受けず、法的に認められた子供同様に、身体的、知的、社会的に発展することにおいて権利をもつ。

〔最終的にカット〕

第二〇条、養子にする場合には、その夫と妻の合意なしで、家族にすることはできない。

養子になった子供によって、家族の他のメンバーが、不利な立場になるような偏愛がおこってはならない。

長子（長男）の権利は、廃止する。

〔最終的にカット〕

第二三条、すべての公立、私立の学校では、民主主義の基本と自由と平等、正義、義務について教育することに力を入れる。

学校では、平和的に向上することを、もっとも重要として教え、常に真実を守り、科学的に証明されたことを、研究について教えなければならない。

〔最終的にカット〕

第二四条、国の公立、私立の児童は、医療、歯科、眼科の治療が無料で受けられる。

〔最終的にカット〕

第二五条、通学している児童は、賃金のため、フルタイムで雇用することはできない。

児童の搾取は、いかなる形であれ、これを禁止する。国連の組織と国際労働機関の基準によって、日本は最低の賃金を満たさないといけない。

〔最終的に、現行憲法第二七条の三項「児童は、これを酷使してはならない」となる〕

第二六条、すべての日本の成人は、生活のために仕事をする権利がある。その人に合う仕事がなければ、その人の生活に必要な、最低の生活保護が与えられる。

女性は、どのような職業にもつく権利をもつ。その権利には、政治的な地位につくことも含まれる。同じ仕事に対して、男性と同じ賃金を受ける権利をもつ。

〔「女性は」以下がカットされ、最終的に現行憲法第二七条に入る〕

第二七条、老齢年金、扶養家族手当て、未婚の母の手当て、事故保険、健康保険、傷害保険、失業保険、生命保険などの十分な社会保険システムは、法律によって与えられる。

国連の組織、国際労働機関の基準によって、最低の基準を満たさなければならない。

女性と子供、恵まれないグループの人々は、特別な保護が与えられる。

国家は、個人の責任や義務を怠ったことによる場合でないかぎり、国民を守る義務がある。

〔具体性がなくなり、簡潔な現行憲法第二五条となる〕

昭和の初期、日本の乳幼児の死亡率は非常に高かった。それが、平均寿命を四〇歳台に下げていた。その子供が成長し、学校に入るころになると、今度はトラホームで目を真っ赤にし、虫歯でほっぺたを膨らませていた。医者にかかれないばかりに、おたふく風邪で命を落とすのは、そんなにめずらしいことではなかった。

ベアテさんの話は、ひとつひとつの条項について、「こんなことは昔は普通でした。私くらいの年の人はご存じでしょう？」「だから……」と展開していく。

来日した時の講演で、大勢の女性を感激させたのは、彼女の書いた条文の中の「既婚、未婚を問わず」とか「私生児は法的に差別を受けず」「女性はどのような職業にもつく権利がある」「男性と同じ賃金を受ける権利を持つ」といった部分だ。聴衆の多くの女性が、「この意味は、男の人には通じないわね」と頷《うなず》きあっていたのが、印象に残った。事実、カットされた女性の権利は、今もって宿題として残っている。

第九章　二月九日（六日目）

寒く熱い週末

二月上旬の東京は雪がよく降った。二月八日付朝日新聞の写真入りの記事がある。

毛布をかぶって寝込む老婆「なんて冷え込むんだらう、背中も脚もくだけちまいそうだよ――」

赤ん坊をあやす女「つもるんだらうねえ、この雪――今日は百人も上にいるよ、だあれも出て行きゃあしないからねえ、お粥がまた薄くなってしまふんだよ、いやになっちまふ」

焼け残った国民学校あとにできた厚生会館の母子室の会話を、左翼劇場の舞台ではない、東京のどこにでもある風景だと紹介している。日本人は最低限の基本的人権である「命」を守ることに四苦八苦していた。

この週の記事には、味噌《みそ》が三倍、四倍も値上げになるとか、隠退蔵物資が摘発されたとかいう話題の間に、山下奉文《ともゆき》大将の死刑きまる、公職追放が実施に移される、というようなかなりショッキングなニュースも報じられている。しかし、明日をどう食べていくかがすべてだった庶民の多くは、日本の悪しき部分が音を立てて崩れる歴史に立ち会っていながら、無感動で見送っていた。まして、日本の未来を決定する憲法が、こんな形で産み落とされようとしているなどということは、知るはずもなかった。

第一生命ビル六階の民政局は、そうした戸外の寒々とした空気とは逆に、熱気でむせかえっていた。「週末までに各小委員会は、第一稿を書き終えること」。軍隊の組織でなければ、とうてい不可能であった作業は、各小委員会とも曲がりなりに条文の体裁を整えていた。九日土曜日には、各小委員会は運営委員会との検討を終わって、条文を確定する作業に入っていた。その中で、三人で実に四一ヵ条もの条文を書いた人権小委員会と運営委員会との会合は、ベアテさんの担当した女性の人権に関する部分を除いて、かなりの条項を土曜日に持ちこしてしまった。前述したように、行政小委員会に負けず劣らずの大論争がまきおこったからである。

涙で抗議したベアテさんばかりでなく、それまで日本や他の国で、人権がいかに無視されてきたかを見てきたロウスト中佐、ワイルズ氏は、憲法に細かな規定を書きこんでおくことを主張した。これが、すべてに簡潔、原則主義のケーディス大佐と合わないのは当然と言えた。

「みんなこの仕事に、それは純粋に打ち込んでいました。理想に燃えていたのです。誰のためにというものではありませんでした。法律というものは、支配者の都合や運用する人によって、違った方向に動きます。そのために泣く人が出ないようにというのが私たちの思いでした。

生涯の中で、一国の憲法を書くなどということは願ってもない経験です。一生懸命でした。ロウスト中佐もワイルズさんも、同じように考えていたと思います」

ベアテさんの話は、顔を紅潮させて止《と》まるところを知らない。

『日本政治の再編成』は、「権利章典（人権に関する条項）の草案は、担当の小委員会と運営委員会との間に重大な論争を引き起こした。両者は、社会的保障についてどの程度条文に盛りこんでおくかという点に関して、意見が非常に違った」と率直に記している。

成り行きを心配したホイットニー准将も、この日は朝から会合に顔を出し、討議に参加している。しかし、ベアテさんは、民政局長まで顔を出した九日の会合についてまったく記憶が残っていないという。自分の席にもどって無残にカットされた文章を、辻褄《つじつま》が合うように修正するのに一生懸命だったのだろう。

世界一の人権条項はかくして誕生した

「日本国憲法が世界でも高く評価されるところは、前文でも、戦争放棄の条項ばかりでもなく、人権条項でしょう。これは人類の本質的な権利だから修正しないという条項を、はじめは入れたほどですからね」

と、マクネリー教授が高く評価する人権条項の検討は、時間的に追い込まれているにもかかわらず、精細をきわめている。

ケーディス大佐「原案の〈第三条　この憲法によって定められた自由、権利および機会は、国民の自律的協力に由来する〉にある〈自律的〉という言葉は、意味が曖昧《あいまい》で誤って解釈されると思うがどうだろうか？」

ラウエル中佐「同じように第二六条にも曖昧な字句がある。原案の〈第二六条　法律は生活のすべての面につき、社会の福祉並びに自由、正義および民主主義の増進と伸張のみを目指すべきである〉という条文だが、社会福祉以外の目的を目指す法律が、数多くあるのは当然だ。もし、このような法律がすべて無効になると、私的な契約も、多くのものが無効になる。この種の規定は、私事に関する立法の干渉になるのではないか？」

エラマン女史の記録は、第三条は次のように修正されたとメモしている。

〈この憲法が宣明した自由、権利および機会は、国民の絶え間ない警戒によって、保持されるものである。〉

国民の絶え間ない警戒……。この非常に分かりやすい表現は、つい半年前まで超国家主義だった日本はもとより、地球上にはさまざまな政治形態の国が存在し、世界的にも人権の概念が成熟していなかったことを物語る字句だ。この条項は、GHQ草案の第一一条になり、最終的に現行憲法第一二条の「この憲法が国民に保障する自由及び権利は、国民の不断の努力によって……」という風に変わっておなじみの文章になる。

ラウエル中佐が指摘した第二六条というのは、ベアテさんの書いた条項だ。検討の内容と条文を突き合わせてみると、この会合の途中で、第一稿から第二稿に移っている。ベアテ、ラウエル氏が、検討が済んだ原稿をタイプし直して運営委員会に届け、それが配られて、検討が進んだらしい。

四一カ条もあった第一稿は、第二稿で三三カ条になっているが、それでもかなり膨大なものである。原案第二六条にあたる条項の第二稿。

第○条　法律は、生活のすべての面につき、社会の福祉並びに自由、正義および民主主義の増進と伸張〔のみ〕を目ざすべきである。国民の福祉を制限しまたは破壊する傾向をもつすべての法律〔合意、契約または公的、もしくは私的な関係〕は、国民の福祉を増進するものによって代置されるべきである。この目的を達成するため、国会は次のような法律を制定するものとする。

妊婦および乳児の保育に当たっている母親を保護援助し、乳児および児童の福祉を増進し、嫡出でない子および養子並びに地位の低い者のために正当な権利を確立する立法

確立された真理に基づいた無償の普通義務教育を設立し、維持する立法

児童の搾取を禁ずる立法

公衆衛生を改善するための立法
すべての人のために社会保険を設ける立法
勤労条件、賃金および就業時間について適正な基準を定め、勤労者の団結する権利および団体交渉をする権利ならびに〈〔生活〕に必要欠くべからざる職業以外のすべての職業において〉ストライキをする権利を確立する立法
知的労働並びに内国人たると外国人たるとを問わず、著述家、芸術家、科学者および発明家の権利を保護する立法

この段階でも、まだまだ法律の条文としては冗長な文案を、運営委員会は限られた時間で成案に持っていかなくてはならない。関係者全員が、非常に明晰《めいせき》な頭脳の持ち主だったと評価するケーディス大佐も、「疲労の極でした」というほどの、知的ハード・ワークの連続だった。

この条文に関するホイットニー将軍の発言がある。

「原案三二条は、労働者にストライキ権を認める明文を置いているが、私には異議がある。この条項は、憲法がストライキを奨励しているものだというような、不幸な解釈を産む可能性があると思うがどうかね」

この異議を採用し、スマートなＧＨＱ案の第二四条～第二六条になる。

第二四条　法律は、生活のすべての面につき、社会の福祉並びに自由、正義および民主主義の増進と伸張を目指すべきである。

無償の普通義務教育を設けなければならない。

児童の搾取は、これを禁止する。

公衆衛生は、改善されなければならない。

社会保障を設けなければならない。

勤労条件、賃金および就業時間について基準を定めなければならない。

第二五条　すべての人は、勤労の権利を有する。

第二六条　勤労者の団結する権利および団体交渉その他の団体行動をする権利は、これを保障する。


この条項が、最終的に現行憲法の第二五条〜第二八条になる。おなじみの「すべて国民は、健康で文化的な最低限度の生活を営む権利を有する」の文言は、日本の手に渡ってから加えられる。すでに紹介したが、そのルーツは、高野岩三郎《いわさぶろう》らの憲法研究会による草案である。

レッド（共産主義）条項

「エラマン女史のメモは、要約が書かれているだけです。会合の中で討議された内容はもっと複雑で、日本の民族性や歴史についてまで話し合いました」

天皇小委員会の委員長だったプール氏の話だが、エラマン女史は小さなメモ・ノートに書いたほんの少しのメモを、記憶をたどって後に整理したので、喋《しゃべ》った日時が違っていたり、割愛されたものも多いようだ。にもかかわらず、この人権小委員会に関するやりとりは克明だ。その中で、日本側で「レッド条項」といわれた土地の潜在的国有を書いた条項だけを見ておこう。これは、現行憲法では消えている幻の条項だ。

ケーディス大佐「原案第三六条では、土地および一切の天然資源に対する終局的権原は、国に与えられ、〈したがって、土地およびその資源に対する所有権は、賃借権と解釈され、不当な使用または継続的不使用があれば、それらのものに対する権利は、国に復帰する〉とされている。これは厳密に解釈すると、不動産に対する所有権はすべて否認されることになってしまう。土地および資源に対する私的所有を〈賃借権〉と呼ぶべきではないと思う」

ロウスト中佐「この条文は、個人はその土地に対して、一般の福祉に考慮を払うことなく、何でもやりたいことができるという、地主の伝統的な考え方を弱めることを意識的に目指したものなのですが……」

ケーディス大佐「まあ、すべての土地とその資源に対する終局的権原は国に存し、国は、土地またはその資源を公の用に供する必要があるときには、どんな土地またはその資源でもこれを収容する権利を持つ……ということは必要だと思うがね。しかし、その場合にも、それには十分の補償がなされるべきだという規定を置くべきだろうね」

この条項があれば、空港建設などさまざまな公的な事業に膨大な土地購入資金を必要とする今の状況は、若干さけられたかも知れない。しかし、民主主義の原則である個人の財産権との折り合いは、数時間程度の議論で結論など出るはずもない。結局運営委員会の勧告を考慮した文章にすることで落着し、左のようなGHQ草案第二八条になる。

条文ナンバーがまだついていない段階の文案は、232・233ページにあるので、比較して見てほしい。

第二八条　土地および一切の天然資源にたいする終局的権原は、国民全体の代表としての資格で国に存する。土地その他の天然資源は、国が、正当な補償を支払い、その保存、開発、利用および規制を確保し増進するために、これを収容する場合には、このような国の権利に服せしめられるものとする。

この人権小委員会と運営委員会のメモは、まだ延々と続く。中でもホイットニーの発言は面白い。「自白の効力について、日本の検察官は伝統的に自白を濫用した歴史があるので、その防止条項が絶対必要だ」とか、「公判における弁護人を通じて反対尋問を行なうことを許されるべきだ」という点などいくつかの例をあげているが、明治憲法下の法の運用の歴史を実によく勉強している。この中で、七日に死刑が確定したばかりの山下奉文陸軍大将の戦争犯罪人の裁判には、反対尋問の機会を与えられなかったことも話題にのぼっている。つまり、「憲法にそうした反対尋問の権利を書いた場合、日本人はわれわれを批判するだろう」というのである。

いずれにしろ、人権に関する草案の数は、四一条から三三条、そしてＧＨＱ草案の三〇条、というふうに推移する。ＧＨＱ草案は全体で九二条だったから、人権条項の占める比率の高さは大変なものだ。

条文が書き直されては、タイプされ、また手が加えられるという繰り返しは大変な作業だった。書き込みがあったり、条文に番号のないもの、あるもの、さまざまの原稿が断片的に残っている。ベアテさんやケーディス氏の記憶にないものもある。いかに情熱を傾けた激しい論議が交わされ、修正が行なわれたかを物語る貴重な証拠である。

第一〇章　二月一〇日（七日目）

公職追放に揺れた日本政界

二月一〇日は、ケーディス大佐ら民政局のもう一つの仕事で、日本の政界が大揺れに揺れた。一月四日にマッカーサー司令部から指令を受けた日本政府がこの日閣議決定し、公職追放該当者の範囲を発表したからである。

示された「極端なる国家主義団体、協力主義的団体または秘密愛国団体の有力分子（C項）」、「大政翼賛会、翼賛政治会および大日本政治会などの有力分子（D項）」などという対象範囲は、満州事変以降日本を動かしたすべての人たちと言ってよかった。

朝日新聞では、本社調査として該当者氏名を発表しているが、その中には、自由党総裁の鳩山一郎、松野鶴平ら一九人、進歩党に至っては町田忠治総裁はじめ二五〇人を越す人たちが含まれている。社会党も河上丈太郎、平野力三《りきぞう》以下一一人。終戦時の首相鈴木貫太郎、日米交渉の駐米大使をつとめた野村吉三郎《きちさぶろう》などの名も見える。

この段階では、戦後初の総選挙は三月末に行なわれることになっていたが、この新聞を読んだ政治家の青ざめた顔が見えるような名簿だ。

公職追放の記事が七割を占める一面の片隅に、対日講和条約一年半以内、占領期間は一五年という、バーンズ国務長官の声明が載っているのが目につく。

地方行政小委員会の第一稿は、全面的に書き直し

日本の政界にとっての大ニュースの震源地である第一生命ビル六階の民政局では、そんな外の動きとは無縁に、憲法草案作成作業が大詰めに近づいていた。各小委員会と運営委員会の会合は、地方行政に関する部分を残すだけになっていた。

ティルトン少佐を責任者とする地方行政小委員会と、運営委員会との第一回の会合の議事録は見つかっていないので、それがいつ開かれたかはわからない。一一日に開かれた二回目の議事録によると、最初の小委員会案は不十分として棄《す》てられ、運営委員会が書き直したとなっている。

「地方行政小委員会の最初の草案は、地方自治の権限について問題があるということで、我々の手で書き直しました。一〇日には、マッカーサー元帥に見ていただかなくてはならないので、この条項抜きでまとまった草案を、民政局長に提出しました」

ケーディス氏は、時間的に間に合わすために、地方行政に関する草案を引き取らざるを得なかったと話す。しかし、出来が悪かったということではなく、基本的な立場が違ったためだったという。

ティルトン少佐は、前にも述べたように、一九四五年一〇月に民政局にきてすぐ、地方行政について東京帝国大学の田中二《じ》郎《ろう》教授をGHQに招いて熱心に学んでいる。彼は極東の経済・行政の研究家で、それまでに日本、中国、朝鮮を旅行した経験もある。その意味

で、日本の地方自治にはある程度通じていたようである。

問題は、現在でも道路交通法まで違う、州の自治の個性が非常に強いアメリカと、小さな府県単位でそんなに規則を変えられない日本の事情をどう判断するかにあった。明治憲法は、地方自治にはまったく触れられておらず、実務は、内務官僚による完璧《かんぺき》な中央集権体制によって行なわれていた。

小委員会の原案は、

〈（地方自治体は）憲法や国会で制定した法律と矛盾しない範囲でのその他の統治権限を持つ。〉

つまり、中央政府に与えられていない権限は地方自治体に留保できる、という一種の地方主権を打ち立てていた。

ボツになった小委員会の原案を紹介しておこう。

〈第一条　権限

都道府県、市、町および村の政府は、それぞれの地域内で合法的に統治作用を運営できるよう、また地方の諸条件に応じるよう、次の権限を有する。税を課し、これを徴収する権限、地方の警察を設け、これを維持する権限、およびこの憲法の明文で留保されておらず、または国会の制定した法律と矛盾しない範囲のその他の統治の権限。

第二条　法律

都道府県、市、町および村は、それぞれの地域内で合法的に統治作用を運営できるよう、また地方の諸条件に応じうるよう、この憲法および国会の制定した法律と調和するような法律および命令を制定する権限を有する。

第三条　公選による職

都道府県の知事、各市長および町村の長並びにそれぞれの地方公共団体の議会の議員は、公選によって選ばれるものとする。他の吏員はすべて、公選によりまたはその地方公共団体による任命によって、その地位に就くものとする。〉

どうしてこれが悪いのか、素人にはよくわからない。ケーディス氏の説明。

「『日本政治の再編成』にも書かれていますが、地方主権が強すぎるという話だったように記憶しています。

ティルトンは、地方自治に一つの意見を持っていましたが、日本は狭い国なので、アメリカの州の自治のような形は現実的ではないという話になったように思います。彼の能力がないということではなく、運営委員会の中でも、ラウエルとハッシーの間で意見が割れていました」

前文、第一条と動き回った戦争放棄条項

もう一つ、いつ草案が書かれたかわからないのは、ハッシー中佐がひとりで担当したとされる憲法前文である。日本国憲法が日本人の手で書かれていないと極東委員会がのちに見破ったのも、私たちが今もって自国の憲法にバタ臭さを感じるのも、この前文に負うところが大きい。

セオドア・マクネリー教授によると、

「前文の出典を追求すると、書き出しのスタイルはアメリカ合衆国憲法、典拠としたものは、リンカーンのゲッティスバーグの演説、テヘラン会議宣言、大西洋憲章、アメリカ独立宣言、国連憲章などがあげられます。

ハッシーもラウエルも文章には一家言持っていて、参謀役として司令官の演説の草稿などは書き慣れていました。しかし、いくつかの歴史的名文を参考にして、いかに世界に訴える文章を綴《つづ》るかに心血を注いだのだと思いますよ。憲法を執筆するなんていうチャンスは、あだやおろそかに巡ってくるものではありませんから……」

ということだ。

ハッシー中佐は、ちょっと変わった性格の人物で、あまり周囲の人と馬が合わなかったようだ。これはマクネリー教授のハッシー評だが、前文の表現に独特の雰囲気が漂うのは、彼の性格の反映かも知れない。

しかし、前文を通して一貫した思想は、誰の発想だったのか？　その根本のところをケーディス氏にぶつけてみた。

「百パーセント、ハッシーです。マッカーサーでもホイットニーでもありません。彼は、この前文に、エネルギーのすべてをかけていましたから……。しかも彼は文章にはある種の自信を持っていて、他人に直されるのを非常に嫌いました。

私は、世界原則とかモラルとか高尚なことを言っても、現実的ではないと思っていましたから、彼の考えには反対でした。〈百年先にはあり得るかもしれんが〉といった論争をしました。

結局は、ホイットニー将軍が〈あってもよいではないか〉といったので、前文は残すことになりました。彼は准将で、私は大佐でしたから……。階級は一つしか違わなくても、軍において、将軍と佐官では大きな違いがありますからね（笑）。

そんな経緯があったわけですから、私個人としては、前文は重要なものと考えていませんでした。日本政府に渡ってからカットされると思っていたほどです。でも、日本政府から返ってきた草案では、一文字も修正されていませんでした」

しかし憲法前文のような重要な内容が、とてもひとりの中佐の文学性で成り立つわけはない。その証拠に、ホイットニーが書いたとされるミズーリ号での降伏調印式のマッカーサー元帥の演説に、ハッシーが書いた憲法前文と同じ文脈が見える。ホイットニーが情熱をかけて推進した憲法草案のその前文に、彼の影を見ないわけにはいかない。

「しかし、文章の長いのには閉口しましたし、他からの引用が多いので、ＧＨＱの誰かが関係しているのがわかってしまうことを心配しました」（ケーディス氏）

実際に、三月六日に憲法改正要綱が日本政府案として発表された時、各新聞は「予期せざるほど民主的」（毎日）とか、「連合軍最高司令部と深い諒解が存在する点に於いて意味がある」（朝日）というふうに、その裏の事情を見破っている。

さまざまに論議を呼ぶ前文だが、当時スタッフの中で日本語から英語に、英語から日本語にと翻訳の作業に情熱を傾けたジョセフ・ゴードン氏は、英語としては当時の国際環境や日本の立場を見事に表現した名文だという。

その前文も何度か書き直されている。最初は、戦争放棄に関する文章が、前文の後段にある世界への誓いを述べた部分の中に入っていた。

「前文については、ハッシーは自分から志願した関係もあって、熱心に取り組んでいました。ラウエルも少しは手伝っていたかも知れません。しかし、私が修正した戦争放棄の条項が、いつ前文に取り入れられたかはわかりません。運営委員会全員が、混然として作業をしていました。私の書いた戦争放棄の条項も、誰もが見ることができましたから……。

また、ホイットニー将軍は、戦争放棄の条項を第一条にしたかったようですが、早い段階で、第一条は天皇条項と決まっていました。

マッカーサー・ノートの原型から、〈日本は、その防衛と保護を、今や世界を動かしつつある崇高な理想に委ねる〉の部分をカットした時、その精神を前文に入れることを考えました。そして、〈われらは、われらの安全と生存を、平和を愛する世界の諸国民の公正と信義に委ねようと決意した〉という文言で、日本の立場をはっきりさせました」

このあたりの判断を、今も間違っていたとは思わないと、ケーディス氏は明快に答える。戦争放棄については、信念を持って処理したという自信が伝わってくるような話ぶりである。

締切り日に間に合った

こうしてまとめられた草案は、一〇日夜、ホイットニー民政局長からマッカーサーに上がっていく。その経過も文章で残っている。

〈一、日本国民のための憲法改正草案を提出いたします。
二、この草案は、民政局員全体でよく検討した見解をあらわすもので、アメリカの政治思想のほとんどを反映しております。〉

このあと自信にあふれた七カ条の報告が続いている。この書類は、各章についてなぜこのように書いたかの覚書きが添付された、きわめて懇切でわかりやすいものだが、この覚書きを作成する作業は、実に大変だったようである。九日一杯かかった運営委員会と各小委員会の会合のあと、ケーディス、ハッシー、ラウエルの三人は、草案の修正原稿をまとめ、一〇日の朝までかかって書き上げたという。

「直接私が最高司令官に説明に行くということは、ありませんでした。マッカーサー元帥には、この草案の段階と一二日の最終案の二回、目を通していただいています。一〇日は日曜日でしたが、元帥も民政局長も夜遅くまで草案のチェックをされていました。

ひとつ非常に気にかかった条項がありました。それは、たしか人権小委員会が強く主張するので入れたのだと思いますが、〈第三章（人権条項）の改正を禁ずる〉という条項でした。その制限をつけたままマッカーサーに届けられましたが、その後、運営委員会としてはそれを嫌いまして、最終段階で省くことにしました。

驚いたことに、マッカーサーから戻って来た文書をみると、同じ部分が消してあったのですよ」（ケーディス氏）

どんな条項だったか再び紹介しておこう。

〈この憲法の後日の改正と、将来できる法律、法令は、すべての人に保障された平等と正義、権利を廃止したり、限界をもつけることはできない。

公共の福祉と民主主義、自由、正義はいかなることがあろうとも将来の法令によって侵されない。

今ある法律は、この基本にないものがあれば、すべて無効となる。〉

「この精神は、現行憲法のたしか第九七条に受け継がれています。しかし私たちには、未来に生きる人達の権利を奪う資格はありませんからね……」

まさにケーディス氏は、正論の人である。

第一一章　二月一一日、一二日（八、九日目）

紀元節の式典は行なわれた

二月一一日、紀元節。全国の小学校では、式典を行ない、「雲に聳《そび》ゆる高千穂の……」という紀元節の歌を歌っている。文部省が、式典は例年通り挙行するという判断を下したからである。東京帝国大学でも、安田講堂で式典が行なわれている。南原総長の演説が興味深い。

〈今日は、紀元二六〇六年ではないかも知れぬ。また今日が建国の日ではないかもしれぬ。問題なのはその日でも神話でもない。神話や歴史に盛られている意義である。（略）日本民族が現在の状態に止まる限り、これは奴隷の生活であり民族の滅亡である。今や民族は生か死か興隆か没落かの関頭に立っており、それが諸君の手の中に握られている。〉（一九四六年二月一二日付「朝日新聞」）

この数日前、この紀元節に関してある事件が起こっている。当時の朝日ニュース、日本映画社が安倍《あべ》文部大臣のインタビューを歪曲《わいきょく》して編集したというのだ。話の内容は、南原学長と同じ趣旨で、

「紀元二六〇六年について六百年の空白が常識になっているが、どういう風に扱うかは学

問的に決まっていない。（略）皇室が中心であったということが、伝説になっても意義を失うものではない。われわれは、紀元節にあたって古い建国を思うとともに新しい建国の意義で進みたい」

これを「学問的に決まっていない」というところだけを生かして、紀元節に対する否定の意味に意図的に編集し、上映したと、文部省が抗議したというのだ。日映側は、編集権は取材者にあると主張したが、最終的に撤回している。

一月一日に天皇の人間宣言があったばかりなのに、民主主義の理解も、表現の自由の理解も、まだこの程度だったのである。もちろん新聞も、紀元節が国粋主義そのものであるという解説はしていない。

「天皇の人間宣言もGHQの誰かが書いたものらしい」という影の声もまんざら嘘ではない当時の状況ではある。GHQが、日本政府頼むに足らずということで憲法草案のサンプルを書こうとした動機がわからなくもない。

『日本政治の再編成』によれば、民政局内の草案作成作業は一〇日で完全に終わって、次にマッカーサー元帥の承認を得るために必要な説明文を用意する作業に入ったことになっている。しかし、実際には運営委員会の仕事は、その説明文の作成に加えて、一〇日から一一日にかけて、積み残しとなっていた地方行政の部分の訂正案を仕上げる作業など、まだまだ残されていた。一一日には、地方行政小委員会のメンバーを入れず、運営委員会だけで地方行政の部分を検討する会合も持たれている。また、ベアテ・シロタさんの記憶によると、各小委員会も、その週末から週明けは、全員わき目もふらずといった感じで働いていたようだ。

昼食や夕食には、それぞれの宿舎だった第一ホテルや神田会館にジープで帰ったが、まことに慌ただしく仕事に戻ったという。特に人権小委員会は、八日と九日の運営委員会との会合の途中に書いた第二稿と、最終草案との間で、ずいぶん書き換えを行なっている。二つの草案を比較してみると、ベアテさん担当の条項などは、元の姿がほとんど一行ぐらいになるほどに凝縮され、問題の「レッド条項」も、大幅に書き直されている。

一〇日の夕方には、地方行政の部分を除いた全草案がマッカーサーに届けられているのだから、人権小委員会の三人が草案の書き直しに没頭したのは、九日の夜と一〇日の午前中くらいしかなかったことになる。

「私の担当した条項は少なかったので、泣いた記憶だけが強く、あとの仕上げに苦闘した記憶がありませんが、ロウスト、ワイルズの二人は大変でした。担当した条項が多かったですからね。

手書きしたものをタイプにまとめて、また書き加えて、またタイプ。これの繰り返しでした。その山場を乗り越えて、一一日月曜日のことは、あまり覚えていません。とにかく、運営委員会が忙しそうだったことだけは覚えています」

ベアテ・シロタ・ゴードンさんは、山のように溜《た》まっていた通常の仕事に戻っていたような気もするという。精神的には、台風一過という感じだったのかも知れない。

ケーディス氏は語る。

「運営委員会と各小委員会との会議の中で条文が書き上げられたということは、ありませんでした。それぞれにメモを取り、小委員会に持って帰って討議してまとめられるという方法でした。ですから、各小委員会の人たちは、しょっちゅう運営委員会に出入りしたり、ホイットニー将軍の部屋で話し合っていました。論客ばかりでしたね。ピーク、ヘイズ、スウォープ、ロウスト……。

一一日は、疲労困憊《こんぱい》という感じでしたが、マッカーサー元帥への説明文などは、誰が担当したか覚えていません」

密室の九日間の前半は、実に明瞭に仕事運びを記憶しているケーディス氏も、終盤となると、前後の話が混乱している。戦争で言えば、白兵戦のようだったという。

ホイットニー准将も、風邪をひいて熱が出ていたにもかかわらず、九日の会合から出席して、さまざまな意見を述べ、各小委員会を督励しに回っている。全員必死の追い込み作業だったので、もの凄《すご》い睡眠不足だったという思い出ばかりだ。しかし、なぜ自分たちが日本のためにこんな苦労をしなくてはならないのか、などというボヤきはまったくなかったという。

遅れて完成した地方行政条項

ティルトン少佐が責任者をつとめる地方行政小委員会の原案は、運営委員会が引き取ったあとも、紆余《うよ》曲折を経て成案となる。一一日の会議の記録がある。出来上がった案を要約すると、

――都道府県、市町村とそのさらに下の組織で、課税する権利を持っている法人は、一定限度で自治が保証される。それらの団体は、国会の定めた範囲で、自らの事務を処理し、基本法を定める権利を与えられる。

そして、課税の権限を持つ首長と都道府県、市町村の議員と、吏員の中で国会で定めるものを、直接選挙で選ぶ。

国会は、関係地方公共団体の有権者の過半数の同意を得ない限り、一般法を適用できる地方公共団体に対して、その地方公共団体のみに適用する特別法を制定してはならない――

となる。

市町村の「さらに下の組織」というのは、アメリカでは、州全域が市町村で埋まっているわけではなく、余ったところがさまざまな組織になっているが、そのことを指している。「吏員の中で国会で定めるもの」というのは、教育委員などを予想していたのかも知れな

いが、ここまで出来上がるまでに、運営委員会の中でかなり揉《も》めたようだ。

地方行政に関する運営委員会の下書き原稿には、筆跡の違うものがいくつかある。ハッシー中佐の筆跡の特徴を持つもの、一部タイプされた文書にラウエル中佐かケーディス大佐かが手書きで修正し、さらに手書きで条項が加えられたものなどがある。運営委員会全員が総がかりで修正したような雰囲気が伝わってくる。

議事録によれば、地方行政に関する条項は、〈地方自治を強く主張するラウエル中佐と、中央による統治に同情的なケーディス大佐の主張の妥協の産物になった。〉(傍点著者)としている。

しかし、ケーディス大佐は、内務省の中央集権が日本を国家主義に導いたとして、内務省をとりつぶし、地方分権化や警察機構の改革を推進した人物である。

察するに、このラウエル、ケーディス二人の主張が対立したという部分は、どうやらエラマン女史が、ケーディスとハッシーを取り違えてメモしてしまったようである。

この点については、日本大学の河合義和《かわいよしかず》教授が草案の筆跡から追求されているが、その点をケーディス氏に質《ただ》してみた。

「ハッシーとラウエルは意見が分かれ、それぞれに別の草案を書きました。地方にどれだけの権限を持たすかという点で、かけ離れていたのです。ラウエルの案は、ギリシャのポリスのような地方行政を考えたようなものだったと記憶しています。

結局収拾がつかず、軍隊式の権限で、最終的に位が上である私がまとめました。運営委員会で、いろいろ作業はしましたが、最終原稿は私が書いています」

ケーディス氏の答えは、実にキッパリしたもので、自分が、中央集権に好意的であるはずがないというのである。

ケーディス大佐が書いた地方行政条項には、地方のための法律を国会が制定する場合、地方自治体の有権者の過半数の同意が必要、という中央の強権を封じる文言が加えられた。

これで、一一日の夕刻、地方行政を最後に、前文と全九二条のGHQ草案が出揃った。

疲労困憊、しかし念には念を入れて

二月一二日、ホイットニー准将も加わって、運営委員会は最終検討会をもつ。そこで章ごとに再検討され、修正が行なわれた。

反逆罪についての条文が削除されたり、ハッシー中佐の意見によって、最高法規の章に、憲法制定時の公務員も憲法を擁護する義務を負う、ということが加えられたり、行政権が、内閣総理大臣から再び「内閣に属する」というふうに、細かく変えられた。

先にもふれたが、天皇条項についても、この時点まで、「皇位」と「天皇」という言葉が並んで使われていた。これでは、象徴の二重性の問題が生じる。そこで「皇位」という言葉が棄《す》てられ、現行憲法と同じ、「天皇は、日本国の象徴であり、日本国民統合の象徴であって……」という文章に直される。エラマン女史の記録は、相変わらず細かく記されているが、非常に注目されるのは、前文をめぐるやりとりである。

ハッシー中佐「前文にこんな一文を加えたらよいと思うがどうだろうか？〈我々は、いずれの国民も自己に対してのみ責任を負うものではなく、政治道徳の法則は普遍的なものであり、我々は、この法則によって主権を有しているものであることを認める。〉」

ケーディス大佐は、直ちに反論する。

「普遍的な道徳法則を宣明することは、実用主義的な考えではなく、イデオロギーに基づくものだ。それは、かつての王権神授説を思わせる。

すべての国民、すべての国家は、節度を守って行動し、他の国民や他の国家が持つ同様の権利を侵害しない限り、自らの道を進むという、侵されない権利を持っている。

たとえ世界国家というものが存在し得るとしても、それが、他の国、あるいは国民に対して干渉するという権利は持ちえないと思う。

各国家は、自分の運命の最終的決定者であって、もし国際協力の道を選ぼうとしたらその国が決めればよい。しかし、国の主権は、あくまでも国家自身の必要性に由来するものであって、他から由来するものではない。

実際問題として、政治道徳と主権とは、お互いに何の関わり合いもないものだ。私としては、反対だよ」

ケーディス氏は、現実主義者の一面が強い。これは、戦争放棄の条項に対して「国家にとっての自衛権は、個人にとっての人権と同じ」と言わせているのと同根の思想である。「ハッシーは、理想主義者でした。私は、そんな高尚なことを言っても、現実はとてもついてこないと主張したんですがね」

この草案を作成するにあたっての、国連憲章を参考にしろというホイットニーの注意が思い出されるような場面だが、このあとの議論は、平和と人権について、彼らがどのような未来の夢を見ていたかをよく表している。

ハッシー中佐「国際連合の成立によって、あなたのような議論は時代遅れにもなったし、馬鹿げたものになったと思う。すべての国家を拘束する基本的な政治道徳を認めることは、五〇年以内に自明の真理になるだろう。どのような国家でも、主権の行使が普遍的な政治道徳を破る場合には、主権を行使する権利はない。このような前提が一般に認められていることが、現在進んでいるニュールンベルグの戦争裁判の基礎になっている。ドイツの軍人や政治家に対し、彼らが自分の国の国民に対してしたことをもとに、裁判をしているのだから……」

ケーディス大佐「確かに百年後には、この条項が当たり前になっているかも知れない。それは認めるが、私は説明したように、この条項は誤った命題を述べていると考える。これが憲法に入れられると、憲法に書かれている実際的原理が弱められる。われわれの書いた憲法は、言葉の遊び以上のものではないと受け取られることになるだろう」

半世紀が経過して、この論議に結末が出ているかどうかは読者が判断することかも知れない。

この議論の決は、ホイットニー准将がとる。

「〈我々は、この法則によって主権を有しているものである〉の文章は、二千年にわたって日本国民の心に刻み込まれてきた信念と対決するものだと思う。この条項によって打ち樹《た》てられる原理は結構だが、もっと柔らかい文章の方がよいのではないかね。私の案を書いてみよう」

〈われらは、いずれの国民も自己にたいしてのみ責任を負うものではなく、政治道徳の法則は普遍的なものであり、このような法則に従うことは、自国の主権を維持し、他国との対等関係に立とうとする各国民の責務であると考える。〉

ホイットニー将軍の書いたこの部分は、日本側の手に渡ってからもほとんど修正されず、現行憲法の前文の最後の部分に生きている（445ページ参照）。

各小委員会の草案がまとめられて、一〇日マッカーサー元帥に上げられた時は、まだまだ未完成の部分が多かった。GHQ草案の体裁を最終的に整えたのは、この一二日のホイットニーを交えた会合だったようだ。

人権に関する第三章の標題も「人権」から「国民の権利及び義務」と改められ、外国人に対して法の平等を定めた条文から、「〔外国人が〕犯罪について訴追を受けたときは、外交機関および通訳の助けを受けることができる」という文章が削除されるなど、膨大な修正が行なわれている。

運営委員会が、全条項について検討を終え、一一章、九二条のGHQ草案が完成したのは、一二日も夜になっていた。

エラマン女史の手書きのメモを拾い読みすると、この完成草案をタイプ・アップしたのは、憲法草案作成チームの秘書のシャイラ・ヘイズということになっている。彼女は、ホイットニー将軍の秘書であったことから、その大役を仰せつかったようだが、ベアテさんによれば、人権グループの秘書役でもあったエドナ・ファーガスンと手分けをしていたという。

ダブル・スペース二〇枚の原稿は、ステンスル・ペーパー（謄写版用の原紙）に打たれ、複写は三〇部作られた。そのNo.1とNo.2がマッカーサー元帥に届けられた。

その時の上申書のタイトルは、

〈Proposed Constitution for Japan（日本国憲法草案）〉

となっている。「プロポーズ（提案）」という用語を用いた中に、SWNCC―228や、間もなく発足することになっている極東委員会などへの配慮が見えている。

〈ホイットニーより最高司令官へ

四六年二月一二日

一、日本国憲法草案の正本第一号および第二号をお届けしますので、貴方のファイルに保存下さい。正本第一号には、この文書の原案を閣下のご検討を仰ぐべく提出しました説明書が、添付されております。（以下略）〉

このあとに、ケーディス氏も述べていた、人権条項の草案をマッカーサーがカットしたことについて、それが運営委員会の考えと一致したというコメントと、日本側との会議が明日（一三日）午前一〇時に外務大臣官邸で行なわれることが決定した、という報告が付け加えられている。

この一二日の文書には、憲法草案に加わったメンバーのサインがついているが、ベアテ・シロタ嬢、エスマン中尉、それにキーニ氏のサインが抜けている。

エスマン中尉の署名がない理由は、前述の通り日光へ追放されたためだが、ベアテさんは、メンバーが署名した時に何らかの理由でその場にいなかったようだ。

「私にとって青春をかけた仕事のサインをしていないのは、とても残念。今からでもしたい気持ちです」

と悔しがっている。

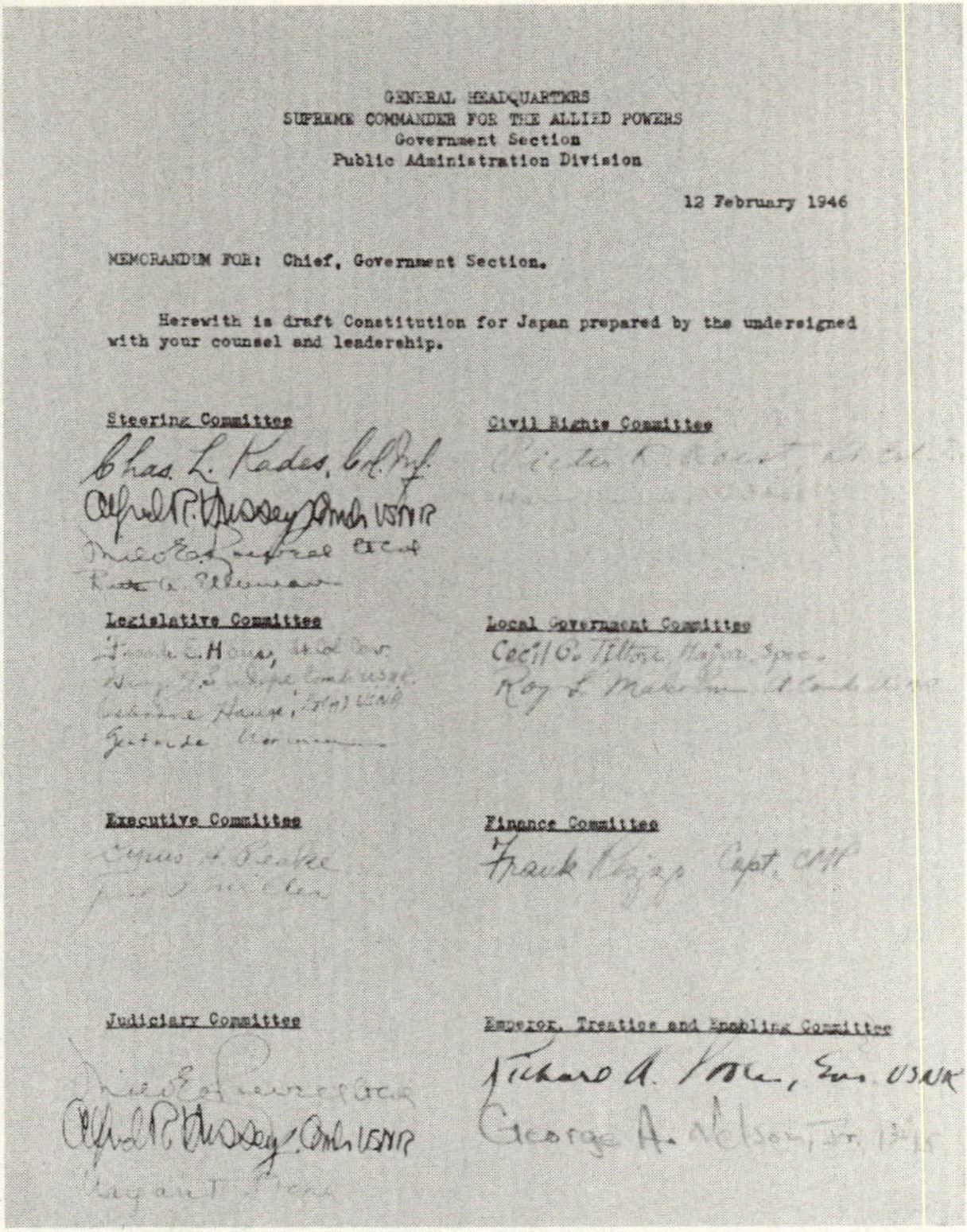

GENERAL HEADQUARTERS
SUPREME COMMANDER FOR THE ALLIED POWERS
Government Section
Public Administration Division

12 February 1946

MEMORANDUM FOR: Chief, Government Section.

Herewith is draft Constitution for Japan prepared by the undersigned with your counsel and leadership.

Steering Committee

Civil Rights Committee

Legislative Committee

Local Government Committee

Executive Committee

Finance Committee

Judiciary Committee

Emperor, Treaties and Enabling Committee

憲法草案完成時の各委員のサイン（1946年２月12日）。ベアテ・シロタ嬢、ミルトン・エスマン中尉らのサインはない。

いずれにしろ、民政局あげての憲法草案作成の作業は、この日の深夜に終わる。

「もう疲労困憊で、乾杯をする元気などありませんでした。ホイットニー将軍は具合が悪くてね。日曜あたりから気分がすぐれなかったのです。熱があったらしく、額にびっしょり汗をかいて気の毒でしたよ。だから〈明日の日本側との会議は、延期しましょう。ご病気なのですから〉と言いましたら、彼は〈いや、日本側は信じてくれないよ。外交によく使う駆け引きの仮病だと思われるだけだ〉と言いましてね……」

日付がかわって、ケーディス、ラウエル、ハッシーは、街灯もない凍《い》てついた道を宿舎の第一ホテルへ向かった。

弾丸こそ飛ばなかったが、大作戦が終了した時と同じ感じで、ただ眠りたいだけだったという。

第一二章　一時間一〇分の会議——一九四六年二月一三日

原子の光を満喫した……

二月一三日の朝。ケーディス大佐は、ホイットニー将軍の病状が心配だった。九時前に、帝国ホテルの将軍の部屋をノックすると、気息奄々《えんえん》とした声が聞こえた。彼はまだベッドにいた。

「これは駄目だ、と思ったら、起きるから手を貸せというんです。ベッドから起こしてズボンをはかせましたよ。もう精神力だけという状態でした」

ケーディス大佐は、ホイットニー将軍を抱きかかえるようにしてジープに乗せ、ハッシー、ラウエルと共に外務大臣官邸に向かった。

外務大臣官邸は、麻布のアメリカ大使公邸のふた筋ほど南の角にあった。今はある商社が管理する空き家になっているが、風格のある家はまだ取り壊されずにある。

ホイットニーら四人は、約束の午前一〇時きっかりに到着する。終戦連絡事務局次長の白洲《しらす》次郎が迎えに出て、「サン・ポーチ」に案内した。

記録に「サン・ポーチ」と書かれている部屋は、庭に面した長い廊下がついている和室だった。そこに吉田茂《よしだしげる》外務大臣、松本烝治《じようじ》国務大臣と、通訳として呼ばれた外務省嘱託の長谷川元吉氏が待っていた。

吉田茂

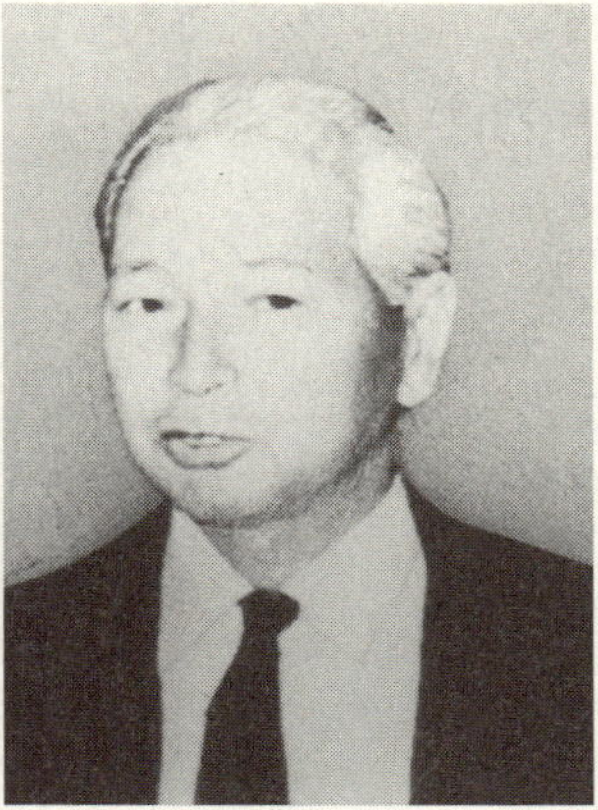

白洲次郎

この一三日の会合の記録は双方に残されている。アメリカ側の報告は詳細な描写つきで書かれている。

〈ホイットニー将軍は、太陽を背にして座った。日本側の代表の向かい側のその席は、明るい日差しに照らされた。われわれ随員は、ホイットニー将軍の隣に、日本側と向かいあって席についた。

ホイットニー将軍は、二月八日に日本側が提出していた松本案（憲法改正要綱）の討論になるのを制して、ゆっくり一語一語重みをつけて話し始めた。

「先日、あなた方から提出された憲法改正案は、自由と民主主義のための文書として、最高司令官が受け入れることができないものです。しかし、最高司令官は、日本の人々が、過去に経験した不正と専制支配から彼らを守る、自由で啓発的な憲法を熱望しているころを十分に理解しており、ここに持参した文書を、日本の情勢が要求している諸原理を満足させているものとして承認し、あなた方に手交するよう命じました」〉（二月一三日付のアメリカ側記録）

ホイットニーは、ここで草案を日本側に渡すよう命じる。そして、コピー番号六号を吉田外務大臣に、七号を松本国務大臣に、八号を長谷川氏に、九号から二〇号を白洲氏に渡す。十分に読む間、われわれは席を外すといって、四人は庭に出る。

日本側としては、松本案についての意見を聞くつもりで、その準備をしてこの会談に臨んでいたのだから、ショックは一通りではなかった。

アメリカ側の表現だと、

〈このホイットニー将軍のこの発言を聞いた日本側の人々は、あきらかに呆然とした表情を示した。特に、吉田外務大臣の顔は、ショックと憂慮の色を隠しようもなかった。この時のすべての雰囲気は、劇的緊張に包まれていた。〉（同前）

となる。ケーディス大佐は、熱の引かないホイットニー将軍が心配だったというが、日本側の誰もそのことに気がついていない。

〈一〇時一〇分にホイットニー将軍とわれわれ随員は、ポーチを出て、陽光の降り注ぐ庭にでた。ちょうどその時、一機のアメリカの軍用機が官邸の上空を飛び去った。一五分後に白洲氏がわれわれと合流したが、ホイットニー将軍は物静かな口調で、「私たちは戸外で、アトミック・エナジーの暖かさ（太陽の熱を指す）を楽しんでいるのです」と話しかけた。

一〇時四〇分、白洲氏は二人の大臣との会議に参加するよう呼び戻された。そして数分後、準備ができたと告げにきて、われわれは再びポーチへ戻った。〉(同前)

この間、日本側の状況はこんな具合だった。

〈さっそく、どういうことが書いてあるかと思ってみると、まず前文として妙なことが書いてある。それから天皇は象徴である、シンボルであるという言葉が使ってあった。憲法のようなものに、文学書みたいなことが書いてあると思って大いにびっくりした。また、国会は、一院制で衆議院しかない。それから国民の権利義務に当たるところには、いろいろ細かい規定が書いてあって、その中に驚くべきことには、土地その他の天然資源は国有とする。ただし適当な補償は払うという規定があって、これには一番驚いた。

そういうものをめくって見て、大変驚き、約二〇分ほどずっと見たが、これではとてもだめだ。こんなものを今即答することはできないから、持って帰るより仕方がないと相談しているうちに、先方は席に戻った。〉(憲法調査会資料)

この内容は、松本国務大臣がのちに、憲法調査会で報告したものの、ほんの一部だが、「こんなもの」という表現の中に、いろいろな意味が汲《く》み取れる。

ホイットニーは、席についてからさまざまな質問に答えるが、日本側に向けて決定的ともいえる発言をする。

〈あなた方がご存じかどうかわかりませんが、最高司令官は、天皇を戦犯として取り調べるべきだという、他国からの強まりつつある圧力から、天皇をお護りしようという固い決意を持っています。これまでも最高司令官は天皇を護ってまいりました。そうすることが正義に合致すると考えていたからで、今後も力の及ぶ限りそうするでしょう。しかし、最高司令官といえども、万能ではありません。

しかし、最高司令官はこの新しい憲法の条項が受け入れられるならば、事実上、天皇は安泰になると考えています。〉

〈最高司令官は、この憲法をあなた方の政府と党に提示し、採用するように考慮を求め、希望されるならば、この草案を最高司令官によって完全な支持を受けた案として、あなた方が国民に示されてもよい旨を伝えるよう、私に指示されました。

もっとも、最高司令官は、これを要求しているのではありません。しかし、最高司令官は、この案に示されているさまざまな原則を、国民に示すべきであると考えています。最高司令官は、可能ならば、あなた方自身の手で示されることを望んでいますが、それができないならば、最高司令官自身で行なうつもりです。〉

松本国務大臣は、この時「パーソン・オブ・ジ・エンペラー（天皇のご身体）」というメモをしており、ホイットニーの発言を脅迫に近い受け取り方をしている。占領政策の全体の流れとその背後の動きを知っていれば、このホイットニーの演説は非常に好意的なものとして受け取れるが、「発表しなければ当方で国民に知らせる」という部分と合わせると、相当強烈なパンチであったろう。

ケーディス氏は、この場面をあとから文書化したこともあって、アメリカ側の記録とほとんど同じ描写で語ってくれたが、「パーソン・オブ・ジ・エンペラー」という表現には記憶がないという。

「当時の時代背景としては、アメリカの議会で天皇を戦犯にという議論が行なわれていましたし、極東軍事裁判所のウエッブが、〈部下ばかりが戦犯に問われているが、親分はどうした〉と言っていました。その意味で、マッカーサー元帥は非常に困難な立場にあったことは確かです」

「極東委員会は発足前で、この時は極東諮問委員会でしたが、オーストラリアとニュージーランド代表が天皇戦犯問題を強硬に主張していました。中国とソビエトは、そんなに強く主張はしていませんでしたが、アメリカ代表のマッコイ将軍は、高齢であまり力がなかったのです。しかも中国・ソビエトには拒否権がありましたし、マッカーサー元帥は、頭が痛かったと思いますよ」

と、極東委員会の事務局員であったリチャード・フィン氏（元国務省日本課長、現アメリカン大学準教授）は言う。

極東軍事裁判との関係については、清瀬一郎氏の証言がある。

〈極東軍事裁判が始まったのは四月であるが、はじめのころ、キーナン検事その他に天皇を呼びたいという空気があり、非常に危険な状態であった。それ故に、二月一三日ごろは、やはり憲法の草案を拒絶するのであるならば、証人くらいに呼んでおどかそうという時であったろうと思う。〉（憲法調査会資料）

「最高司令官も万能ではありません」という言葉の裏にある状況は、切迫していたのだ。その意味で、この二月一三日という日は、ＧＨＱにとって微妙な日だったとも言えるのである。

この会議は、このあと一院制の問題などで細かいやりとりをしているが、ホイットニーは、「憲法問題は四月一〇日に予定されている総選挙よりかなり前に国民に示されるべきである」と念を押して終わる。ホイットニー将軍以下四人が、外務省官邸を引き上げたのは、一一時一〇分。

日本のその後の半世紀を決定する会議は、わずか一時間一〇分で終わった。

第一三章　終章

ジープ・ウェイ

ＧＨＱ案を受け取った日本政府側のショックは並大抵ではなかった。一三日、外務大臣公邸から帰った松本国務大臣は、すぐに幣原《しではら》首相に報告した。

ところが、マッカーサー以下総司令部側が説明した「国際的に緊迫した状況」という点は理解していなかったらしく、相談の結果、松本案の再説明書を書いてＧＨＱの再考をうながそうという話に落ちつく。

松本博士は、ことここに至っても、まだ日本政府側の自主性が認められるものだと思っていたらしい。学者としてのプライドと実力を持っていた人だけに、ＧＨＱを説得できると考えていたようだ。そして大部の説明書を書き上げる。

この再説明書は、「憲法改正案説明補充」という標題がつけられて、一八日に民政局に提出されるが、「これについて再考の余地はない」と一蹴《いっしゅう》される。そして「二〇日までに回答せよ。でなければ総司令部案を当方で発表する」と通告される。

この使者に立ったのは、終戦連絡事務局次長の白洲《しらす》次郎だったが、彼はこれより前の一五日、いわゆる「ジープ・ウェイ・レター」と呼ばれる手紙をホイットニーに送っている。

「松本博士は、若いころ相当な社会主義者だった。今でも心から自由主義者である。そう

THE GAIMUSHO
TOKYO

February 15th, 1946.

Brig. General C. Whitney,
The Government Section,
G. H. Q.,
Tokyo.

My dear General,

As you seemed to have been a little interested in my few remarks, when I ran into you at the G. H. Q. building yesterday, I venture to write you, at random, more of my impressions about the way your draft was received by Dr. Matsumoto and others in the Cabinet.

I must say your draft was more than a little shock to them. Dr. Matsumoto was quite a socialist in his young days and still is a whole hearted liberal. Notwithstanding the doctor's qualifications (none could survive his term of a law professorship , the leading one at that !, if easily shocked and surprised !) your draft came as a great surprise. He realises that the object of your draft and his "revision" is one and the same in spirit. He is as anxious as you are, if not more as after all this is his country, that this country should be placed on a constitutional and democratic basis once for all as he has always deplored the unconstitutionality of the nation. He and his colleagues feel that yours and theirs aim at the same destination but there is this great difference in the routes chosen. Your way is so American in the way that it is straight and direct. Their way must be Japanese in the way that it is round about, twisted and narrow. Your way may be called an Airway and their way Jeep way over bumpy roads. (I know the roads are bumpy !) Dr. Matsumoto described his impressions as under:-

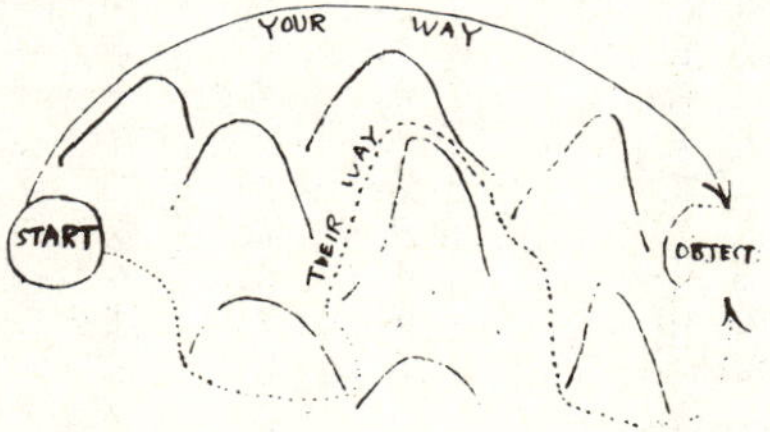

白洲次郎がホイットニー将軍に送った「ジープ・ウェイ・レター」

いう資質の彼にして、あなたの草案は非常にショックだった。

しかし、あなたの草案の目的も、彼の目的も精神においては一つのものであると考える。しかし、あなたの道は、直線的で非常にアメリカ的なものである。彼らの道は、回り道で、曲がりくねり、狭い道で、日本的なものである。

あなたの道はエア・ウェイであり、彼らの道はジープ・ウェイでありましょう」

この書簡には、挿絵まで書かれていた。

ホイットニーは、その翌日、丁寧な言葉で返事を書いている。あなたのいう意味は理解できますと、紳士的に前置きした上で、

「この問題は不必要な遅滞を許さないものであり、外部から別の憲法を押しつけられた場合、最高司令官が保持できるよう取り計らっている伝統と機構（天皇制のこと）も、洗い流されてしまうでありましょう」

と、事は急を要するのだと強調している。

日本国民が、この憲法を自らの意思で一日も早く世界に宣言して、平和国家への誓いをたてることが、天皇制を守り、天皇を強硬派の虎口《ここう》から守ることになるのだ……という意味が、日本側にまったく通じないもどかしさがよく現れている。

ここからのディテールを追うと、それだけで何冊もの本になるほどの曲折があるので、思い切って省略しよう。

二〇日までに返答せよ、と迫られてやっと一九日、閣議が開かれる。この時、閣僚のほ

とんどは、初めて事の真相を聞かされる。そこで幣原首相がマッカーサーと会見して、真意を確かめることになる。そして二〇日までの回答を二二日まで延期して欲しいと申し入れる。

〈我輩は日本のために誠心誠意はかっておる。天皇に拝謁して以来、いかにしても天皇を安泰にしたいと念じておる。しかし、ワシントンの極東諮問委員会の討議の内容は、実に不愉快なものであったと報告を受けている……〉（憲法調査会資料）

二二日、マッカーサーは、例によって幣原首相に大演説をぶつ。そしてベーシック・ホームズ（原文のまま）を主張する点は、天皇を象徴とすること、および戦争放棄の二条項であると説明をした。

同じ二二日、松本国務大臣は、ホイットニーと会談し、さまざまな条件を出す。

○GHQ案は、人民の発議になっているが、大日本帝国憲法は、第七三条で、天皇の発議以外には憲法を改正できないとしている。
○戦争放棄の条項は、前文に入れられないか？
○我が国の国情から二院制が必要だ。

ホイットニーは、そのほとんどを拒否し、二院制だけを認める。

同じ日の午前、マッカーサーの大演説を聞いたあと、幣原首相は皇居に参内し、天皇陛

下にことの次第を言上する。『日本政治の再編成』によると、
〈内閣総理大臣は、最後の手段として吉田と楢橋を伴い天皇のご意見を伺った。裕仁は躊躇されなかった。彼は幣原に最も徹底的な改革を、たとえ天皇ご自身から、政治的機能の全てを剝奪するようなものであっても、全面的に支持すると勧告された。〉
となる。つまり、GHQ憲法の受け入れについても、「御聖断」があったのである。

これを受けて、松本国務大臣は、いわゆる三月二日案といわれる、GHQ案をベースにした日本政府案の執筆にかかる。佐《さ》藤《とう》達《たつ》夫《お》法制局第一部長、入江俊《とし》郎《お》法制局次長らをスタッフに三月一日を目処《めど》に極秘で作業を進める。

ところが、総司令部から矢のような催促があったため、三月二日に一応完成した政府案を、日本語のまま三月四日に民政局に提出する羽目になる。

三〇時間の日米案翻訳戦争

「提出された日本案を、日本政府の代表者たちを待たせたまま、すぐに翻訳させました。ところが、英語になったものを見ると、元の案と大幅に変わったものでした。私たちは、その日のうちにでも発表したかったので、ただちに松本博士たちとの検討会議に入りました。日本政府修正案の英語版を、GHQの原案と対比しながら、英語、日本語を選んで一字一句、対応させなければならないので、大変な作業になりました。〈sovereignty（主権）〉〈advice and consent（助言と同意）〉などの単語では、随分揉《も》めました。日本側とお

互いに字引を見せあって、これでは、どうだろう。この単語はどうだ。といった調子で、いつ果てるとも知れない論議が続きました。そういえば〈people（人民）〉なんて単語も問題になりましたね。〈nation（国民）〉との関係はどうなるかということでね……」（ケーディス氏）

三月四日午前一〇時から、第一生命ビル六階の民政局六〇二号室で行なわれたこの会議には、日本側から松本烝治《じようじ》国務大臣、佐藤達夫法制局第一部長、白洲次郎終戦連絡事務局次長、外務省の小畑薫良《しげよし》、長谷川元吉氏が出席、民政局側から、ホイットニー民政局長、運営委員会のメンバー、ケーディス大佐、ハッシー、ラウエル中佐の他に、ヘイズ、ロウスト、プールらの執筆陣が控え、通訳としてベアテ・シロタ嬢も末席にいた。

この会議も、両者の思惑違いで始まる。松本国務大臣は、ホイットニー将軍に、この案は、まだ閣議決定を経ない試案に過ぎないという説明からスタートした。日本側は、これを叩《たた》き台にして折衝を続け、時間をかけて確定案にしていくものと考えていた。

しかし、ケーディス大佐は、その案をすぐさま翻訳に回し、英文が出来上がるごとに検討をはじめた。そして、第一条から国民主権の部分がカットされていることに怒り、このような案では、審議はできないと言いだす。

なんとか第一条をまとめて、次は第二条というふうに進み始めたが、第三条でまた暗礁に乗り上げる。天皇のすべての国事行為には「〈内閣の助言と同意（The advice and consent of the Cabinet)〉を必要とする」という箇所が、「〈補弼《ほひつ》〉を必要とする」に変えられていると、また激論に火がついたのである。

〈アメリカ側は内閣の「コンセント」を必要とするとなっている先方案を改めて、これを単にアドバイスを意味する補弼だけとしたのはなぜか、と詰問した。そこで松本は、補弼をアドバイスと訳すのは適当ではないと思うが、補弼なくしては、天皇はなんらの行為も有効に行なうことはできない。補弼が憲法上の要件である以上、これを掲げて十分ではないか。協賛の語は議会に限って用いられてきたものであり、この場合にこれを使うのはおかしいと答え、卓が震えるくらいに激論を交わした。

かくして、松本は二時半ころまで司令部にいたが、先方は相当に興奮しているので、激論激化の結果、他日の妥協の余地を減殺することを恐れ、佐藤部長に後事を託して、用務にことよせて帰り、幣原首相に報告をした。〉（憲法調査会資料）

これは松本国務大臣が後日語った長い話の一部だが、状況はよく伝わってくる。

この激論は、「コンセント」に対応する「賛同」という日本語を発見して一件落着する。字引にある同意、賛成、承認という単語では、天皇に対して恐れ多いという感覚が足りないという日本人的感情は、民政局側にはなかなか伝わりにくかった。

プール少尉もその席にいた。

「私はうしろの席で待機していて、質問があれば答える立場でしたが、天皇条項は一語一語が論議になりました。私が発言する機会も多かったのですが、日本語の制約と意味の深さは、閉口するほど理解しにくいものでした」

松本国務大臣が帰った後は、専門家は佐藤部長一人が残され、まさに孤軍奮闘になった。ベアテ・シロタも、達者な日本語が重宝されて、通訳としてメイン・テーブルで八面六臂《ろっぴ》の大活躍をする。

「会議が持たれた六〇二号室には、コーヒーやサンドウィッチが運び込まれ、休憩もなしで、ぶっつづけで対訳作業を続けました。とにかく、日本案はあまりに修正されたものだったので、なぜ変えたのかということで、しばしば論議が紛糾しました。その大声を大声で通訳するので、声がかれてしまいました……。

何時頃か忘れましたが、白洲さんがトイレか何かに立ったあとの椅子の上に、GHQ案を日本語に訳したものがありました。それを見つけたので、そのあとは、これを使おうじゃないかということで、翻訳の作業が大分早くなりました」

その段階で、日本政府の作った三月二日案は、実質的にボツになっていたのである。

そして、四日の午後六時、日本側草案の英訳作業が一段落したころ、民政局側から「今晩中に日本国憲法の確定草案《ファイナル・ドラフト》を作成することになった。日本側もこれに参加してもらいたい」という申し入れがなされる。

この作業を、執務室でずっと待機しながら見守っていたマッカーサーが、ホイットニーに命令したらしい。マッカーサーもホイットニーも、翌日の午後四時半まで、宿舎に帰らず、紛糾した問題点の報告を逐一聞き、翻訳、検討を終わった条項に目を通していたというから、鬼気迫るものがある。

日本側も、法制局などから数人が応援に来たが、松本国務大臣を代行する責任は、佐藤達夫氏の肩に重くのしかかる。

ベアテさんは語る。

「午前二時ころになって、人権の条項に入り、女性の権利の部分になったところで、日本側は大騒ぎになり、また激しい議論になりました。そしたらケーディスが、日本側にこう言ったのです。

〈女性の権利については、ミス・ベアテ・シロタが確固たる信念で書いたものです。このまま通しませんか?〉

彼がそんなことを言いだしたことに驚きました。でも、私は通訳として、時々は日本の立場に立って、一生懸命にやっていましたので、日本の人たちにも好感を持たれていました。それで議論はストップして、スピーディに進み始めました」

ベアテさんの名通訳で大いに助けられたというのは、この会議に顔を出していた全員が口を揃えていう。彼女の明るさと才気煥発《かんぱつ》さが、どれだけこの刺々《とげとげ》しい会議を救ったかもしれないと。

それでも、あのレッド条項といわれた「土地、天然資源の国有化」の条項は、葬り去られた。

日本側から出された修正箇所は多岐にわたった。国会が、最高裁の判決をさらに審査するという条項の削除は認められ、一院制だった原案から二院制への修正についても、参議院に対する衆議院の優位性を認めるという条件付きで了承される。

しかし、日本側の三月二日案で葬られた条項のなかで、このときに復活したものも多かった。

〈天皇に関する部分が最も厳密であり、その他の部分についても先方（GHQ側）は、基本的な部分については一歩も譲らなかった。

午後四時か四時半ころでしたか、やっと終わったところへホイットニー将軍が入ってきて、私どもの手を握って感謝の意を表明した。それは不自然と思われるくらいであった。〉

（憲法調査会資料）

佐藤達夫氏の述懐である。

草稿をかかえてワシントンに飛ぶ

六〇二号室の密室でのドラマが進行している間に、日本政府側でも慌ただしく物事が進む。

三月五日は、朝から閣議が開かれた。そこに総司令部で審議が終わった条項の草案が次々と運び込まれてくる。それを受けて審議が進められた。しかし、そこでここは問題だから修正したいなどと、GHQ側へ打ち返せるような状況にはなかった。

午後に入って、総司令部側から、今日中に草案を発表したいという申し入れがくる。まさに足元から鳥が飛び立つような慌ただしさだ。

これに対して日本側は、日本文を推敲《すいこう》する時間がないので、何とか発表を明日に延ばせないかと、申し入れる。この時点で六日の発表は決定的になった。

夕方になって、内閣としてはこの草案を採択するほかはないと決断し、幣原総理大臣と松本国務大臣が宮中に参内して、天皇陛下に奏上、憲法改正についての勅語を出していただくことを奏請するという展開になる。

この時の閣議のメンバーだった芦田均《あしだひとし》氏の話がある。

〈午後引き続いて閣議が開かれた。二時一五分、白洲君は、英文で書いたアメリカ案を一〇部さげてきて、それらについておるアメリカ側の手紙を渡して、今日中にアメリカ案を受諾するかどうか返事をもらいたいといっておった。でなければ、今晩アメリカ側のテキストを発表する。アメリカ側は、本国の空気を見て一刻も猶予はできないと感じておるように見えるというのが、その時の白洲君の話であった。

アメリカが、もし発表するとすれば、日本側でも発表しないわけにはいかない。そうかといって、アメリカ案を直訳したような日本文でしかできて居らず、ことに前文にあるウイ・ザ・ジャパニーズ・ピープルなどという言葉は、全く欽定憲法を覆すものであって、現行憲法七三条と相入れない。これをどうするかというので、閣議ではいろいろな論議をしたが、結局はアメリカのいうことを聞くとしても、文句はなんとか変えることはできないだろうかという話をしたのが結論である。〉（同前）

ケーディス氏の記憶でも、

「〈現行憲法は欽定憲法なので、国民が憲法改正を発議することはできない〉と誰かが言ってきたことを覚えています。そこで、天皇に勅語を出していただいて、国会にそういう作業を命じる、とすればよいというアイデアを出した記憶があります。なにしろ時間がありませんでしたから……」

とのことである。

そういう切羽詰まった状況の中で、慌ただしく勅語の原稿を作り、午後四時半に、幣原総理と松本国務大臣が参内する。

天皇は、

〈今となっては仕方あるまい。勅語通りでよろしい。しかし、皇室典範改正の発議権を留保できないだろうか？　華族制度廃止についても、せめて堂上華族（元公家の家柄の華族）制度だけでも残すわけにはいかないだろうか？〉（同前）

とし、裁断を下した。

午後八時になって、総理大臣が宮中から退出し、総司令部に出かけたままだった吉田《よしだ》外務大臣も戻ってきて、再び閣議が開かれる。その時やっとアメリカ案の翻訳の全文が閣僚に配付された。

これはいかにも翻訳調でごつごつした文章だったので、安倍《あべ》文部大臣が手直しすること、発表は要綱の形で行なうことなどがきまり、閣議は午後九時一五分に終わる。

芦田氏の話。

〈閣議が終わる直前に、幣原総理が申された。

「かような憲法草案を受諾することはきわめて重大な責任である。おそらく子々孫々に至るまで、責任であろうと思う。この案を発表すれば、一部の者は喝采するであろうが、また一部の者は沈黙を守るであろう。しかし、深く心中われわれの態度に対して憤激を抱くに違いない。だが今日の場合大局の上から、そのほか行く道はないと思う」

閣僚の中には、涙をふいた人もあった。〉（同前）

天皇の出した希望も、この大変革の時に出すことはどうか、という岩田宙造司法大臣の意見で断念された。それでも最後まで粘る内閣は、次の三点について修正を申し入れる。

一、皇室財産が国有になる規定を緩和できないか？

二、外国人が政治上の関係で平等になる規定は、外国人にも選挙権を与えることになるので困る。

三、裁判官の定年は、憲法ではなく、法律できめることにしたい。

この申し入れに、GHQ側は、二、三、については了承を与えたが、皇室問題は、オープン・ディスカッションによって国会で決めるべきであるとつっぱねた。

日本政府にとって、憲法誕生の一番長い日は、まだ続く。いちおう条文の形になっている草案から要綱にする作業が残っていた。入江法制局次長らが、徹夜でこれを進めた。

翌三月六日、朝九時から引き続き閣議が開かれる。前文の字句修正、首相談話の検討と慌ただしく進められ、午後五時に新聞発表という運びとなる。

〈朕曩ニポツダム宣言ヲ受諾セルニ伴イ日本国政治ノ最終ノ形態ハ日本国民ノ自由ニ表明シタル意思ニ依リ決定セラルベキモノナルニ顧ミ日本国民ガ正義ノ自覚ニ依リテ平和ノ生活ヲ享有シ文化ノ向上ヲ希求シ進ンデ戦争ヲ放棄シテ誼ヲ萬邦ニ修ムルノ決意ナルヲ念ヒ国民ノ総意ヲ基調トシ人格ノ基本的権利ヲ尊重スルノ主義ニ則リ憲法ニ根本的ノ改正ヲ加ヘ以テ国家再建ノ礎ヲ定メムコトヲ庶幾フ政府当局其レ克ク朕ノ意ヲ体シ必ズコノ目的ヲ達成セムコトヲ期セヨ〉

まさに、ポツダム宣言とGHQ草案の字句の、パッチ・ワークのような勅語である。

当初からの方針通り、憲法改正草案要綱は、日本政府の手によって自主的に提案されたものとして発表された。連合軍総司令部は、それを承認する立場をとった。実際に書いたのが民政局の二五人であったことなど、もちろん表面に出るはずもなかった。

三月七日の新聞は、「戦争放棄の新憲法草案！」という大きな見出しでこれを報ずる。二月一日の政府案からわずか一ヵ月余りで、まったく発想のかけ離れた憲法が発表されたことをいぶかしむ記事はどこにも見当たらない。敗戦以来驚きの連続だったため、不感症になっていたような感じである。

朝日新聞は、

「わが日本国民が、人類社会の間に名誉の地位を占むるがためには、新たに制定せらるべき憲法に於いて、内は根本的民主政治の基礎を確立し、外は全世界に率先して戦争の絶滅を期すべきであります。即ち、国家主権の発動としての戦争は永久に之を放棄し……」

（傍点著者）

とGHQ草案の一部をそのまま引用している。その最後に載せられた、

「政府は、連合国総司令部との緊密なる連絡の下に、憲法改正草案の要綱を発表する次第であります」

と締めくくっている幣原首相の談話に、裏の事情が若干現れている程度だ。

マッカーサーも、

「余は今日、余が全面的に承認した新しきかつ啓蒙的な憲法を、日本国民に提示せんとする天皇ならびに日本政府の決定について声明しうることに深き満足を表するものである……」

と、同じ日の新聞で支持の声明を発表している。しかし、この声明をよく読むと、皇位を残した理由、戦争放棄などについては、執筆者の立場を代弁している。この日本国憲法草案は、まさにマッカーサー自身の、世界に向けての宣言でもあったのだ。

ところで、この前日の三月六日、楢橋《ならはし》書記官長のところに、民政局の担当官が、一三部

の英文憲法草案を持ってきて、確認のサインを求めている。そして、同じ日の夕方、厚木基地からグアム、ハワイ経由でアメリカ本土に向かう軍用機が飛び立った。その飛行機にひとりの海軍将校が乗っていた。サイン入りの日本国憲法草案を持ったハッシー中佐であった。

守られ過ぎた秘密

一三部のサインされた英文の日本国憲法草案のうち、ハッシーが何部を持っていったかはわからないが、持って行った先は統合参謀本部、国務省、それに極東委員会であった。

極東委員会は、二月二六日に予定通り発足した。事務所は当時閉ざされていたワシントンの日本大使館に置かれていた。発足してわずか一週間目に、この重大な発表が、東京からの新聞記事として届いた。

「東京で日本国憲法草案が発表されたというニュースは、寝耳に水でした。極東委員会はもちろん、国務省もまったく知らされていませんでした。

憲法改正は、非常に高度な占領政策ですから、当然極東委員会の仕事だと思っていました。米国政府から知らされていなかったことに対して、全員たいへんに怒りました。会議を開いて国務省に説明を求めましたが、彼らも説明できませんでした。

三月の上旬、正確な日は忘れましたが、ハッシー中佐が持ってきた草案が届けられて、私の憲法委員会で細かく分析しました。みんな日本政府が作ったということを信用しませ

現在のリチャード・フィン氏

んでした。説明を聞かされても、〈本当か？〉という雰囲気でした」

当時、極東委員会の中の憲法委員会と教育委員会の責任者だったリチャード・フィン氏の話である。

ワシントンどころか、総司令部の同じ建物の中にいた国務省政治顧問室のマックス・ウォルド＝ビショップ次長も、寝耳に水のひとりだった。彼は、戦前に日本に在勤した経験のある人物だったが、三月八日、新聞の切り抜きなどを同封し、大急ぎでバーンズ国務長官に極秘書簡を送っている。

〈信頼できる情報によりますと、日本政府は、現在の政府憲法草案を受け入れる前、重大な危機に陥ったということです。この危機を克服したのは、明らかに天皇および総司令官の全面的支持を得た首相の確固とした態度でした。

この草案に関しては、将来、日本人が自分たちでつくったというよりも、むしろ自分たちのためにお膳立てされたものとみる危険性があります。

私たちは、この日本政府案の詳細な分析、草案発表に至った経過の全報告、日本における反響の慎重な研究を国務省のために行うつもりです。〉（憲法調査会資料）

バーンズ国務長官は、極東委員会の不穏な空気を気遣い、自分も発表されるまでまったく知らなかったことをひた隠しにして、三月一二日に釈明のための記者会見をする。

その内容は、

〈極東委員会は、日本の憲法がポツダム宣言その他の管理文書と合致するか否かを検討する権利があり、従って憲法が憲法上の手続きにより実施される前に、何らかの方法で、極東委員会に提出せられるであろう。〉（同前）

というもので、かろうじて極東委員会の機嫌を取り結ぶことに成功した。

その極東委員会は、三月二〇日初会合を開き、極東委員会の最終審査権を留保するとともに、制定過程で、日本の世論に訴える必要があること、そして進捗《しんちょく》状況について、逐次極東委員会に報告することなどの政策を、全会一致で決定する。この決定は、アメリカ政府から指令としてマッカーサーに送られる。

マッカーサーは、四月五日、東京で開かれた対日理事会の開会式で、日本国憲法草案の意味を、格調高く演説する。

「これは、ただ一つの道を指し示すものである。連合国の安全保障機構は、その意図は称賛すべきものであり、その目的は偉大かつ高貴であることは疑えないが、しかし、日本がその憲法によって、一方的に達成しようと提案するもの……即《すなわ》ち、国家主権の戦争放棄ということを、もしすべての国家を通じて実現せしめうるなら、国際連合の機構の永続的な意図と目的とを成就せしむるものであろう。戦争放棄は、同時かつ普遍的でなければならない」

この時の記録映画があるが、例の重々しい謳いあげるような口調で、自信たっぷりという感じが伝わってくる。

マッカーサーは、この演説内容を極東委員会に対する答えと考えていたが、極東委員会側は何の回答もなく無視されたと受け取る。

アメリカ代表のマッコイ将軍は、弁解につとめるが、連合国の他の代表者たちは満足せず、四月一〇日全会一致で、極東委員会が日本国憲法採択の協議に参加できるよう要請する決議を可決する。そして、マッカーサーに、説明のための幕僚を派遣するよう求める。

これに対してマッカーサーは、四月一三日、長文の返事を書く。その内容を要約すると、「占領政策がポツダム宣言の範囲内で行なわれる場合、すべての権限は最高司令官にある。極東委員会は、政策決定体に過ぎない。憲法改正もポツダム宣言および降伏条項の枠内の指導である」

というもので、これが不幸なことに国務省で一ヵ月半も止め置かれたあと、五月末になって、ようやく極東委員会の手に渡る。おまけにマッカーサーは、極東委員会でのことを説明できる将校は自分しかいないが、とても忙しくてワシントンまで行くことは出来ないと、幕僚を派遣せよとの要請を突っぱねる。

ところが同じ情報を極東委員会は別ルートで受け取っていた。それは、ホイットニー民政局長から直接に送られてきた文書である。そこには、

〈マッカーサーが、「個人として憲法草案を承認した」のは、日本国内の因習や反動と戦っているリベラル派を「精神的に支援し、勇気づける」のがねらいで、新憲法草案は、「おそらく史上、もっとも自由な討議と検討の結果として成立した憲法」であり、私の提案によって、日本側が「何者にも拘束されたり、縛られたりすることなく、完全に自由な状況で作業を進めること」を保障したから、それ以上極東委員会といえども干渉できないだろう。〉（リチャード・B・フィン著『マッカーサーと吉田茂』同文書院）

と書かれていた。リチャード・B・フィン氏に言わせれば「嘘八百を並べたてていた」ことになる。

こんなふうに書いて行くと、極東委員会は、GHQにとって実に手ごわい魑魅魍魎《ちみもうりょう》の集まりだったように聞こえるが、実際はもっとソフトな集団だったようだ。フィン氏の口から聞いた話だ。

「たしかに、一九四五年から四六年の一月ころまでは、ニュージーランド代表やオーストラリア代表が非常に強硬でした。両国の国連代表は、戦争犯罪人に天皇ヒロヒトを指名し、一月にマッカーサーに決定書を送っていました。極東諮問委員会も天皇に関することは、すべてワシントンに報告するように通知しました」

マッカーサーの心胆を寒からしめたのは、この通知だった。

「しかし、強硬だったのは四六年の一月ころまでで、ニュージーランド、オーストラリアもその後、しだいに穏やかになり、ソビエトも中国も、天皇制の存続には反対しませんでした。これは、憲法委員会(正式には第三委員会)のアメリカ代表のヒュー・ボートン博士が、詳細な報告書を書いたからです。日本国民は、天皇制を選ぶことができる。いろいろ条件をつけた天皇制を認めると、占領がスムースに行く、という説明が書かれていました。

極東委員会のメンバーがその報告書を勉強しました。反対者はいませんでした。

ですから、ハッシー中佐が持って来た憲法草案を分析した時、天皇制の存続に反対しなかったし、戦争放棄についても、前文に入れた方がよいという意見や、政府の閣僚はシビリアンでなければいけないという話なども出ましたが、総論では極東委員会は賛成していました。

でも仮にGHQ案が作られず、極東委員会の主導で憲法草案作業を進めたとしたら、どういう結果になったかわかりませんね」

結果論として聞けば、なんだという気がしないではない。極東委員会に報告書を書いたボートン博士は、すでに紹介した通り、日本の占領政策立案の生きた歴史ともいう人物で、あのSWNCC—228の大部分を執筆している。しかも知日派で日本びいきだった。

しかし、フィン氏がいうのも一つの顔ならば、冷戦の兆しを覗《のぞ》かせるこわもての顔も、極東委員会は持っていた。

日本の手に渡って

マッカーサーが憲法草案の作成を急いだ理由は、一つには、極東委員会でソビエトその他二、三カ国が独自の共和国憲法案を出すかも知れないと噂されるなど、当時のかなり追い込まれた国際的状況にあったが、もう一つは、四月一〇日の総選挙に間に合わせることにあった。

新憲法によって、世論を味方につけ保守勢力を一蹴すること、そしてポツダム宣言の内容、すなわち「日本国民の自由意思により」の条件を満足させること、この二つの目的を同時に果たして、極東委員会など連合国側の雑音を中央突破しようとしたのである。

その四月一〇日の選挙では、憲法は一応争点にはなったものの、民衆の差し迫った食糧問題などの前には、存在感がうすかった。しかし、民主主義なるものがわかりかけてきた世論は、新憲法の草案に対して好意的だった。マッカーサーの計算は、日本人が積極的とは言えないまでも、占領軍の日本改革路線に肯定的なサインを出したことで、いちおう成功といえた。

憲法草案は、四月一七日に要綱から法文化する作業が終わって、草案と英訳が発表される。この草案作成には、ひらかな口語体にした方がよいという山本有三《ゆうぞう》、横田喜《き》三郎《さぶろう》氏らの意見が通り、ＧＨＱも了解して、日本の法制史上画期的な文体となる。

この日本語文の中で、「補弼・賛同」が「補佐・同意」に変わっていたことで、またまた民政局と揉めることになった。頑固な松本国務大臣に手を焼いていた感じのケーディス大佐らだったが、せっかく苦労して民主化の指針を出した以上、監視の手を緩めることは出来なかったようだ。

あの、憲法の改正を一〇年間禁ずるという条項を書いたプール氏も、

「日本がその後、チャンスがあったにもかかわらず、憲法を改正しなかったのは、当時からすれば思いもよらないことです。ですから議会の推移はとても気になりました。日本の保守勢力をどれだけ消し去ることができるかが、日本占領に対する、世界からの評価になるわけですから」

と述べている。

六月二〇日、第九〇回帝国議会が開催された日、帝国憲法改正案は、勅語によって衆議院に提出された。翌日マッカーサーは、憲法審議にあたって長文の声明を出す。日本国民は、日本の歴史において真に重大なる時期に直面していると注意を喚起し、その中で、いわゆる「議会における討議の三原則」を示す。

○新憲法の規定を討議するために、十分な時間と機会が与えられなくてはならないこと。

○憲法改正が、明治二二年発布の現行憲法と完全なる法的持続性を保障されること。

○憲法の採択が、日本国民の自由なる意思を表明することを示すことが絶対に必要であること。

この三原則は、五月一三日に極東委員会が決議したものとまったく同じである。マッカーサーには、日本の民主化を最後まで見届ける責任があったが、極東委員会といたずらに事を構えたくなかったのだろう。見事な配慮である。

衆議院には、憲法改正案特別委員会が置かれ、さらにその中に小委員会が組織され、どちらの委員長にも芦田均氏が選ばれた。

ここで行なわれた修正の最大のものは、第九条の戦争放棄の条文（ＧＨＱでは第八条だったが、日本政府提出案になった時点で第九条になった）の第一項に「日本国民は、正義と秩序を基調とする国際平和を誠実に希求し……」の一文を挿入し、第二項に「前項の目的を達するため……」という文を加えることであった。

いわゆる芦田修正と言われる修正である。

〈私は、第九条の二項が原案のままでは、わが国の防衛力を奪う結果となることを憂慮いたしたのであります。それかといってＧＨＱは、どんな形をもってしても、戦力の保持を認めるという意向がないと判断しておりました。そして第二項の冒頭に「前項の目的を達するため」という修正を提議しました際にも、あまり多くを述べなかったのであります。

修正の辞句はまことに明瞭を欠くものでありますが、しかし私は一つの含蓄をもってこの修正を提案いたしたのであります。「前項の目的を達するため」という辞句を挿入することによって、原案では無条件に戦力を保有しないとあったものが、一定の条件の下に武

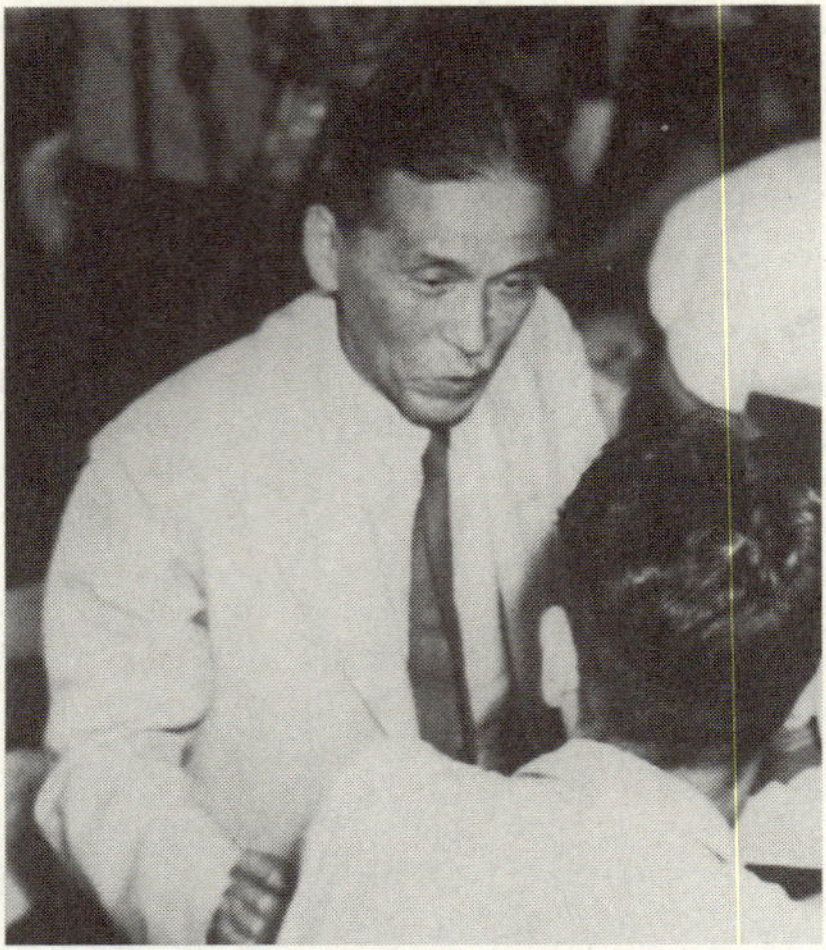

芦田均・衆議院憲法改正案特別委員長

力を持たないということになります。日本は無条件に武力を捨てるのではないことは、明白であります。〉（芦田均委員・憲法調査会資料）

これは、後日憲法調査会が調査を行なったときの芦田氏の答えだが、ケーディス氏からその前後の状況を詳しく聞くことができた。

「たしか、七月の終わりころだったと思います。芦田氏が一人で、戦争放棄の条項を修正したいと相談に来ました。その〈日本国民は、正義と秩序を基調とする国際平和を誠実に希求し……〉という文章と、〈前項の目的を達するため〉という文章を入れたいと言いました。

文章は、固く、何となく曖昧《あいまい》な感じがしましたが、その意味するところはわかりました。マッカーサー・ノートの戦争放棄の条項をカットしたところでも話しましたが、個人に人権があるように、国家にも自分を守る権利は本質的にあると思います。

そこで、私は、私の責任でＯＫを出しました。すると芦田氏は、ホイットニー、マッカーサーと相談しなくてもいいのですかと聞きました。私は、まったく問題ないと返事をしました。

これは別の人から聞いた話ですが、このやりとりを聞いていたハッシーとピークが、ホイットニー将軍のところへ確認に行きました。私は、不愉快だったので一緒には行きませんでしたがね。

彼らは、将軍に〈この修正は、日本が《自衛の軍隊《ディフェンス・フォース》》を持つことになると思うが、どう思われますか？〉と尋ねたんですね。すると、ホイットニー将軍は、〈それがどうした？君はよい考えだとは思わないかね！〉と答えたというんですね」

ジャスティン・ウィリアムズ氏によれば、マッカーサーも、第九条は国の安全保持に必要な措置を妨げるものではない、という意見の持ち主だったという。事実、「第九条は、外国への侵略だけに照準を合わせたものである」と、マッカーサーは回想記の中で自分の口から語っている。

ケーディス氏の話は続く。

「マッカーサーが、平和国家であるという点で日本がリーダーシップを取るべきであり、他の国々は日本を見習い、あとに続くべきだと考えていたことは、疑う余地がありません。しかしそれだけでは私自身すっきりしませんでしてね。芦田が第九条の修正案を提案をしてきた時は、むしろうれしく思いましたね。というのは、あの修正によって、独立国としての立場が明らかになったからです。使われている言葉は重苦しいものでしたが、それによって、たとえば日本が国連加盟国になる場合の助けになると思いました」

実際、この修正案が提出される前の特別委員会で、金森国務大臣は芦田均委員長の質問に答えて、

「将来国際連合に日本が加入するということを念頭に置きまする場合に、現在の憲法の定めておりまする所と、国際連合の具体的なる規定が要請しておりまする所との間に、若干の連繫上不十分なる部分があることは認めなければならぬと思います」

と国連加盟を想定した際の第九条の不備について認めている。

このように芦田は、衆議院の委員会で問題が起こる度に、しょっちゅうケーディス大佐の下に了解を求めに通っていたが、当時の戦争忌避の民衆の声の中では、こうした考えは伏流水として言葉の中にひそませておくしかなかったようだ。

この戦争放棄の条項は、特別委員会、小委員会、そして本会議とかなり時間を費やして審議されるが、その中での、自衛権についての政府見解が注目される。

吉田首相は、二回答弁を行なっている。これは芦田修正前のものだが、憲法を考える時、非常に重要なポイントなので、次に紹介しておこう。

「本案の規定は、直接には自衛権を否定しては居りませぬが、第九条第二項に於て、一切の軍備と国の交戦権を認めない結果、自衛権の発動としての戦争も、また交戦権も放棄したものであります」(一九四六年六月二六日)

「国家正当防衛権に依る戦争は、正当なりとせらるるようであるが、私は斯くの如きこと

を認むることが有害であると思ふのであります。近年の戦争は、多くは国家防衛の名に於て行はれたことは顕著なる事実であります。如に正当防衛権を認むることが戦争を誘発する所以であると思ふのであります。正当防衛権を認むることそれ自身が有害であると思ふのであります」（一九四六年六月二八日）

この答弁を受けて当時の新聞は、この解釈通り、戦争放棄の条項は自衛権も否定したものとして記事にしている。

これが、戦後ずっと続く第九条の解釈になるのだが、GHQが自衛権を認めていたということは、もちろん公にはされないまま、審議は進んだ。

次に大きな修正は、前文と第一条の後段に「主権在民」を明確にした字句を入れたことだ。これは、もともとGHQ案にあった字句で、政府提出案の段階で消されていたものだった。

特別委員会での金森国務大臣の答弁が、「新憲法下でも国体は変わりない」とか「主権は天皇を含む国民にある」という風に、誤解をされやすい表現だったことから、この修正が行なわれることになった。マッカーサー元帥の立場と国際情勢（主として極東委員会の問題）を説明したケーディス大佐は、前文か条文のどちらかに、主権が国民にあることを明文化してもらいたいと要求した。それは屋上屋を架すことになる、と主張する金森国務大臣とかなり激しい応酬があって、結局日本側が折れた。

衆議院修正で興味深いのは、人権条項の第二三条に、第一項として、「すべて国民は、健康で文化的な最低限度の生活を営む権利を有する」という、私たちになじみの深い文章が挿入されたことである。これは、あの憲法研究会案にあった文章なのだ。

「憲法研究会案は、ずいぶん取り入れましたが、衆議院の修正段階でも、いくつか参考にされたり、加わったものがあります」

ケーディス氏は、憲法草案が全部GHQ製ではないことを言いたいのか、何度もそのことを繰り返した。

衆議院での修正は、およそ一一項目が数えられるが、このような段階を経て、条文もなんとも生々しい翻訳調から日本語らしくなる。そして八月二四日、本会議で決議され貴族院に回される。

その貴族院で、審議がほとんど終わりに近づいた九月末、またまた大きな修正が行なわれることになる。

ことのきっかけは、極東委員会であった。中国代表S・H・タン氏が、閣僚が「シビリアン（文民）」でなくてはならないという条項が必要だと要求したのである。戦争放棄の条項の修正によって、自衛権を保有することが出来るとすれば、武官が閣僚に就く可能性も生まれたという主張である。

これに、第三委員会（憲法・法制改革）の、カナダのコリンズ委員長も賛成した。この会議の中で、またまたボートン博士が説明に立たされる。ボートン博士は、もともと文民条項を重要と考え、SWNCC―228にも書き込んだ人物である。

彼は、第九条の修正の意味が不明瞭《めいりょう》だということで、マッカーサーに問いただすことを提案する。イギリス代表のジョージ・サンソム卿《きょう》も、パターソン・カナダ代表も問い合わせに賛成し、プリムソル・オーストラリア代表は、文民条項の挿入を強く要求する。

この結果を受けて、ペーターセン陸軍次官補から、マッカーサーのもとに、電報が送られる。第九条の修正の意味と文民条項の必要性について、極東委員会の審議の雲行きを伝えて問い合わせたのである。それに対してマッカーサーは「一五条に成人による普通選挙が保障されることと、六六条に首相と国務大臣は文民とするという修正を日本政府に申し入れたこと、及びこのような遅い時期の修正は困難なので、これ以上の修正はしないと約束した」と回答した。

極東委員会は、九月二五日の会議で、文民条項の再確認という形で政策決定をしたが、これより前の九月二四日、マッカーサーから命令を受けたホイットニー将軍は、ケーディス大佐を伴って吉田首相を訪ね、二項目の修正を申し入れている。

第一五条に「成年者による普通選挙は保障されている」を加えること。

第六六条に「内閣総理大臣および国務大臣は、シビリアンでなければならない」を加えること。

前者は問題ないが、後者については、日本はすでに戦争放棄をしており軍隊は存在しないのだから、文民条項は矛盾しているという日本側の主張に、ホイットニーは極東委員会の事情を説明し、マッカーサーも「気の毒だが呑《の》んでもらいたい」といっていると、かなりゴリ押ししている。

「ずいぶん日本政府にも、無理難題を持ちこみました。日本語には、シビリアンに対応する言葉がないので困りました。〈文民《ブンミン》〉という新しい単語を私たちも一緒になって作ったのです」

ケーディス氏は、「ブンミン」という単語を何度も復唱しながら、この前後の事情を私たちに語った。いずれにしろ、このころには憲法草案の背後にGHQがいることは、公然の秘密になっていた。貴族院の憲法改正案特別委員会は、九月二八日にこのために小委員会を置き、これはGHQ側の申し入れであると説明する。

この修正のために、法案は貴族院での可決のあと、もう一度衆議院で審議され、結局一〇月七日、本会議で可決される。そのあとさらに枢密院本会議で可決され完全な日本国憲法が生まれる。

この段階でも極東委員会は、まだ決定したわけではないと発言するなど、その小姑《こじゅうと》ぶりは続く。国会の承認は、果たしてポツダム宣言の要求する「日本国民の自由に表明した意思」に沿っているかどうか疑わしいと非難する国があったからである。言外にアメリカ製であることを問題にしようとしていたのである。

またまたボートン博士は窮地に立たされ、説得に駆け回らなければならなかった。表決に持ち込むと、拒否権が存在するために、連合軍総司令部も日本政府も立ち往生しなければならないからだ。

しかし、さまざまな曲折を経て、一〇月一七日、極東委員会は一つの政策決定をする。

「日本国民がその運用の経験に鑑みてそれを再考究する機会を持ちうるために、委員会は、憲法が施行せられてから一年より早くなく二年より遅くない期間内に、新憲法に関する事情が国会によって再検討せられなければならないことを政策事項として決定する」

つまり、承認するとも不承認であるとも言わずに、結論めいたものを出しているのである。リチャード・フィン氏によれば、

「採決をしないということで、先送りしたような決定でした。アメリカ代表は、うまくやったのです。しかし、二年後には、言い出した当の極東委員会も、マッカーサーも、吉田も、憲法改正の検討に熱心ではありませんでした」

マッカーサーが一番心配していた、連合国の一国による拒否権が発動されないまま、日本国憲法は世界へのパスポートを手にしたのである。

極東国際軍事裁判は、五月三日開廷し、東条英樹《ひでき》、廣田弘毅《ひろたこうき》らの尋問が続いていた。彼らは、天皇に類を及ぼすことを懸命に阻止しようと、努力していた。天皇が被告に呼ばれる、証言台に立たされる……そうした心配の声は、まだ巷《ちまた》にあった。

しかし、日本の分割占領をさけ、天皇を守ったマッカーサーにとって、すでに最大の関心事は、世界を二つに分けつつあった「冷戦構造の兆し」となっていた。

一九四六年一一月三日、日本国憲法は公布される。民政局の二五人は、その日、本会議場の傍聴席の片隅に座っていた。新憲法成立に拍手を送る人たちのほとんどは、彼らがなぜそこに座っているかを知らなかった。

半世紀が経過して、日本国憲法を生んだ人たちは、六人が健在である。関係者も含めて、生涯忘れえない仕事を振り返ってコメントをもらった。

チャールズ・L・ケーディス氏（当時陸軍大佐、草案執筆の責任者）

「当時、日本国民は、国会による代議制民主主義を非常にすんなりと受け入れました。私たちは、日本政府に民主主義の指針を示すだけの仕事をしたと思っていました。時代が変わると、憲法は幾分修正されることになると考えていました。

しかし、日本には、日本国憲法の改正案を起草するよりも、はるかに優れた憲法運用の専門家たちがいたのだと思います」

リチャード・A・プール氏（当時海軍少尉、天皇・条約・授権規定に関する小委員会）

「歴史が、日本国民の民主的プロセスの理解について我々が抱いていたあらゆる不安を乗り越えさせたということでしょうか？　今や日本国民は、完全に民主的プロセスを理解しています」

ミルトン・J・エスマン氏（当時陸軍中尉、行政権に関する小委員会）

憲法公布の日（1946年11月３日）、国会傍聴席の民政局の25人。前列右から２番目がケーディス大佐。

「政治で重要なのは、実績です。意図された通りなのか、運がよかったのか、どちらにせよ、この憲法は歴史に残る成功物語です」

オズボーン・ハウギ氏（当時海軍中尉、立法権に関する小委員会）

「日本が他の国に先んじて、〈理想〉のゴールに達したという感じがしています。まさに、新しい国の新しい憲法といえますね」

ベアテ・シロタ・ゴードン氏（人権に関する小委員会）

「モデルみたいな憲法だと思いますね、私は。日本の女性の幸せな顔を見ると、とても嬉《うれ》しく思います。世界には、まだまだ不幸な立場の女性が大勢います。そんな国は多いのです。こんどは、日本の女性が、世界に出かけて助けてあ

日本国憲法草案を手にするケーディス大佐

げて下さい」

ジョセフ・ゴードン氏（当時陸軍中尉、翻訳担当）

「日本国憲法の英語の正文は、非常に格調の高い立派な文章です。その価値の高さが、半世紀を支えたのでしょう」

ジャスティン・ウィリアムズ氏（当時陸軍大尉）

「私は、不幸にして漆《うるし》にかぶれて、憲法草案の作成に参加していません。残念な思いが今も残っています。

参加していたとしたら、憲法第九条には、たぶん反対したでしょう。しかし、（第九条は）結果的に日本を経済的に豊かな国にしました」

セオドア・マクネリー氏（メリーランド大学名誉教授、日本国憲法研究の第一人者）

「それは、広く世界中の人々が抱いていた理想でした。その意味で、理想的な国の理想的な憲法と言えるでしょう」

リチャード・フィン氏（当時極東委員会）

「新憲法は、酷い戦争から生まれた〈美しい真珠〉だといった人がいます。これは日本国憲法を言い表す最高の言葉だと思いますね」

あとがき

ボストンから二百キロ西のヒースという寒村にあるチャールズ・L・ケーディス元大佐のお宅は、深い森に包まれている。

二日間にわたるインタビューの初日、一九九二年一一月二日は、氷雨が降っていた。大きなヒマラヤ杉の葉についた水滴がアイスキャンディーのように凍って、大きな枝がポキポキ音を立てて折れた。その大きな音を気にしながらの撮影の最中に、突然停電が起こった。大きな木が、結氷した重みで倒れ、送電線を切ってしまったのだ。

インタビューの二日目、一一月三日は、奇《く》しくも日本国憲法公布の四六年目の記念日に当たっていた。そのインタビューの最後に、

「あの毎日新聞のスクープは、どうもＧＨＱが仕掛けたもののように思えるのですが……」

と、恐る恐る思っていたことを切り出してみた。ケーディス氏の表情が一瞬止まったように思えたが、すぐに元通りにこやかな表情に戻った。

「推理小説のストーリーとしては、それはすばらしい発想です。でも残念なことに、あなたの期待に背く答えしかできません。私たちの方が、日本政府のアドバルーンだと思って

いたほどですから……」

本文中にもあるように、私は、現在もこの答えを信用していない。ケーディス氏の日本国憲法草案作成の仕事の運びを見ると、上官の命令を忠実に遂行する軍人の顔（記録では、上官であるホイットニー准将の決定に口答えもしていない）と、進歩的思想を持つ意志の強いインテリ弁護士（部下に対しては、ハッシー、ラウエルの意見も一蹴《いっしゅう》しているほど絶対的な自信を見せている）の二つの顔を見事に使い分けている。

インタビューも、後者については極めて詳細なお話を聞くことができたが、前者についてては際だって寡黙であった。毎日スクープがGHQにとって絶好のタイミングで飛び出した理由も、その寡黙さの中に埋没してしまった疑いをぬぐい去れない。憲法草案執筆という仕事の歴史的重みは、証言者をまだ自由な立場に解放していないような気がしないではなかった。

とはいえ、実際に憲法の草案を執筆した人々から直接お話を聞けるということは、ジャーナリスト冥利《みょうり》につきる仕事であった。

ハウギ氏には一院制と二院制について、プール氏には天皇制と憲法改正の条件について、ベアテ氏には人権に関する条項の推移について、エスマン氏には首相の権限についての意見の相違について、ゴードン氏には草案の翻訳についての裏話など、話の中身は変化に富み、活字では表現できないディテールに溢《あふ》れていた。

ケーディス氏とハウギ氏のインタビューは、神戸大学の五百旗頭真《いおきべまこと》教授が受け持って下さり、私は寄りかかっておれば良かったが、残りの方々は全部私自身が聞く羽目に陥ってしまった。五百旗頭教授のスケジュールが取れなかったためだが、心細いことおびただしかった。

インタビューには、記憶を呼び戻していただくためにラウエル文書、ハッシー文書、ケーディス文書など、作業過程での草稿、それにエラマン・メモを携えて、各条項の変化、作業のディテールなどをうかがったが、いかんせんこちらの知識の乏しさと、限られた時間では、網の目から逃げたものが大きかったに違いない。

しかし、インタビューした方々に共通していたのは、例外なく人間味豊かで、民主国家の理想的な憲法を生み出すために情熱を燃やしたという自負を持っていたことだ。人生のある時期を、理想に燃える仕事に費やしたという人々が、実に羨《うらや》ましく見えた。その実在感は、何よりも勝る収穫であった。

GHQ民政局の草案執筆者に当時の事情を聞くという試みは、一九五七年に設置された日本政府の憲法調査会による、ラウエル中佐、ハッシー中佐らへのインタビュー（マッカーサー、ホイットニーへは、手紙による質問）から始まって、一九八六年の憲法制定四〇周年のメリーランド大学におけるシンポジウムなどがあったが、これらの情報は、ほとんど専門家の間の資料として、一般の知るチャンスは少なかった。まして、彼らがどんな顔をしてどんな声で話す人かなどの映像は、ほとんど記録されていない。

エラマン・メモの記録や、証言者の話を聞くと、二五人は、それぞれに個性的な人物が多かったようだ。豪放磊落《らいらく》なスウォープ海軍中佐、少しオタク的だったようだが名文家を自認するハッシー中佐、議論好きだったエスマン中尉、行動力抜群のベアテ嬢、硬軟取り混ぜて、グランドホテル形式の戯曲ができるほどの役者ぞろいだ。キー・パーソンの何人かが亡くなった今、この試みを一〇年前二〇年前に行なっていれば、という思いがしないではない。

戦後五〇年が経って、今、憲法改正の論議が起こっている。私はこの書物で、改憲、護憲のどちらかに与《くみ》しようという考えはない。

しかし、たとえばイギリス憲法が、被圧迫階級が、国王の専横をルールによって制限しようとしたところからスタートしたことを思えば、憲法は庶民の声を反映しなければならないことは、自明の理である。一方、アメリカ憲法すら、アメリカ・インディアンを除くアメリカ大陸に住む自由人（奴隷のこと）という表現があったし、黒人差別の修正条項も、制定百年後にしか生まれてこなかった。それらのことを考えれば、庶民は、たとえ民主主義という形式を持っていても、常に為政者に対し厳しい目を注ぎ、変更を要求しなければならないだろう。

日本人の保守的な資質は、本書でも見られたように、救いがたい一面を持っている。あの時期に、日本人のすべての頭脳を結集したとして、あれだけの憲法が生まれたとは到底思えない。あれから半世紀、日本人の資質は変わっただろうか？

平和憲法がなかったら、戦後日本の歴史は、かなり違った道を歩んだ恐れもあった。実際、経済力を持つにつれ増大した日本の傲慢《ごうまん》さに対して、何が抑止力として働いてきたかを冷静に振り返ってみれば、それは容易に理解できるだろう。

本書は、前述の通り、テレビ・ドキュメンタリーの取材から始まった。その仕事を評価していただいて、ノンフィクションに書いてみてはとお誘いいただいたのが、創元社社長の矢部文治氏であった。テレビの仕事というのは、僅《わず》か一時間半のドキュメンタリーを制作するのに、数年という労力を費やす。そして、作品として表出されるものは、ほんの一部にすぎない。やがてゴミになっていく資料を生かす絶好のチャンスと、手につばきして取りかかったものの、インタビューを聞き返し、原典資料とつきあわしていくうちに、勉強のいたらなさと数多くの疑問点に突き当たった。

ケーディス氏とベアテ・ゴードン女史には、一九九三年に日本にお招きした時に、さんざん追加質問をし、さらにまたアメリカまでインタビューのやり直しに出かけた。プール氏、ウィリアムズ氏、マクネリー教授には、アメリカでインタビューに同行し翻訳の一部を受け持ってくれたジーン・ゴードン・コシエンダ女史が再三訪問し資料を借用したり、電話で質問したりして、随分ご迷惑をおかけした。

ケーディス氏には、一九九四年の一〇月にもお目にかかったが、エラマン・メモについて疑義を出されたのはこの時であった。そして、手書きで非常に読みにくかったエラマン・メモに、コシエンダ女史の助けを借りてあたり直した。それはそれで、二五人の人格がわかるほど、面白いものだったが、本書に反映できたのは一部に留《とど》まった。貴重な当時の写真は、ジャスティン・ウィリアムズ氏、オズボーン・ハウギ氏、その他のインタビューに応じていただいた方々、それに米国立公文書館、朝日新聞社から提供していただいたものである。

神戸大学法学部の五百旗頭真教授には、テレビ・ドキュメンタリーのご縁で、終始駆け込み寺になっていただいたが、各条文の変化の対比や資料の渉猟、追加インタビューには、米国在住の浦部輝雄氏、ジーン・ゴードン・コシエンダ女史、村田晃嗣氏をはじめ、私の社、ドキュメンタリー工房の平岡磨紀子プロデューサー、寺本真名、大橋純子、河野久美子各ディレクターの手を大いに煩わせた。

一番複雑な作業であった英文資料の翻訳に関しては、結果的には、権威とされている田中英夫教授訳に立ち戻った部分が多かったが、ジーン・ゴードン・コシエンダ女史の他に、平島晶子、アン前田両女史にもさんざんご迷惑をおかけした。まとめてのお礼では、恐縮の限りだが、こういう方々の協力がなかったら果てしない時間が必要だった。

また、この本の原点になったテレビ・ドキュメンタリー「日本国憲法を生んだ密室の九日間」の放送は、朝日放送の杉山秀樹報道局長、当時「サンデー・プロジェクト」のプロデューサーであった和田省一編成部長、及び現プロデューサー浜崎純一氏の努力なしでは実現できなかった。また、この取材に同行した朝日放送の田中徹氏、米国での撮影を担当したニッパス・プロダクションの井上泰一郎、西哲治両カメラマン、編集の労をとっていただいた書籍情報社の矢部宏治氏にも、併せて謝意を表したい。

＊なお、このテレビ・ドキュメンタリーを再構成したビデオ・パッケージを株式会社ドキュメンタリー工房（〒531−0075大阪市北区大淀南2−6−3 ☎06・6451・1119）にて発売している。本書と併せてご覧頂ければ、より臨場感あふれる当時を知って頂ける筈《はず》である。

文庫版出版にあたって

軍国少年だった私は、「憲法改正案要綱」が報じられた昭和二十一年三月七日の新聞で「戦争抛棄《ほうき》」という活字に驚いた世代である。勿論《もちろん》深い意味を理解出来る筈《はず》もなく、「天皇が良くご無事で……」という大人たちの会話に共感していた自分の姿を、映画の一齣《ひとこま》のように記憶している。もう戦争はない。安堵《あんど》感は、日本人が等しく共有していた。

その記憶は、七十年近く経過したいま、世代交代が進み遠いものになった。国家の国際関係は感情的になり、集団的自衛権という名の戦力増強を競う時代に変貌《へんぼう》した。心配される状況が加速している。

今一度原点に戻って考えるために、文庫版がお役に立てば嬉《うれ》しい限りである。

古い話になるが、一九九七年、長いつき合いになったチャールズ・ケーディス氏からサジェッションを戴《いただ》いた。

「鈴木さん、日本国憲法は卒業にして、世界各国の戦後憲法を取材したらどうですか、別の世界が見えますよ。まずフランスへ行くことを薦めます……」

フランス系ユダヤ人で、ヨーロッパの最前線から直接日本に赴任したケーディス氏。戦争抛棄という政治思想のルーツと、彼自身の体験でもある民族相克の戦争の悲劇を知れば、我々が日本国憲法草案づくりに心血を注いだ理由がわかる、という意味であった。

「フランス国民は、征服を行うことを目的とする、いかなる戦争を企てることも放棄し、かついかなる人民の自由に対しても、その武力を決して行使しない。」

これは、フランス革命直後の一七九一年のフランス憲法第六編の条文である。フランス国立公文書館の奥深く保存されていた原本は羊皮紙であった。キューレーターのレイモン・ノエル氏が、ぱりぱりと音を立ててめくり朗読された情景が今も目に浮かぶ。不戦を誓う歴史的字句に、五百旗頭真先生と撮影班全員が感動した。


戦争抛棄の憲法には二百年を越える歴史がある。一七九一年の第一共和政の不戦憲法は二年で消え、五十七年後の一八四八年の第二共和政の前文に登場する。そして一八七五年の第三共和政で姿を消す。一九一六年第一次大戦がはじまり、毒ガスなど新しい殺戮《さつりく》兵器が生まれ、あの七〇万人の死傷者を出したヴェルダン要塞《ようさい》の攻防戦が展開される。誰が見ても、戦争は止めるべきと決意させる惨状であった。ドイツの悲劇的敗北によって、民主主義と人権を尊重したワイマール憲法が生まれる。その一〇年後、フランス外務大臣ブリアンが米国務長官ケロッグに提案、パリ不戦条約が生まれる。この提案に日本も賛同、最終的に八十五カ国が加盟する。有名な第一条。

「条約国は、国際紛争解決のための戦争に訴えることを非とし、かつその相互関係に於いて、国家の破壊手段としての戦争を放棄することを、人民の名に於いて厳粛に提案する。」

これを受けて一九三一年にスペイン、一九三五年フィリピンに「侵略戦争の放棄」の憲法が誕生している。この潮流はファシズムによって破綻《はたん》、第二次大戦の悲劇が起る。原子爆弾はその極限的兵器であった。その使用前の戦争中、国連憲章は六月二十六日の総会で発表されていた。

「3、全ての加盟国は、その国際紛争を平和的手段によって、その国際平和及び安全並びに正義を危うくしないように解決しなければならない。

4、全ての加盟国は、その国際関係に於いて武力の威嚇又は武力の行使を、如何なる領土保全又は政治的独立にたいするものも、国際連合の目的と両立しない他の如何なる方法によるものも、慎まなければならない。」

戦後、日本国憲法誕生の少し前にフランスの第四共和政憲法をきっかけに、イタリア、韓国、ドイツと「戦争抛棄」或いは「侵略戦争の否定」の憲法が相次いで生まれる。

日本国憲法第九条は、あの悲劇的戦争を二度と起こしたくないという世界的合意の中で世界の平和への潮流を生み出したとも言える。

少し詳しく知りたい方は、ドキュメンタリー工房が制作した「検証　第9条は孤立しているか？　〜世界史に見る戦争抛棄の系譜〜」（DVD96分）をご覧戴きたい。

この作品には、先に述べた平和を渇望した世界史を、当時健在だったフランス、ドイツ、イタリア、韓国、フィリピンの各国首脳、草案執筆者が語っている。平和は、国家の、そして国民一人一人の忍耐によって保たれる。今、民族紛争に悩むアフリカ諸国が日本国憲法を学んで、貿易で経済成長する平和国家を目指していることを御存じだろうか？

■『マッカーサーの政治改革』
ジャスティン・ウィリアムズ著　市雄貴／星健一訳　朝日新聞社　1989年
■『現代憲法の視点と論理』
河合義和著　頸草書店　1990年
■『日本占領1－天皇制－』
山極晃／中村政則編　大月書店　1990年
■『解説　世界憲法集』
樋口陽一／吉田善明編　三省堂　1991年
■『英文対訳　日本国憲法を読む』
常岡〔乗本〕せつ子／C・ダグラス・ラミス　鶴見俊輔著　柏書房　1993年
■『憲法』
芦部信喜著　岩波書店　1993年
■『憲法を考える』
読売新聞社調査研究本部編　読売新聞社　1993年
■『マッカーサーと吉田茂』上下
リチャード・フィン著　内田健三監修　同文書院インターナショナル　1993年

写真提供

■米国立公文書館―― p.153、p.185、p.354
■朝日新聞社―― p.155、p.171、p.177、p.323
■オズボーン・ハウギ氏、ジャスティン・ウィリアムズ氏、その他元民政局メンバーの方々――その他

図版製作

■鈴木昭典＋ T&T Design Lab. ―― p.17、p.72

細谷千尋著　中央公論社　1979年
■ "Japan's Political Revolution under MacArthur A Participant' Account"
By JustinWilliams, Sr. University of Georgia Press 1979年
■『東の橘　西のオレンジ』
平川祐弘著　文芸春秋　1981年
■『吉田茂とその時代』
ジョン・ダワー著　大窪愿二訳　TBSブリタニカ　1981年
■『占領史録』全4巻
江藤淳責任編集　講談社　1982年
■『憲法第九条』
有斐閣編　1983年
■『GHQ』
竹前栄治著　岩波新書　1983年
■加瀬俊一選集　戦争と平和シリーズII『日本がはじめて敗れた日』
加瀬俊一著　山手書房　1983年
■『日本占領回想記』
トーマス・A・ビッソン著　中村政則・三浦陽一共訳　1983年
■『日本占領革命』上下
セオドア・コーエン著　大前正臣訳　TBSブリタニカ　1983年
■『マッカーサーの犯罪』上下
西鋭夫著　日本工業新聞社　1983年
■『米国の日本占領政策』上下
五百旗頭真著　中央公論社　1985年
■『芦田均日記』
進藤栄一／下河辺元春編纂　岩波書店刊　1986年
■『日本占領』
児島襄著　文芸春秋社　1987年
■『ルポルタージュ　日本国憲法』
工藤宜著　有斐閣　1987年
■憲法の100年2『憲法の受難』
作品社　1989年
■『新憲法の誕生』
古関彰一著　中央公論社　1989年

袖井林二郎著　中央公論社　1964年
■『木戸幸一日記』上下
東京大学出版会　1966年
■『西欧世界と日本』上下
ジョージ・B・サンソム著　金井圓／多田実／芳賀徹／平川祐弘訳　筑摩書房　1966年
■『近衛日記』
共同通信社編　1968年
■『東久邇日記』
東久邇稔彦著　徳間書店　1968年
■『マッカーサーの日本』
週刊新潮編集部編　新潮社　1970年
■『共同研究　日本占領』
思想の科学研究会編　徳間書店　1972年
■『史録日本国憲法』
児島襄著　文芸春秋社　1972年
■『日本国憲法制定の過程』Ⅰ原文と翻訳、Ⅱ解説
高柳賢三／大友一郎／田中英夫編著　有斐閣　1972年
■『終戦史録』全５巻
外務省編　北洋社刊資料　1974年
■ドキュメント昭和史５『敗戦前後』
今井清一編　平凡社　1975年
■ドキュメント昭和史６『占領時代』
相良竜介編　平凡社　1975年
■『近衛文麿』
矢部貞治著　読売新聞社　1976年
■『戦争の放棄　文献選集日本国憲法３』
三省堂　1977年
■『初期対日占領政策　朝海浩一郎報告書』上下
毎日新聞社　1978年
■『憲法制定過程覚え書』
田中英夫著　有斐閣　1979年
■『日本外交の座標』

米国立公文書館資料（RG59）
■ PWC108/CAC116など一連の CAC 文書
米国立公文書館資料（RG59）
■ JWPC385/1
米国立公文書館資料（RG218）
■ SWNCC150、150/4、228
米国立公文書館資料（RG218　RG353）
■ Political Reorientation of Japan
Section III The New Constitution of Japan
■ 憲法調査会資料、及び報告書（「憲法制定の経過に関する小委員会議事録」、「憲法制定の過程に関する小委員会報告書」他、付属文書含む）
■ 大阪毎日新聞　1946年2月1日朝刊
毎日新聞　大阪本社
■ 朝日新聞　1945年8月14日――1947年5月4日までの記事
朝日新聞　大阪本社

書籍

■『滞日十年　Ten Years in Japan』
ジョセフ・グルー著　石川欣一訳　毎日新聞社　1948年
■『東京旋風』
H. E. ワイルズ著　井上勇訳　時事通信社　1954年
■『幣原喜重郎』
幣原平和財団編　1955年
■『回想十年』
吉田茂著　新潮社　1957～1958年
■『日本国憲法成立史』
佐藤達夫著　有斐閣　1962年、1964年
■『ニッポン日記』
マーク・ゲイン著　井上威夫訳　筑摩書房　1963年
■『マッカーサー回想記』
ダグラス・マッカーサー著　朝日新聞社　1964年
■『マッカーサーの二千日』

参考文献

文書他

■マッカーサー・ノート
ケーディス文書、２月４日配布のコピー及びsymbolが手書きで記入されたもの
ケーディス氏所蔵、メリーランド大学マケルデイン図書館所蔵
■エラマン・メモ（手書きノート）
ミシガン大学所蔵ハッシー文書
■エラマン・メモ（日付別のもの）
メリーランド大学マケルデイン図書館マクネリー教授資料集
■エラマン・メモ（1947年12月16日　18ページ）
ミシガン大学所蔵ハッシー文書、メリーランド大学マクネリー教授資料集
■天皇条項草案
リチャード・プール氏所蔵の４種類の草案
ラウエル文書、ハッシー文書、ケーディス文書
■戦争放棄条項、及び前文
ケーディス文書ほか、ハッシー文書、ラウエル文書
■人権条項
ベアテ・シロタ・ゴードン氏所蔵、メリーランド大学マケルデイン図書館マクネリー教授資料集他
■GHQ草案・２月13日のもの
ケーディス氏所蔵
■その他のGHQ草案・文書
米国立公文書館、メリーランド大学マケルデイン図書館マクネリー教授資料集他
■松本草案　甲案　乙案
ケーディス氏所蔵
■憲法研究会案（対訳つき）
メリーランド大学マクネリー教授資料集
■T357、358など一連のT文書

3月6日	「憲法改正発議」の勅語。閣議決定後夕刻、日本政府の憲法改正草案要綱として発表。マッカーサー元帥直ちに承認声明。
3月20日	極東委員会で問題となり、マッカーサー元帥に照会。
4月5日	第1回対日理事会、マッカーサー「戦争放棄の理念」演説。
4月10日	第22回総選挙
5月3日	極東国際軍事裁判開廷
6月20日	第90回帝国議会衆議院本会議に「帝国憲法改正案」提案。
6月28日	衆議院に特別委員会設置　審議
7月2日	極東委員会「日本の新憲法についての基本原則」全会一致採択
8月20日	小委員会で戦争放棄条項〈芦田修正〉を含め修正可決
8月24日	特別委員会、衆議院本会議で可決、貴族院に送付
9月24日	GHQ、極東委員会の意向として「文民条項」など修正申入れ
10月6日	貴族院本会議「文民条項」など含め修正可決、衆議院に再送付
10月7日	衆議院本会議で可決成立
11月3日	「日本国憲法」公布
1947年5月3日	「日本国憲法」施行
1949年4月20日	吉田首相「憲法改正の意思はない」と答弁。
4月28日	極東委員会「改正を要求する政策決定は行なわない」と決議

2月4日　民政局員25人を各小委員会に分け、草案執筆作業に着手。
2月6日　天皇小委員会、第1稿完成。運営委員会と会合。
2月7日　立法小委員会、第1稿完成。運営委員会と会合。
財政小委員会、第1稿完成。運営委員会と会合。
司法小委員会、第1稿完成。運営委員会と会合。
行政小委員会、第1稿完成。運営委員会と第1回会合。
2月8日　行政小委員会、運営委員会と第2回会合。
人権小委員会、第1稿完成。運営委員会と会合。
日本政府、「憲法改正要綱」をGHQに提出。
2月9日　人権小委員会、運営委員会と第2回会合。
2月10日　地方行政の条項を除いた草案完成。マッカーサー元帥に提出。
2月11日　地方行政についての運営委員会会合。
2月12日　修正原案についての運営委員会会合。GHQ案最終稿11章92条を完成。マッカーサー元帥に提出、承認を受ける。
2月13日　ホイットニー民政局長ら外務大臣官邸に出向き、吉田外務大臣、松本国務大臣らに、草案を手渡す。
2月15日　白洲次郎終戦連絡事務局次長、ホイットニーにいわゆる「ジープ・ウェイ・レター」を送り、松本国務相の進歩性を訴える。
2月22日　幣原首相、マッカーサー元帥と会談。日本政府、GHQ案受入れを閣議決定。
2月26日　極東委員会第1回総会開催。（ワシントン）
3月4日　日本政府修正案をGHQに提出。対訳検討に入る。
3月5日　修正案を否定され、GHQ原案で対訳作業を徹夜で完成。

	11月1日	GHQ、近衛の憲法調査事業を否認する声明
	12月8日	松本国務大臣、憲法改正4原則を発表。
	12月16日	近衛文麿自決
	12月27日	連合国4大国外相会議（モスクワ）で、極東委員会、対日理事会の設置を決定。
1946年	1月1日	天皇人間宣言
	1月4日	GHQ、公職追放を発表。松本国務大臣、甲案、乙案を作成。
	1月7日	国務陸海三省調整委員会SWNCC—228〔日本の統治体制の改革〕承認、11日、〈情報〉としてマッカーサー元帥に送付。
	1月17日	極東諮問委員会ケーディス大佐らと会談、憲法について質問。
	1月24日	幣原首相、マッカーサー元帥を訪問。戦争放棄について意見を交わす。
	1月25日	マッカーサー元帥、ワシントンに「天皇擁護」の電報を打つ。ケーディス大佐、マッカーサーの憲法改正権限について起案。
	1月29日	マッカーサー元帥、極東諮問委員会と会談。憲法話題になる。
	2月1日	毎日新聞、日本政府案をスクープ。夜、松本甲案、乙案も日本語でGHQに届けられる。民政局毎日スクープを翻訳、到底受け入れられないと注釈をつけマッカーサー元帥に報告。
	2月2日	ホイットニー民政局長、マッカーサー元帥にGHQでの憲法草案作成について意見上申。
	2月3日	ホイットニー民政局長が、ケーディス大佐らにマッカーサー三原則を示し、民政局による草案作成を命令。

日本国憲法制定過程に関する年表

1928年	ケロッグ・ブリアン条約（パリ不戦条約）
1935年	フィリピン憲法制定（戦争放棄を謳う世界最初の憲法）
1941年12月8日	太平洋戦争開戦
1942年8月	米国務省内に極東班が置かれ、日本の戦後研究がはじまる。
1943年3月～10月	極東班の「日本の戦後処理」などの草案（T文書）領土小委員会に提出。
1944年3月	極東地域委員会（初期の極東班）作成による「米国の対日戦後目的」など一連の草案が、戦後計画委員会に上がる。
1945年6月11日	米、国務陸海三省調整委員会、軍事占領による「直接統治」を含むSWNCC―150「米国の日本打倒後の初期対日方針」を決定。
6月26日	国際連合憲章制定
8月15日	天皇、「終戦の詔書」を放送。太平洋戦争終わる。
9月2日	戦艦ミズーリ号艦上で、降伏調印。
9月4日	米大統領、日本の「間接統治」を明確にした対日初期方針SWNCC―150/4を承認。
9月27日	昭和天皇、マッカーサー元帥を訪問。
10月4日	連合軍総司令部、治安維持法廃止など「人権指令」を発令。
	マッカーサー元帥、近衛文麿に憲法改正を指示。
10月11日	幣原首相、マッカーサー元帥と会談。
	婦人解放など「五大改革指令」を受ける。
10月27日	憲法問題調査委員会第1回総会。松本烝治国務大臣を中心に草案作成作業に着手。

皇室典範ヲ以テ此ノ憲法ノ條規ヲ變更スルコトヲ得ス
第七十五條　憲法及皇室典範ハ攝政ヲ置クノ間之ヲ變更スルコトヲ得ス
第七十六條　法律規則命令又ハ何等ノ名稱ヲ用ヰタルニ拘ラス此ノ憲法ニ矛盾セサル現行ノ法令ハ總テ遵由ノ效力ヲ有ス
歳出上政府ノ義務ニ係ル現在ノ契約又ハ命令ハ總テ第六十七條ノ例ニ依ル

第六十五條　豫算ハ前ニ衆議院ニ提出スヘシ
第六十六條　皇室經費ハ現在ノ定額ニ依リ每年國庫ヨリ之ヲ支出シ將來增額ヲ要スル場合ヲ除ク外帝國議會ノ協贊ヲ要セス
第六十七條　憲法上ノ大權ニ基ツケル既定ノ歳出及法律ノ結果ニ由リ又ハ法律上政府ノ義務ニ屬スル歳出ハ政府ノ同意ナクシテ帝國議會之ヲ廢除シ又ハ削減スルコトヲ得ス
第六十八條　特別ノ須要ニ因リ政府ハ豫メ年限ヲ定メ繼續費トシテ帝國議會ノ協贊ヲ求ムルコトヲ得
第六十九條　避クヘカラサル豫算ノ不足ヲ補フ爲ニ又ハ豫算ノ外ニ生シタル必要ノ費用ニ充ツル爲ニ豫備費ヲ設クヘシ
第七十條　公共ノ安全ヲ保持スル爲緊急ノ需要アル場合ニ於テ内外ノ情形ニ因リ政府ハ帝國議會ヲ召集スルコト能ハサルトキハ勅令ニ依リ財政上必要ノ處分ヲ爲スコトヲ得
前項ノ場合ニ於テハ次ノ會期ニ於テ帝國議會ニ提出シ其ノ承諾ヲ求ムルヲ要ス
第七十一條　帝國議會ニ於テ豫算ヲ議定セス又ハ豫算成立ニ至ラサルトキハ政府ハ前年度ノ豫算ヲ施行スヘシ
第七十二條　國家ノ歳出歳入ノ決算ニ會計檢査院之ヲ檢査確定シ政府ハ其ノ檢査報告ト倶ニ之ヲ帝國議會ニ提出スヘシ
會計檢査院ノ組織及職權ハ法律ヲ以テ之ヲ定ム

第七章　補則

第七十三條　將來此ノ憲法ノ條項ヲ改正スルノ必要アルトキハ勅令ヲ以テ議案ヲ帝國議會ノ議ニ付スヘシ
此ノ場合ニ於テ兩議院ハ各々其ノ總員三分ノ二以上出席スルニ非サレハ議事ヲ開クコトヲ得ス出席議員三分ノ二以上ノ多數ヲ得ルニ非サレハ改正ノ議決ヲ爲スコトヲ得ス
第七十四條　皇室典範ノ改正ハ帝國議會ノ議ヲ經ルヲ要セス

第五章　司法

第五十七條　司法權ハ天皇ノ名ニ於テ法律ニ依リ裁判所之ヲ行フ

裁判所ノ構成ハ法律ヲ以テ之ヲ定ム

第五十八條　裁判官ハ法律ニ定メタル資格ヲ具フル者ヲ以テ之ニ任ス裁判官ハ刑法ノ宣告又ハ懲戒ノ處分ニ由ルノ外其ノ職ヲ免セラルヽコトナシ

懲戒ノ條規ハ法律ヲ以テ之ヲ定ム

第五十九條　裁判ノ對審判決ハ之ヲ公開ス但シ安寧秩序又ハ風俗ヲ害スルノ虞アルトキハ法律ニ依リ又ハ裁判所ノ決議ヲ以テ對審ノ公開ヲ停ムルコトヲ得

第六十條　特別裁判所ノ管轄ニ屬スヘキモノハ別ニ法律ヲ以テ之ヲ定ム

第六十一條　行政官廳ノ違法處分ニ由リ權利ヲ傷害セラレタリトスルノ訴訟ニシテ別ニ法律ヲ以テ定メタル行政裁判所ノ裁判ニ屬スヘキモノハ司法裁判所ニ於テ受理スルノ限ニ在ラス

第六章　會計

第六十二條　新ニ租税ヲ課シ及税率ヲ變更スルハ法律ヲ以テ之ヲ定ムヘシ

但シ報償ニ屬スル行政上ノ手數料及其ノ他ノ收納金ハ前項ノ限ニ在ラス

國債ヲ起シ及豫算ニ定メタルモノヲ除ク外國庫ノ負擔トナルヘキ契約ヲ爲スハ帝國議會ノ協贊ヲ經ヘシ

第六十三條　現行ノ租税ハ更ニ法律ヲ以テ之ヲ改メサル限ハ舊ニ依リ徴收ス

第六十四條　國家ノ歳出歳入ハ毎年豫算ヲ以テ帝國議會ノ協贊ヲ經ヘシ豫算ノ款項ニ超過シ又ハ豫算ノ外ニ生シタル支出アルトキハ後日帝國議會ノ承諾ヲ求ムルヲ要ス

ヲ選擧セシメ解散ノ日ヨリ五箇月以内ニ之ヲ召集スヘシ
第四十六條　兩議院ハ各々其ノ總議員三分ノ一以上出席スルニ非サレハ議事ヲ開キ議決ヲ爲スコトヲ得ス
第四十七條　兩議院ノ議事ハ過半數ヲ以テ決ス可否同數ナルトキハ議長ノ決スル所ニ依ル
第四十八條　兩議院ノ會議ハ公開ス但シ政府ノ要求又ハ其ノ院ノ決議ニ依リ祕密會ト爲スコトヲ得
第四十九條　兩議院ハ各々天皇ニ上奏スルコトヲ得
第五十條　兩議院ハ臣民ヨリ呈出スル請願書ヲ受クルコトヲ得
第五十一條　兩議院ハ此ノ憲法及議院法ニ掲クルモノノ外内部ノ整理ニ必要ナル諸規則ヲ定ムルコトヲ得
第五十二條　兩議院ノ議員ハ議院ニ於テ發言シタル意見及表決ニ付院外ニ於テ責ヲ負フコトナシ但シ議院自ラ其ノ言論ヲ演説刊行筆記又ハ其ノ他ノ方法ヲ以テ公布シタルトキハ一般ノ法律ニ依リ處分セラルヘシ
第五十三條　兩議院ノ議員ハ現行犯罪又ハ内亂外患ニ關ル罪ヲ除ク外會期中其ノ院ノ許諾ナクシテ逮捕セラルヽコトナシ
第五十四條　國務大臣及政府委員ハ何時タリトモ各議院ニ出席シ及發言スルコトヲ得

第四章　國務大臣及樞密顧問

第五十五條　國務各大臣ハ天皇ヲ輔弼シ其ノ責ニ任ス
凡テ法律勅令其ノ他國務ニ關ル詔勅ハ國務大臣ノ副署ヲ要ス
第五十六條　樞密顧問ハ樞密院官制ノ定ムル所ニ依リ天皇ノ諮詢ニ應ヘ重要ノ國務ヲ審議ス

第三十二條　本章ニ掲ケタル條規ハ陸海軍ノ法令又ハ紀律ノ牴触セサルモノニ限リ軍人ニ準行ス

第三章　帝國議會

第三十三條　帝國議會ハ貴族院衆議院ノ兩院ヲ以テ成立ス
第三十四條　貴族院ハ貴族院令ノ定ムル所ニ依リ皇族華族及勅任セラレタル議員ヲ以テ組織ス
第三十五條　衆議院ハ選擧法ノ定ムル所ニ依リ公選セラレタル議員ヲ以テ組織ス
第三十六條　何人モ同時ニ兩議院ノ議員タルコトヲ得ス
第三十七條　凡テ法律ハ帝國議會ノ協贊ヲ經ルヲ要ス
第三十八條　兩議院ハ政府ノ提出スル法律案ヲ議決シ及各々法律案ヲ提出スルコトヲ得
第三十九條　兩議院ノ一ニ於テ否決シタル法律案ハ同會期中ニ於テ再ヒ提出スルコトヲ得ス
第四十條　兩議院ハ法律又ハ其ノ他ノ事件ニ付各々其ノ意見ヲ政府ニ建議スルコトヲ得但シ其ノ採納ヲ得サルモノハ同會期中ニ於テ再ヒ建議スルコトヲ得ス
第四十一條　帝國議會ハ毎年之ヲ召集ス
第四十二條　帝國議會ハ三箇月ヲ以テ會期トス必要アル場合ニ於テハ勅命ヲ以テ之ヲ延長スルコトアルヘシ
第四十三條　臨時緊急必要アル場合ニ於テ當會ノ外臨時會ヲ召集スヘシ
臨時會ノ會期ヲ定ムルハ勅命ニ依ル
第四十四條　帝國議會ノ開會閉會會期ノ延長及停會ハ兩院同時ニ之ヲ行フヘシ
衆議院解散ヲ命セラレタルトキハ貴族院ハ同時ニ停會セラルヘシ
第四十五條　衆議院解散ヲ命セラレタルトキハ勅命ヲ以テ新ニ議員

攝政ハ天皇ノ名ニ於テ大權ヲ行フ

第二章　臣民權利義務

第十八條　日本臣民タルノ要件ハ法律ノ定ムル所ニ依ル

第十九條　日本臣民ハ法律命令ノ定ムル所ノ資格ニ應シ均ク文武官ニ任セラレ及其ノ他ノ公務ニ就クコトヲ得

第二十條　日本臣民ハ法律ノ定ムル所ニ從ヒ兵役ノ義務ヲ有ス

第二十一條　日本臣民ハ法律ノ定ムル所ニ從ヒ納税ノ義務ヲ有ス

第二十二條　日本臣民ハ法律ノ範圍内ニ於テ居住及移轉ノ自由ヲ有ス

第二十三條　日本臣民ハ法律ニ依ルニ非スシテ逮捕監禁審問處罰ヲ受クルコトナシ

第二十四條　日本臣民ハ法律ニ定メタル裁判官ノ裁判ヲ受クルノ權ヲ奪ハルヽコトナシ

第二十五條　日本臣民ハ法律ニ定メタル場合ヲ除ク外其ノ許諾ナクシテ住所ニ侵入セラレ及捜索セラルヽコトナシ

第二十六條　日本臣民ハ法律ニ定メタル場合ヲ除ク外信書ノ祕密ヲ侵サルヽコトナシ

第二十七條　日本臣民ハ其ノ所有權ヲ侵入サルヽコトナシ

公益ノ爲必要ナル處分ハ法律ノ定ムル所ニ依ル

第二十八條　日本臣民ハ安寧秩序ヲ妨ケス及臣民タルノ義務ニ背カサル限ニ於テ信教ノ自由ヲ有ス

第二十九條　日本臣民ハ法律ノ範圍内ニ於テ言論著作印行集會及結社ノ自由ヲ有ス

第三十條　日本臣民ハ相當ノ敬禮ヲ守リ別ニ定ムル所ノ規定ニ從ヒ請願ヲ爲スコトヲ得

第三十一條　本章ニ掲ケタル條規ハ戰時又ハ國家事變ノ場合ニ於テ天皇大權ノ施行ヲ妨クルコトナシ

第一章　天皇

第一條　大日本帝國ハ萬世一系ノ天皇之ヲ統治ス
第二條　皇位ハ皇室典範ノ定ムル所ニ依リ皇男子孫之ヲ繼承ス
第三條　天皇ハ神聖ニシテ侵スヘカラス
第四條　天皇ハ國ノ元首ニシテ統治權ヲ總攬シ此ノ憲法ノ條規ニ依リ之ヲ行フ
第五條　天皇ハ帝國議會ノ協贊ヲ以テ立法權ヲ行フ
第六條　天皇ハ法律ヲ裁可シ其ノ公布及執行ヲ命ス
第七條　天皇ハ帝國議會ヲ召集シ其ノ開會閉會停會及衆議院ノ解散ヲ命ス
第八條　天皇ハ公共ノ安全ヲ保持シ又ハ其ノ災厄ヲ避クル爲緊急ノ必要ニ由リ帝國議會閉會ノ場合ニ於テ法律ニ代ルヘキ勅令ヲ發ス
此ノ勅令ハ次ノ會期ニ於テ帝國議會ニ提出スヘシ若議會ニ於テ承諾セサルトキハ政府ハ將來ニ向テ其ノ效力ヲ失フコトヲ公布スヘシ
第九條　天皇ハ法律ヲ執行スル爲ニ又ハ公共ノ安寧秩序ヲ保持シ及臣民ノ幸福ヲ增進スル爲ニ必要ナル命令ヲ發シ又ハ發セシム但シ命令ヲ以テ法律ヲ變更スルコトヲ得ス
第十條　天皇ハ行政各部ノ官制及文武官ノ俸給ヲ定メ及文武官ヲ任免ス但シ此ノ憲法又ハ他ノ法律ニ特例ヲ揭ケタルモノハ各々其ノ條項ニ依ル
第十一條　天皇ハ陸海軍ヲ統帥ス
第十二條　天皇ハ陸海軍ノ編制及常備兵額ヲ定ム
第十三條　天皇ハ戰ヲ宣シ和ヲ講シ及諸般ノ條約ヲ締結ス
第十四條　天皇ハ戒嚴ヲ宣言ス
戒嚴ノ要件及效力ハ法律ヲ以テ之ヲ定ム
第十五條　天皇ハ爵位勳章及其ノ他ノ榮典ヲ授與ス
第十六條　天皇ハ大赦特赦減刑及復權ヲ命ス
第十七條　攝政ヲ置クハ皇室典範ノ定ムル所ニ依ル

造シ以テ無窮ニ垂レタリ此レ我カ神聖ナル祖宗ノ威徳ト竝ニ臣民ノ忠實勇武ニシテ國ヲ愛シ公ニ殉ヒ以テ此ノ光輝アル國史ノ成跡ヲ貽シタルナリ朕我カ臣民ハ卽チ祖宗ノ忠良ナル臣民ノ子孫ナルヲ回想シ其ノ朕カ意ヲ奉體シ朕カ事ヲ奬順シ相與ニ和衷協同シ益々我カ帝國ノ光榮ヲ中外ニ宣揚シ祖宗ノ遺業ヲ永久ニ鞏固ナラシムルノ希望ヲ同クシ此ノ負擔ヲ分ツニ堪フルコトヲ疑ハサルナリ

朕祖宗ノ遺烈ヲ承ケ萬世一系ノ帝位ヲ踐ミ朕カ親愛スル所ノ臣民ハ卽チ朕カ祖宗ノ惠撫慈養シタマヒシ所ノ臣民ナルヲ念ヒ其ノ康福ヲ增進シ其ノ懿徳良能ヲ發達セシメムコトヲ願ヒ又其ノ翼賛ニ依リ與ニ倶ニ國家ノ進運ヲ扶持セムコトヲ望ミ乃チ明治十四年十月十二日ノ詔命ヲ履踐シ茲ニ大憲ヲ制定シ朕カ率由スル所ヲ示シ朕カ後嗣及臣民及臣民ノ子孫タル者ヲシテ永遠ニ循行スル所ヲ知ラシム

國家統治ノ大權ハ朕カ之ヲ祖宗ニ承ケテ之ヲ子孫ニ傳フル所ナリ朕及朕カ子孫ハ將來此ノ憲法ノ條章ニ循ヒ之ヲ行フコトヲ愆ラサルヘシ

朕ハ我カ臣民ノ權利及財產ノ安全ヲ貴重シ及之ヲ保護シ此ノ憲法及法律ノ範圍內ニ於テ其ノ享有ヲ完全ナラシムヘキコトヲ宣言ス

帝國議會ハ明治二十三年ヲ以テ之ヲ召集シ議會開會ノ時ヲ以テ此ノ憲法ヲシテ有效ナラシムルノ期トスヘシ

將來若此ノ憲法ノ或ル條章ヲ改定スルノ必要ナル時宜ヲ見ルニ至ラハ朕及朕カ繼統ノ子孫ハ發議ノ權ヲ執リ之ヲ議會ニ付シ議會ハ此ノ憲法ニ定メタル要件ニ依リ之ヲ議決スルノ外朕カ子孫及臣民ハ敢テ之カ紛更ヲ試ミルコトヲ得サルヘシ

朕カ在廷ノ大臣ハ朕カ爲ニ此ノ憲法ヲ施行スルノ責ニ任スヘク朕カ現在及ビ將來ノ臣民ハ此ノ憲法ニ對シ永遠ニ從順ノ義務ヲ負フヘシ

　　御名御璽

　　　明治二十二年二月十一日

動によって履行される。

第49条

国際連合加盟国は、安全保障理事会が決定した措置を履行するに当って、共同して相互援助を与えなければならない。

第50条

安全保障理事会がある国に対して防止措置又は強制措置をとったときは、他の国でこの措置の履行から生ずる特別の経済問題に自国が当面したと認めるものは、国際連合加盟国であるかどうかを問わず、この問題の解決について安全保障理事会と協議する権利を有する。

第51条

この憲章のいかなる規定も、国際連合加盟国に対して武力攻撃が発生した場合には、安全保障理事会が国際の平和及び安全の維持に必要な措置をとるまでの間、個別的又は集団的自衛の固有の権利を害するものではない。この自衛権の行使に当って加盟国がとった措置は、直ちに安全保障理事会に報告しなければならない。また、この措置は、安全保障理事会が国際の平和及び安全の維持又は回復のために必要と認める行動をいつでもとるこの憲章に基く権能及び責任に対しては、いかなる影響も及ぼすものではない。

6．大日本帝國憲法

大日本帝國憲法

憲法發布勅語

朕國家ノ隆昌ト臣民ノ慶福トヲ以テ中心ノ欣榮トシ朕カ祖宗ニ承クルノ大權ニ依リ現在及將來ノ臣民ニ對シ此ノ不磨ノ大典ヲ宣布ス

惟フニ我カ祖我カ宗ハ我カ臣民祖先ノ協力輔翼ニ倚リ我カ帝國ヲ肇

利用に供することができるように保持しなければならない。これらの割当部隊の数量及び出動準備程度並びにその合同行動の計画は、第43条に掲げる1又は2以上の特別協定の定める範囲内で、軍事参謀委員会の援助を得て安全保障理事会が決定する。

第46条

兵力使用の計画は、軍事参謀委員会の援助を得て安全保障理事会が作成する。

第47条

1　国際の平和及び安全の維持のための安全保障理事会の軍事的要求、理事会の自由に任された兵力の使用及び指揮、軍備規制並びに可能な軍備縮少に関するすべての問題について理事会に助言及び援助を与えるために、軍事参謀委員会を設ける。

2　軍事参謀委員会は、安全保障理事会の常任理事国の参謀総長又はその代表者で構成する。この委員会に常任委員として代表されていない国際連合加盟国は、委員会の責任の有効な遂行のため委員会の事業へのその国の参加が必要であるときは、委員会によってこれと提携するように勧誘されなければならない。

3　軍事参謀委員会は、安全保障理事会の下で、理事会の自由に任された兵力の戦略的指導について責任を負う。この兵力の指揮に関する問題は、後に解決する。

4　軍事参謀委員会は、安全保障理事会の許可を得て、且つ、適当な地域的機関と協議した後に、地域的小委員会を設けることができる。

第48条

1　国際の平和及び安全の維持のための安全保障理事会の決定を履行するのに必要な行動は、安全保障理事会が定めるところに従って国際連合加盟国の全部又は一部によってとられる。

2　前記の決定は、国際連合加盟国によって直接に、また、国際連合加盟国が参加している適当な国際機関におけるこの加盟国の行

信その他の運輸通信の手段の全部又は一部の中断並びに外交関係の断絶を含むことができる。

第42条

安全保障理事会は、第41条に定める措置では不充分であろうと認め、又は不充分なことが判明したと認めるときは、国際の平和及び安全の維持又は回復に必要な空軍、海軍又は陸軍の行動をとることができる。この行動は、国際連合加盟国の空軍、海軍又は陸軍による示威、封鎖その他の行動を含むことができる。

第43条

1　国際の平和及び安全の維持に貢献するため、すべての国際連合加盟国は、安全保障理事会の要請に基き且つ１又は２以上の特別協定に従って、国際の平和及び安全の維持に必要な兵力、援助及び便益を安全保障理事会に利用させることを約束する。この便益には、通過の権利が含まれる。

2　前記の協定は、兵力の数及び種類、その出動準備程度及び一般的配置並びに提供されるべき便益及び援助の性質を規定する。

3　前記の協定は、安全保障理事会の発議によって、なるべくすみやかに交渉する。この協定は、安全保障理事会と加盟国との間又は安全保障理事会と加盟国群との間に締結され、且つ、署名国によって各自の憲法上の手続に従って批准されなければならない。

第44条

安全保障理事会は、兵力を用いることに決定したときは、理事会に代表されていない加盟国に対して第43条に基いて負った義務の履行として兵力を提供するように要請する前に、その加盟国が希望すれば、その加盟国の兵力中の割当部隊の使用に関する安全保障理事会の決定に参加するようにその加盟国を勧誘しなければならない。

第45条

国際連合が緊急の軍事措置をとることができるようにするために、加盟国は、合同の国際的強制行動のため国内空軍割当部隊を直ちに

6　この機構は、国際連合加盟国でない国が、国際の平和及び安全の維持に必要な限り、これらの原則に従って行動することを確保しなければならない。

7　この憲章のいかなる規定も、本質上いずれかの国の国内管轄権内にある事項に干渉する権限を国際連合に与えるものではなく、また、その事項をこの憲章に基く解決に付託することを加盟国に要求するものでもない。但し、この原則は、第７章に基く強制措置の適用を妨げるものではない。

第７章　平和に対する脅威、平和の破壊及び侵略行為に関する行動

第39条

安全保障理事会は、平和に対する脅威、平和の破壊又は侵略行為の存在を決定し、並びに、国際の平和及び安全を維持し又は回復するために、勧告をし、又は第41条及び第42条に従っていかなる措置をとるかを決定する。

第40条

事態の悪化を防ぐため、第39条の規定により勧告をし、又は措置を決定する前に、安全保障理事会は、必要又は望ましいと認める暫定措置に従うように関係当事者に要請することができる。この暫定措置は、関係当事者の権利、請求権又は地位を害するものではない。安全保障理事会は、関係当事者がこの暫定措置に従わなかったときは、そのことに妥当な考慮を払わなければならない。

第41条

安全保障理事会は、その決定を実施するために、兵力の使用を伴わないいかなる措置を使用すべきかを決定することができ、且つ、この措置を適用するように国際連合加盟国に要請することができる。この措置は、経済関係及び鉄道、航海、航空、郵便、電信、無線通

て且つ正義及び国際法の原則に従って実現すること。

2　人民の同権及び自決の原則の尊重に基礎をおく諸国間の友好関係を発展させること並びに世界平和を強化するために他の適当な措置をとること。

3　経済的、社会的、文化的又は人道的性質を有する国際問題を解決することについて、並びに人種、性、言語又は宗教による差別なくすべての者のために人権及び基本的自由を尊重するように助長奨励することについて、国際協力を達成すること。

4　これらの共通の目的の達成に当って諸国の行動を調和するための中心となること。

第2条

この機構及びその加盟国は、第1条に掲げる目的を達成するに当っては、次の原則に従って行動しなければならない。

1　この機構は、そのすべての加盟国の主権平等の原則に基礎をおいている。

2　すべての加盟国は、加盟国の地位から生ずる権利及び利益を加盟国のすべてに保障するために、この憲章に従って負っている義務を誠実に履行しなければならない。

3　すべての加盟国は、その国際紛争を平和的手段によって国際の平和及び安全並びに正義を危くしないように解決しなければならない。

4　すべての加盟国は、その国際関係において、武力による威嚇又は武力の行使を、いかなる国の領土保全又は政治的独立に対するものも、また、国際連合の目的と両立しない他のいかなる方法によるものも慎まなければならない。

5　すべての加盟国は、国際連合がこの憲章に従ってとるいかなる行動についても国際連合にあらゆる援助を与え、且つ、国際連合の防止行動又は強制行動の対象となっているいかなる国に対しても援助の供与を慎まなければならない。

基本的人権と人間の尊厳及び価値と男女及び大小各国の同権とに関する信念をあらためて確認し、

正義と条約その他の国際法の源泉から生ずる義務の尊重とを維持することができる条件を確立し、

一層大きな自由の中で社会的進歩と生活水準の向上とを促進すること

並びに、このために、

寛容を実行し、且つ、善良な隣人として互に平和に生活し、

国際の平和及び安全を維持するためにわれらの力を合わせ、

共同の利益の場合を除く外は武力を用いないことを原則の受諾と方法の設定によって確保し、

すべての人民の経済的及び社会的発達を促進するために国際機構を用いること

を決意して、

これらの目的を達成するために、われらの努力を結集することに決定した。

よって、われらの各自の政府は、サン・フランシスコ市に会合し、全権委任状を示してそれが良好妥当であると認められた代表者を通じて、この国際連合憲章に同意したので、ここに国際連合という国際機構を設ける。

第１章　目的及び原則

第1条

国際連合の目的は、次のとおりである。

1　国際の平和及び安全を維持すること。そのために、平和に対する脅威の防止及び除去と侵略行為その他の平和の破壊の鎮圧とのため有効な集団的措置をとること並びに平和を破壊するに至る虞のある国際的の紛争又は事態の調整又は解決を平和的手段によっ

帰し、平和的且生産的の生活を営むの機会を得しめらるべし。

十　吾等は、日本人を民族として奴隷化せんとし又は国民として滅亡せしめんとするの意図を有するものに非ざるも、吾等の俘虜を虐待せる者を含む一切の戦争犯罪人に対しては厳重なる処罰を加へらるべし。日本国政府は、日本国国民の間に於ける民主主義的傾向の復活強化に対する一切の障礙を除去すべし。言論、宗教及思想の自由並に基本的人権の尊重は、確立せらるべし。

十一　日本国は、其の経済を支持し、且公正なる実物賠償の取立を可能ならしむるが如き産業を維持することを許さるべし。但し、日本国をして戦争の為再軍備を為すことを得しむるが如き産業は、此の限に在らず。右目的の為、原料の入手（其の支配とは之を区別す）を許可さるべし。日本国は将来世界貿易関係への参加を許さるべし。

十二　前記諸目的が達成せられ且日本国国民の自由に表明せる意思に従ひ平和的傾向を有し且責任ある政府が樹立せらるるに於ては、聯合国の占領軍は、直に日本国より撤収せらるべし。

十三　吾等は、日本国政府が直に全日本国軍隊の無条件降伏を宣言し、且右行動に於ける同政府の誠意に付適当且充分なる保障を提供せんことを同政府に対し要求す。右以外の日本国の選択は迅速且完全なる壊滅あるのみとす。

5．国際連合憲章

前文

われら連合国の人民は、

われらの一生のうちに二度まで言語に絶する悲哀を人類に与えた戦争の惨害から将来の世代を救い、

三　蹶起せる世界の自由なる人民の力に対するドイツ国の無益且無意義なる抵抗の結果は、日本国国民に対する先例を極めて明白に示すものなり。現在日本国に対し集結しつつある力は、抵抗するナチスに対し適用せられたる場合に於て全ドイツ国人民の土地、産業及生活様式を必然的に荒廃に帰せしめたる力に比し測り知れざる程更に強大なるものなり。吾等の決意に支持せらるる吾等の軍事力の最高度の使用は、日本国軍隊の不可避且完全なる壊滅を意味すべく、又同様必然的に日本国本土の完全なる破壊を意味すべし。

四　無分別なる打算に依り日本帝国を滅亡の淵に陥れたる我儘なる軍国主義的助言者に依り日本国が引続き統御せらるべきか又は理性の経路を日本国が履むべきかを日本国が決定すべき時期は、到来せり。

五　吾等の条件は、左の如し。

吾等は、右条件より離脱することなかるべし。右に代る条件存在せず。吾等は、遅延を認むるを得ず。

六　吾等は、無責任なる軍国主義が世界より駆逐せらるるに至る迄は、平和、安全及正義の新秩序が生じ得ざることを主張するものなるを以て、日本国国民を欺瞞し之をして世界征服の挙に出づるの過誤を犯さしめたる者の権力及勢力は、永久に除去せられざるべからず。

七　右の如き新秩序が建設せられ且日本国の戦争遂行能力が破砕せられたることの確証あるに至る迄は、聯合国の指定すべき日本国領域内の諸地点は、吾等の茲に指示する基本的目的の達成を確保する為占領せらるべし。

八　カイロ宣言の条項は、履行せらるべく、又日本国の主権は、本州、北海道、九州及四国並に吾等の決定する諸小島に局限せらるべし。

九　日本国軍隊は、完全に武装を解除せられたる後各自の家庭に復

ている。

「日本国の最終的な政治形態は、ポツダム宣言に従ひ、日本国国民の自由に表明せる意思により決定さるべきものとする。」

3

「降伏後における合衆国の初期対日政策」において、日本に対する合衆国の究極の目的の１つは、次のようなものであると述べられている。

「他の諸国家の権利を尊重し、国際連合憲章の理想と原則に示されている合衆国の目的を支持する。平和的かつ責任ある政府を最終的に樹立すること。合衆国は、このような政府が民主主義的自治の原則にできうるかぎり合致することを希望するが、自由に表明された国民の意思によって支持されない政府形態を日本に強要することは、連合国の責任ではない。」

田中英夫訳『日本国憲法制定の過程』（有斐閣）より

4．ポツダム宣言

一　吾等合衆国大統領、中華民国政府主席及グレート・ブリテン国総理大臣は、吾等の数億の国民を代表し協議の上、日本国に対し、今次の戦争を終結するの機会を与ふることに意見一致せり。

二　合衆国、英帝国及中華民国の巨大なる陸、海、空軍は西方より自国の陸軍及空軍に依る数倍の増強を受け、日本国に対し最後的打撃を加ふるの態勢を整へたり。右軍事力は、日本国が抵抗を終止するに至る迄、同国に対し戦争を遂行するの一切の聯合国の決意に依り支持せられ且鼓舞せられ居るものなり。

の中で、立法府によって承認さるべきものとすること、などの諸規定が含まれなければならない。

12

日本の統治体制には、結論で明示されたものの他に、改革の望ましいものが数多く存する。例えば、都道府県議会および市町村議会の強化、不正な選挙慣行を排除するための選挙法の改正等が、それである。なお、地方議会を強化する措置および選挙制度の全面的改革をもたらす措置は、この文書において詳細に述べられた諸改革によって樹立されることが確保されている、真に国民を代表する東京の中央政府に、これを委ねても心配ないし、またその方がよりよいと信ずる。占領期間中の選挙については、恐らく、占領軍を通して十分な監督を行なうことができるであろう。

本問題に関係する事実

1

ポツダム宣言は、次のように規定する。「日本国政府は、日本国国民の間に於ける民主主義的傾向の復活強化に対する一切の障害を除去すべし。言論、宗教および思想の自由、並びに基本的人権の尊重は、確立せらるべし。」

……

「〔ポツダム宣言に述べられた〕諸目的が達成せられ、且日本国国民の自由に表明せる意思に従ひ平和的傾向を有し且責任ある政府が樹立せらるるに於ては、連合国の占領軍は、直ちに日本国より撤収せらるべし。」

2

日本国政府に対する８月11日附連合国の回答は、次のように述べ

に、それは、地方における真の代議政の発達を、一段と助長することにもなろう。

10

日本の統治機構の中における軍部の権威と影響力は、日本軍隊の廃止と共に、恐らく消滅するであろうが、国務大臣ないし閣僚は、いかなる場合にも文民でなければならないということを要件とし、軍部を永久に文官政府に従属させるための正式の措置をとることが、望ましいであろう。

11

わが政府は、日本人が、天皇制を廃止するか、あるいはより民主主義的な方向にそれを改革することを、奨励支持したいと願うのであるが、天皇制維持の問題は、日本人自身の決定に委ねられなければなるまい。天皇制が維持されたときも、上に勧告した改革中数多くのもの、例えば、予算に関するすべての権限を国民を代表する立法府に与えることにより、政府が国民に対し直接責任を負うことを定めた規定、およびいかなる場合にも国務大臣ないし閣僚に就任しうるのは文民に限るとの要件を定めた規定などが、天皇制のもつ権力と影響力とを、著しく弱めることになろう。その上さらに、日本における〔軍と民の〕「二重政治」の復活を阻止し、かつまた国家主義的軍国主義的団体が太平洋における将来の安全を脅かすために天皇を用いることを阻止するための安全装置が、設けられなければならない。これらの安全装置には、(1) 天皇は、一切の重要事項につき、内閣の助言にもとづいてのみ行動するものとすること、(2) 天皇は、憲法第1章中の第11条、第12条、第13条および第14条に規定されているような、軍事に関する権能をすべて剝奪されること、(3) 内閣は、天皇に助言を与え、天皇を補佐するものとすること、(4) 一切の皇室収入は国庫に繰り入れられ、皇室費は、毎年の予算

8

憲法に次のような新しい諸条項を加えれば、それらが一体となって、国民に責任を負う真の代議政治の発達が保障されるであろう。このような諸条項とは、次のようなものである。(1) 選挙権を広い範囲で認め、政府は選挙民に対し責任を負うものとすること、(2) 政府の行政府の権威は、選挙民に由来するものとし、行政府は、選挙民または国民を完全に代表する立法府に対し責任を負うものとすること、(3) 内閣は、国民を代表する立法府の信任を失ったときは、辞職するか選挙民に訴えるかのいずれかをとらなければならないとすること。このように国民に対し政府が直接責任を負うというたてまえは、予算に関する完全なる権限を、国民を代表する立法府に与えることによって、一段と強化されるであろう。政府は、国民を代表する立法府の信任を失ったときは、財源がないため、会計年度の終りに辞職を余儀なくされることになろう。

9

日本臣民および日本の統治権の及ぶ範囲内にいるすべての人の双方に対して基本的な人権を保障する旨を、憲法の明文で規定することは、民主主義的理念の発達のための健全な条件を作り出し、また日本にいる外国人に、彼らがこれまで〔日本国内で〕有していなかった程度の〔高い〕保護を与えるであろう。国民を代表する立法府の地位は、国会に対しその欲するときに会議を開く権利を与えることにより、また立法府の承認した立法措置——憲法改正を含む——に関しては、政府の他のいかなる機関も暫定的拒否権を有するにすぎないとすることにより、一段と強化されるであろう。都道府県の職員は、できる限り多数を、民選するかまたはその地方庁で任命するものとすれば、内務大臣が都道府県知事の任命を行なう結果として従来保持していた政治権力を、弱めることになるであろう。同時

障に、「法律に定めたる場合を除き」、あるいは「法律によるに非ずして」という文言による制約が設けられていたために、これらの権利の大幅な侵害を含む法律の制定が可能になった。同時に、日本の裁判所が、仮に直接的な政府の圧力にではないとしても、社会的圧力に屈従し、公平なる裁判を行ないえなかったことも、はっきりしている。

(b) このような状態を改善するため、マッカーサー元帥は、1945年10月4日、言論、思想および信教の自由を制限する一切の措置を廃止し、日本政府に対して、1945年10月15日までに、人権を国民に対し保障するためにとった一切の措置を彼に報告するよう、命令した。

(c) 別の一面においても、日本の憲法は、基本的諸権利の保障について、他の諸憲法に及ばない。それは、これらの権利をすべての人に対して認める代りに、それらは日本臣民に対してのみ適用すると規定し、日本にいる他の人はその保護をうけられないままにしているという点である。

7

日本の統治体制における欠陥を是正するのに必要な憲法的ならびに行政的改革が、永続的な価値を有し、したがって最も効果的であるためには、それらは、日本政府が、現在のような事態を日本にもたらすもとになった国家機構上の諸要素を除去し、かつポツダム宣言の諸規定に従うことを望んで、自ら発議し、実施したものでなければならない。日本人が自発的にこのようなことを行なわないときは、最高司令官は、わが政府が占領軍撤収の条件としての「平和的傾向を有し且つ責任ある政府」が日本に樹立されたと判断するための前提として必要と考える諸改革について、注意を喚起しなければならない。しかし、実施さるべき改革を詳細に明示した公式の指示を日本国政府に発するのは、最後の手段とさるべきである。

5　貴族院および枢密院の過大な権限

(a)　財政に関する法案は下院において先議されなければならないということ、および、下院は何時たりとも天皇がその解散を命じうるのに対し、上院は停会されることがあるだけであるということを除けば、上下両院の立法権は同一である。貴族院は、大体、2分の1が貴族、4分の1が高額納税者の互選による者、4分の1が天皇の任命する者によって構成されているのであって、貴族院が民選の下院と同等の権限をもつことは、日本における有産階級および保守的な階級の代表者に、立法に関して不当な影響力を与えるものである。

(b)　枢密院は、議長1名、副議長1名、天皇の任命する終身の顧問官24名および職務上当然に参加する閣僚で構成され、天皇に対する最高の助言機関としての役目を果たす。1890年に公布された、その権限を規定する勅令は、大まかにいえば、憲法問題、条約および国際協定に関し、並びに緊急勅令の発布に先き立ってのみ、天皇の諮問を受ける旨を規定していた。しかし、枢密院は、次第にその活動を拡大し、かつその権限を増大し、ついに最近の何十年かは、外交問題および国内問題のいずれにおいても、行政府に対し広汎な監督的権限をもち、「第三院」に類似するに至った。同院は、しばしば政策問題に関し内閣に反対し、若干の場合においては、議会の信任をえている内閣の瓦壊を強要した。その活動について議会または国民に対し政治的責任を負わず、しかも国務の全般にわたって重大なる影響力を及ぼしている、現在の姿での枢密院が、健全な議院内閣制の発達に対する重大な障害となることは、すでに明らかになっている。

6　人権保護の規定が不十分なこと

(a)　日本の国民は、特に過去15年間においては、事実上、憲法が彼らに保障している人権の多くのものを奪われていた。憲法上の保

4　軍部が政府および議会から独立して行動することを可能にした日本国統治の二元性

(a)　陸海軍の統帥権、および平時の常備軍の大きさを決定する権能は、天皇の大権に属する、と憲法に定められている。この規定は、陸海軍により、陸海軍は天皇に対してのみ責任を負い、軍に関する事項については、内閣からも国会からも独立して行動しうることを意味すると、解釈された。軍は、天皇の承認を求めなければならないのは、特に重要な事項のみであると考え、しかも天皇の承認がえられると、しばしばそれを軍自身の目的に適合するように解釈し、拡張した。参謀総長および軍令部長並びに陸海軍大臣が有している直接天皇に助言しうる権利は、総理大臣は有するが他の閣僚は有していない特権であり、軍の行動の独立にとり不可欠の条件となっていた。

(b)　軍は、自己に割り当てられた責任の範囲内および範囲外にわたって、政府の政策に影響を与える力をもっていたが、それは、陸軍大臣および海軍大臣は、それぞれ、現役にある陸軍大将または陸軍中将、海軍大将または海軍中将でなければならないという、1898年の勅令による定めにより、一層強められた。軍は、この規定を幾度となく用いて、陸軍大臣または海軍大臣の辞職を要求することにより内閣を打倒し、あるいは資格ある将官をこれらの地位に任命することに対する許可を拒否することにより新内閣の成立を妨害した。日本の政府においては、責任が軍当局と文官当局との間に分割されているため、政策決定において軍に不当の力が与えられていることのほか、自発的には誠実に行動したかもしれない文官政府が、その国際的公約を履行することを妨げられたこともたびたびある。

枢密院を、コントロールすることができないからである。議会は、宮務に関しては権限を有せず、憲法改正を発議することができず、自ら会議を召集することができず、かつ、総理大臣の助言にもとづき、天皇により、15日間までの期間の停会を1会期中何回でも命ぜられることがありうる。

(e) 議会はその見解を政府にはっきりと知らせる間接的な手段を有しており、それは、実際には、予算その他の面で議会の手に与えられている直接的なコントロールよりはるかに有効であったが、このような間接的な手段ですら、その価値は限られていた。議会は、天皇に上奏し、または政府に対して建議する権能をもっているが、それは、実際にはあまり意味をもたない。何故ならば、天皇も政府も、国会の建議に対し答えることを義務づけられていないからである。議会は、国政のいかなる事項に関しても調査委員会を設置しうる権能をもっているが、それは、証人の出頭を強制しえないということによって、制約されている。議場での質疑と質問とによって、内閣を困惑せしめることは可能であり、これらは議会の有する最も効果的な武器となっていたが、大臣は、要点を外した答弁をしたり、「軍事上の秘密」もしくは「外交上の秘密」を理由に、または、「公益に反する」として、全く答弁を拒否したりすることができる。両院共に、慣行によって、その権限内の事項につき決議を行なう権能を認められており、1931年までは、下院の不信任決議によって、しばしば、内閣または大臣が辞職に追いこまれたが、かかる決議は、また、しばしば下院の解散と総選挙とをもたらし、しかもその総選挙によって政府に反対する下院の方が支持されても、政府がそれによって総辞職するということはなかった。にもかかわらず、過去15年間においては、議場での質問または上奏決議もしくは建議決議による政府批判は、実際上、議員が政策に影響を及ぼすことを希望できる唯一の方法であったのである。

求をなだめるという目的、他方においては、明治の指導者である憲法制定者達が、近代の世界の中で日本が存続し発展するために必要であると信じた、中央集権的、独裁的統治機構を、強化し永続させんとする目的、という二重の目的をもって書かれたのである。この後者の目的に合致するため、国家権力は、天皇の周囲にいる数少ない個人的助言者達の手に握られ、選挙によって選ばれた、国会における国民の代表者には、立法に対し限られた範囲で監督的権限が与えられただけであった。内閣が瓦壊すると、新しい総理大臣は、下院の多数党の領袖から自動的に任命されるのではなく、上述のような助言者——元来は元老がその任にあたっていたが、最近では元の総理大臣の協議会——の推薦にもとづき、天皇によって任命されるのである。そして、この総理大臣が、自分の内閣〔の閣僚〕を選ぶのである。その結果、新しい政府の性格およびその構成は、下院の多数者の意見によってではなく、天皇の周囲にある勢力の均衡によって、決せられた。

(c) 内閣が下院に対し責任を負わないというこのことは、また、予算に関する議会の権限が限られていたことの結果でもある。憲法は、予算が議会によって否決されたときには、前年度の予算が自動的に効力を発生すると規定している（第71条）。その結果、総理大臣は、たとえ下院で信任投票をかちうることができなくとも、少なくとも現年度と同一の予算が確保されるということを、念頭においていたのである。

(d) 国家の国内事項に関する一般法の制定は、議会の権限内のこととされてはいるが、実際上、大部分の法案は閣僚によって提出される。しかも国会は閣僚の選考に関与していない。戦争を宣言し、講和をなし、条約を締結する権限は、天皇の大権であり、これに関しては、議会は、極めて間接的に影響を与えうるにとどまる。というのは、議会は、内閣および内大臣、宮内大臣、その他天皇の側近にある者と共にこれらの事項について天皇に助言を与える

うとする、連合国の明確なる意図は、この規定が、単に、撤収する以前に連合国の承認する特定の日本政府についてのみ述べたものではなく、日本の統治機構の本質についても述べたものであることを、明白に示している。「日本国の最終的な政治形態」は、「日本国国民の自由に表明せる意思」によって決定さるべきものであるが、連合国は、前記の規定に従い、かつ日本の非軍国主義化のための綜合政策の一環として、日本の基本法が、その政府が実際に国民に対し責任を負うこと、また政府の文官部門は軍部に優越することを規定するよう、改正さるべきことを主張しうる権限を完全に与えられている。

2

日本の現行統治体制は、憲法、皇室典範、憲法を補充する基本的な法律および勅令、並びに事実上法律と同様に遵守されている慣習および慣行にもとづいているが、主として以下に述べる欠陥のために、平和的な慣行および政策の発達に適さないことを、露呈した。

3　国民に対する政府の責任を確保しうる制度の欠如

(a)　この〔国民に対する政府の〕責任を実現しうる方法は、もちろん、いくつかある。合衆国においては、行政府が大統領に対し直接責任を負い、大統領自身は国民によって選挙され、かつ、裁判所によって強行される憲法により、司法部および連邦議会の権限を侵害しないよう制約されている。英国においては、行政府は、名目上は世襲の君主に対して責任を負うが、実際上は庶民院に対して責任を負い、この庶民院は国民によって選挙される。議会の権限は、理論上は絶対であるが、実際には、議会は、裁判所の独立、および行政府の権限中の若干のものは、〔侵すべからざるものと〕認めている。

(b)　日本の現行憲法は、一方においては、国民の側の代議制への要

条に規定されているような、軍事に関する権能を、すべて剝奪されること

5．内閣は、天皇に助言を与え、天皇を補佐するものとすること

6．一切の皇室収入は、国庫に繰り入れられ、皇室費は、毎年の予算の中で、立法府によって承認さるべきものとすること

最高司令官がさきに列挙した諸改革の実施を日本政府に命令するのは、最後の手段としての場合に限られなければならない。というのは、前記諸改革が連合国によって強要されたものであることを日本国民が知れば、日本国民が将来ともそれらを受け容れ、支持する可能性は著しくうすれるであろうからである。

日本における軍部支配の復活を防止するために行なう政治的改革の効果は、この計画の全体を日本国民が受け容れるか否かによって、大きく左右されるのである。日本政府の改革に関する連合国の政策を実施する場合、連合国最高司令官は、前記の諸改革による日本における代表民主制の強化が永続することを確保するために、日本国民がこの変革を受け容れ易いようにする方法を考慮するとともに、変革の順序と時期の問題をも考慮しなければならない。

本文書は、公表されてはならない。日本政府の改革に関する連合国の政策について声明を発表する場合には、日本側自体における前記諸改革の完遂を妨げぬよう、連合国最高司令官との連絡協議がなされなければならない。

問題点に対する考察

1

ポツダム宣言は、「平和的傾向を有し且つ責任ある政府」が樹立されるまで、占領軍は日本から撤収されないと明記している。国際連合のこれまでにおける諸々の宣言、および日本を他の諸国家にとって危険な存在たらしめた同国の慣行および制度を永久に除去しよ

維持することは、前述の一般的な目的に合致しないと考えられる。

(c) 日本国民が天皇制は維持さるべきでないと決定したときは、憲法上この制度〔の弊害〕に対する安全装置を設ける必要がないことは明らかだが、〔その場合にも〕最高司令官は、日本政府に対し、憲法が上記(a)に列記された目的に合致し、かつ次のような規定を含むものに改正されるべきことについて、注意を喚起しなければならない。

1. 国民を代表する立法府の承認した立法措置——憲法改正を含む——に関しては、政府の他のいかなる機関も、暫定的拒否権を有するにすぎないとすること、また立法府は財政上の措置に関し、専権を有するものとすること
2. 国務大臣ないし閣僚は、いかなる場合にも文民でなければならないとすること
3. 立法府は、その欲するときに会議を開きうるものとすること

(d) 日本人が、天皇制を廃止するか、あるいはより民主主義的な方向にそれを改革することを、奨励支持しなければならない。しかし、日本人が天皇制を維持すると決定したときは、最高司令官は、日本政府当局に対し、前記の(a)および(c)で列挙したもののほか、次に掲げる安全装置が必要なことについても、注意を喚起しなければならない。

1. 国民を代表する立法府の助言と同意に基づいて選任される国務大臣が、立法府に対し連帯して責任を負う内閣を構成すること
2. 内閣は、国民を代表する立法府の信任を失ったときは、辞職するか選挙民に訴えるかのいずれかをとらなければならないこと
3. 天皇は、一切の重要事項につき、内閣の助言にもとづいてのみ行動するものとすること
4. 天皇は、憲法第1章中の第11条、第12条、第13条および第14

3．SWNCC〔国務・陸軍・海軍三省調整委員会〕—228

「日本の統治体制の改革」

1946年1月7日、SWNCCにより承認

同1月11日、合衆国太平洋軍総司令官に「情報」として送附

結　論

(a) 最高司令官は、日本政府当局に対し、日本の統治体制が次のような一般的な目的を達成するように改革さるべきことについて、注意を喚起しなければならない。

1．選挙権を広い範囲で認め、選挙民に対し責任を負う政府を樹立すること

2．政府の行政府の権威は、選挙民に由来するものとし、行政府は、選挙民または国民を完全に代表する立法府に対し責任を負うものとすること

3．立法府は、選挙民を完全に代表するものであり、予算のどの項目についても、これを減額し、増額し、もしくは削除し、または新項目を提案する権限を、完全な形で有するものであること

4．予算は、立法府の明示的な同意がなければ成立しないものとすること

5．日本臣民および日本の統治権の及ぶ範囲内にあるすべての人に対し、基本的人権を保障すること

6．都道府県の職員は、できる限り多数を、民選するかまたはその地方庁で任命するものとすること

7．日本国民が、その自由意思を表明しうる方法で、憲法改正または憲法を起草し、採択すること

(b) 日本における最終的な政治形態は、日本国民が自由に表明した意思によって決定さるべきものであるが、天皇制を現在の形態で

憲法改正について前項の承認を経たときは、天皇は、国民の名で、この憲法と一体を成すものとして、直ちにこれを宣布する。

第10章　最高法規

第90条　この憲法並びに憲法に従つて作られた法律および条約は、国の最高法規であつて、その条規に反する法律または命令および詔勅または国務に関するその他の行為の全部または一部は、その効力を有しない。

第91条　天皇が皇位を継承したとき、および摂政、国務大臣、国会議員、裁判官その他一切の公務員が就任したときは、この憲法を擁護し守護する義務を負う。

この憲法施行の際に正当にその地位にあるすべての公務員も、また憲法を擁護する義務を負うものとし、かつ後任の者が選挙されまたは任命されるまではその地位に留まるものとする。

第11章　承　　認

第92条　この憲法は、国会で記名投票により出席議員の３分の２以上の賛成によって承認された時に成立する。

国会による承認がなされたときは、天皇は、直ちに、国民の名で、この憲法が国の最高法規として成立した旨を宣布する。

田中英夫訳『日本国憲法制定の過程』（有斐閣）より

い慈善、教育もしくは博愛を目的とする事業に対して、供与されてはならない。
第84条　国のすべての収入支出の最終検査は、毎年会計検査院によつてなされ、内閣は、次の年度に、これを国会に提出しなければならない。
会計検査院の組織および権限は、国会がこれを定める。
第85条　内閣は、国会および国民に対し、定期に、少なくとも毎年１回、財政の状況について報告しなければならない。

第８章　地方行政

第86条　都道府県知事、市長、町長、その他下位の政治体で法人となつており、課税権を有するもののすべての首長、都道府県および市町村の議会の議員並びに都道府県および市町村その他の吏員のうち国会の定めるものは、それぞれの自治体内において住民の直接選挙によつて選ばれる。
第87条　都、市および町の住民は、自らの〔地方公共団体の〕財産、事務および行政を処理する権利並びに国会の制定する法律の範囲内において、自らの基本法を定める権利を奪われることはない。
第88条　一般法を適用できる都、市または町に適用される地方的または特別の法律は、その地方自治体の有権者の過半数の同意を条件とするのでなければ、国会は、これを制定してはならない。

第９章　改　　正

第89条　この憲法の改正は、総議員の３分の２の賛成で、国会が、これを発議し、国民に提案してその承認を経なければならない。この承認には、国会の定める選挙の際行なわれる投票において、その過半数の賛成を必要とする。

じて行使されるものとする。

第77条　あらたに租税を課し、または現行の租税を変更するには、国会の行為によるかまたは国会の定める条件によることを必要とする。

この憲法の公布の時において効力を有する一切の租税は、国会によつて変更または修正されない限り、これまでの定めに従つて徴収される。

第78条　予算によつて支出が認められているのでなければ、契約を結んではならない。国会によつて承認されているのでなければ、国が債務を負担してはならない。

第79条　内閣は、毎年の予算を作成して、これを国会に提出しなければならない。この予算は、歳出の案並びに歳入および借入れ金の見積りを含む、次年度の政府の財政計画の全貌を示すものでなければならない。

第80条　国会は、予算のどの項目についても、これに承認を与えることなく、減額し、増額しもしくは削除することができ、または新しい項目をつけ加えることができる。

国会は、その年度について見込まれた歳入を超える額の歳出を認めてはならない。この歳入は、借入れ金収入を含むものとする。

第81条　予見し難い予算の不足に充てるため、予備費を設け、内閣の直接の監督のもとにこれを支出することができる。

すべて予備費からの支出については、内閣が国会に対し責任を負うものとする。

第82条　すべて皇室財産は、世襲のものを除き、国に属する。一切の皇室財産からの収入は、国庫に納入されなければならず、法律の定める皇室の手当および費用は、毎年の予算に計上して国会の議決を経なければならない。

第83条　公金または公の財産は、宗教の制度、宗教上の組織もしくは団体の使用、便益もしくは後援のため、または国の支配に属しな

よつて、内閣でこれを任命する。この名簿は、1つの空席について少なくとも2名の氏名を挙げていなければならない。下級裁判所の裁判官は、すべて任期を10年とし、再任されることができる。下級裁判所の裁判官は、すべて定期に相当額の報酬を受ける。この報酬は、在任中、これを減額することができない。裁判官は、70歳に達した後は、その地位に留まることができない。

第73条　最高裁判所は、終審裁判所である。法律、命令、規則または処分の合憲性が問題となつた場合に、最高裁判所の判決が第3章のもとで生じた事件または同章に関連する事件についてなされたものであるときは、その判決は最終的である。しかし、法律、命令、規則または処分の合憲性が問題となつた場合で、最高裁判所の判決がそれ以外の事件についてなされたものであるときは、その判決は、国会の審査に服する。

審査の対象となつた最高裁判所の判決は、国会の総議員の3分の2以上の賛成投票があつたときに限り、くつがえされる。国会は、最高裁判所の判決の審査の手続についての規則を定めるものとする。

第74条　外国の大使、公使および領事を当事者とする訴訟においては、最高裁判所は、専属的第一審管轄権をもつ。

第75条　裁判の対審および判決は、公開の法廷でこれを行なう。ただし、裁判所が、裁判官の全員一致で、公の秩序または善良の風俗を害するおそれがあると決した場合には、対審は、公開しないでこれを行なうことができるが、政治犯罪、出版犯罪およびこの憲法第3章で確保されている市民の権利が問題となつている事件の対審は、例外なしにこれを公開しなければならない。

第7章　財　政

第76条　租税を賦課し、金銭の借入れをなし、公金の支出を認め、並びに貨幣および紙幣を発行しその価値を定める権限は、国会を通

第6章　司　　法

第68条　強力で独立の司法部は国民の権利の防塁であるから、すべて司法権は、最高裁判所および国会が時宜により設置する下級裁判所に属せしめられる。

特別裁判所を設けてはならず、行政機関に終局的司法権を与えてはならない。

すべて裁判官は、その良心に従い独立してその職権を行ない、この憲法およびこの憲法に従つて制定された法律にのみ拘束される。

第69条　最高裁判所は、訴訟に関する手続、弁護士資格賦与、裁判所の内部規律、司法事務処理および司法権を自由に行使するのに関係があると認めるのが相当なその他の事項について、規則を定める権限を有する。

検察官は、裁判所の成員であり、裁判所の規則制定権に服さなければならない。

最高裁判所は、下級裁判所に関する規則を定める権限を、下級裁判所に委任することができる。

第70条　裁判官の罷免は、公の弾劾による場合に限られる。裁判官に対する懲戒処分を行政機関が行なうことは、できない。

第71条　最高裁判所は、首席裁判官および国会の定める員数の陪席裁判官で構成される。これらの裁判官は、すべて内閣により任命され、非行のない限り70歳に達するまでその任にあるものとする。ただし、これらの裁判官の任命はすべて、その任命後初めて行なわれる総選挙の際および直近の〔国民審査での〕留任の支持があつてから10暦年の経過後最初に行なわれる総選挙の際ごとに、審査に付される。選挙民の過半数が現任者をその地位に留むべきではないという投票をしたときは、その地位は空席となる。

最高裁判所の裁判官は、すべて定期に相当額の報酬を受ける。この報酬は、在任中、これを減額することができない。

第72条　下級裁判所の裁判官は、最高裁判所の指名した者の名簿に

内閣総理大臣は、任意に大臣を罷免することができる。

第63条　内閣総理大臣が欠けたとき、または〔総選挙後〕新しい国会が召集されたときは、内閣は総辞職し、新しい内閣総理大臣が指名されるものとする。

新しい内閣総理大臣の指名があるまでは、内閣は引続きその職務を行なう。

第64条　内閣総理大臣は、内閣に代つて法律案を提出し、一般国務および外交関係について国会に報告し、並びに行政各部局を指揮監督する。

第65条　内閣は、他の行政上の責務のほか、次のことを行なう。

法律を誠実に執行し、国務を運営すること。

外交関係を処理すること。

条約、国際協約および国際協定を、内閣が公の利益に合すると信ずるところに従い事前の授権または事後の承認により国会の同意をえて、締結すること。

国会の定める基準に伴い、官吏に関する事務を掌理すること。

毎年の予算を作成して、国会に提出すること。

この憲法および法律の規定を実施するために、命令および規則を制定すること、ただし、このような命令または規則には、罰則を設けてはならない。

大赦、特赦、減刑、刑の執行の免除および復権を認めること。

第66条　一切の国会の法律および行政府の命令には、主任の国務大臣が署名し、内閣総理大臣が連署するものとする。

第67条　閣僚は、その在任中、内閣総理大臣の同意がなければ、司法手続に服せしめられることはない。ただし、このことを理由に、訴訟を提起する権利が害されることはない。

きる。

第55条　国会は、出席議員の多数決をもつて、内閣総理大臣を指名する。内閣総理大臣の指名は、国会の他のすべての案件に先だつて、行なわれるものとする。

国会は、各省を設立するものとする。

第56条　内閣総理大臣および国務大臣は、国会に議席を有すると否とにかかわらず、何時でも、法律案の提出および説明のために国会に出席することができる。また、質問に対する答弁を求められたときは、国会に出席しなければならない。

第57条　国会が、総議員の過半数で、不信任の決議案を可決し、または信任の決議案を否決したときは、内閣は、10日以内に、辞職するか国会を解散するかしなければならない。国会の解散が命じられたときには、解散の日から30日以上40日以内に、新しい国会を選ぶための特別選挙を行なわなければならない。新しく選挙された国会は、選挙の日から30日以内にこれを召集しなければならない。

第58条　国会は、罷免の訴追を受けた裁判官を裁判するため、その議員のなかから選んだ者で弾劾裁判所を組織するものとする。

第59条　国会は、この憲法の規定を実施するために必要かつ適切な一切の法律を制定するものとする。

第5章　内　　閣

第60条　行政権は、内閣に属する。

第61条　内閣は、その首長たる内閣総理大臣および国会の認めるその他の国務大臣で組織する。

内閣は、行政権の行使について、国会に対して連帯して責任を負う。

第62条　内閣総理大臣は、国会の助言と同意をえて、国務大臣を任命する。

第45条　議員の任期は、4年とする。ただし、この憲法の定めに従い国会が解散されたときは、それ以前に終了する。
第46条　選挙の方法、選挙区劃定の方法および投票の方法は、法律でこれを定める。
第47条　国会は、少なくとも年1回集会する。
第48条　内閣は、臨時会を召集することができ、国会議員の20パーセント以上の要求があれば、これを召集しなければならない。
第49条　国会は、その議員の選挙および資格についての唯一の判定者である。当選の証明を受けたが議席に着く権利があるか否かについての争いの生じている者の議席を失わせるには、出席議員の過半数の賛成を要する。
第50条　議事を開き議決をするための定足数は、総議員の3分の1以上とする。この憲法に別段の定めがない限り、国会のすべての議決は、出席議員の過半数による。可否同数のときは、議長が決定投票を投ずる。
第51条　国会は、議長その他の役員を選任する。国会は、その手続に関する規則を定めることができ、また院内の秩序を乱す行動をとつた議員を懲罰し、除名することができる。議員の除名の動議がなされた場合、除名をするには、出席議員の3分の2以上の賛成投票を要する。
第52条　法律案〔提出〕以外の方法によつて、法律を成立させてはならない。
第53条　国会の会議は、公開とし、秘密会を開いてはならない。国会は、その会議の記録を保管し、これを公表し、かつ公衆がこれを利用できるようにしておくものとする。どの問題についても、出席議員の20パーセント以上の要求があれば、各議員の投票を議事日録に記載しなければならない。
第54条　国会は、調査を行ない、証人の出頭および証言並びに記録の提出を求めることができ、これに応じない者を処罰することがで

政府でこれを附する。

第37条　何人も、管轄権を有する裁判所によるのでなければ、有罪とされることはない。

何人も、同一の犯罪についてふたたび危険にさらされることはない。

第38条　何人も、自己に不利益な供述を強制されない。

自白は、それが強制、拷問もしくは脅迫によるものであるときまたは不当に長く抑留もしくは拘禁された後になされたものであるときは、これを証拠としてはならない。

何人も、自己に不利益な唯一の証拠が本人の自白である場合には、有罪とされ、または刑罰を科せられない。

第39条　何人も、実行の時に適法であつた行為については、刑事上の責任を問われない。

第4章　国　　会

第40条　国会は、国権の最高機関であつて、国の唯一の立法機関である。

第41条　国会は、選挙された議員による一院で構成され、議員の定数は300人以上500人以下とする。

第42条　国会議員の選挙の選挙人および候補者の資格は、法律でこれを定める。これらの資格の定めをなすに当たつては、性別、人種、信条、体色または社会的身分によつて差別をしてはならない。

第43条　国会議員は、法律の定めるところにより、国庫から相当額の報酬を受ける。

第44条　国会議員は、法律の定める場合を除いてはいかなる場合も、国会の会議に出席中または国会の会議に出席の往きもしくは帰りの旅行中、逮捕されることはない。国会での演説、討論または表決について、国会以外で法律上の責任を問われることはない。

で権限を有する者より発せられ、かつ理由となつている犯罪を明示する令状によらなければ、逮捕されない。
第31条　何人も、理由を直ちに告げられ、かつ、直ちに弁護人を依頼する権利を与えられなければ、抑留または拘禁されない。何人も、外部との連絡を一切遮断されたままで留め置かれることはない。何人も、正当な理由がなければ、拘禁されず、要求があれば、その理由は、直ちに本人およびその弁護人の出席する公開の法廷で示されなければならない。
第32条　何人も、国会の定める手続によらずに、その生命もしくは自由を奪われ、またはいかなる刑罰をも科せられることはない。また何人も、裁判所に出訴する権利を奪われることはない。
第33条　何人も、その身体、住居、書類および所持品について、侵入、捜索および拘置または押収を受けることがないという権利は、〔犯罪成立の〕蓋然性の認められるような理由に基づいて発せられ、かつ捜索する場所および拘置または押収される人または物を特定した裁判所の令状によるのでなければ、侵されない。

捜索または拘置もしくは押収は、裁判所の一員で権限を有する者により、その〔捜索または拘置もしくは押収の〕ために各別に発せられた令状により、行なわれなければならない。
第34条　公務員が拷問を用いることは、絶対にこれを禁ず。
第35条　過大な保釈金を要求してはならない。また、残虐または異常な刑罰を科してはならない。
第36条　すべて刑事事件においては、被告人は、公平な裁判所の迅速な公開裁判を受くる権利を有する。

被告人は、すべての証人に対し反対尋問をする機会を十分に与えられ、また、公費で自己のために強制的手続により証人を求める権利を有する。

被告人は、いかなる場合にも、資格を有する弁護人を依頼することができる。被告人が自らこれを依頼することができないときは、

にも平等であることは争うべからざるものである〔との考え〕に基礎をおき、親の強制ではなく相互の合意に基づき、かつ男性の支配ではなく〔両性の〕協力により、維持されなければならない。これらの原理に反する法律は廃止され、それに代つて、配偶者の選択、財産権、相続、本居の選択、離婚並びに婚姻および家庭に関するその他の事項を、個人の尊厳と両性の本質的平等の見地に立つて規制する法律が制定されるべきである。

第24条　法律は、生活のすべての面につき、社会の福祉並びに自由、正義および民主主義の増進と伸張を目指すべきである。

無償の普通義務教育を設けなければならない。

児童の搾取は、これを禁止する。

公衆衛生は、改善されなければならない。

社会保障を設けなければならない。

勤労条件、賃金および就業時間について、基準を定めなければならない。

第25条　すべての人は、勤労の権利を有する。

第26条　勤労者の団結する権利および団体交渉その他の団体行動をする権利は、これを保障する。

第27条　財産を所有する権利は、不可侵とするが、財産権の内容は、公共の福祉に適合するように、法律でこれを定める。

第28条　土地および一切の天然資源に対する終局的権限は、国民全体の代表としての資格での国に存する。土地その他の天然資源は、国が、正当な補償を支払い、その保存、開発、利用および規制を確保し増進するために、これを収用する場合には、このような国の権利に服せしめられるものとする。

第29条　財産の所有は、義務を課する。財産権の行使は、公共の利益にならなければならない。国は、正当な補償の下に、私有財産を公共のために用いることができる。

第30条　何人も、現行犯として逮捕される場合を除き裁判所の一員

すべての選挙における投票の秘密は、不可侵とし、投票をした者が、その行なつた選択について公的または私的に責任を問われることはない。

第15条　何人も、不服に対する救済、公務員の罷免および法律、命令または規則の制定、廃止または改正を求めて平穏に請願する権利を有し、何人も、このような請願を行なつたためにいかなる差別待遇も受けない。

第16条　外国人は、法の平等な保護を受ける。

第17条　何人も、奴隷、農奴、その他いかなる種類にせよ奴隷的拘束を受けない。また、犯罪に因る処罰の場合を除いては、その意に反する苦役に服させられない。

第18条　思想および良心の自由は、不可侵とする。

第19条　信教の自由は、何人に対してもこれを保障する。いかなる宗教団体も、国から特別の特権を受け、または政治上の権力を行使してはならない。

何人も、宗教上の行為、祝典、儀式または行事に参加することを強制されない。

国およびその機関は、宗教教育その他いかなる宗教活動もしてはならない。

第20条　集会、言論、出版その他一切の表現の自由は、これを保障する。検閲は、これをしてはならない。通信の秘密は、これを侵してはならない。

第21条　結社、移転および住居の選択の自由は、一般の福祉に反しない限り、すべての人に対して保障される。

何人も、他国に移住する自由およびその国籍を変更する自由を有する。

第22条　大学の自由および職業の選択は、保障される。

第23条　家庭は、人類社会の基礎であり、その伝統は、善きにつけ悪しきにつけ国全体に浸透する。婚姻は、両性が法律的にも社会的

第10条　この憲法によつて日本国民に保障される基本的人権は、人類の多年にわたる自由獲得の努力の成果である。これらの権利は、時と経験のるつぼの中でその永続性について苛烈な試練を受け、それに耐え残ったものであつて、現在および将来の世代に対し、永久に侵すべからざるものとする義務を課する神聖な信託として、与えられるものである。

第11条　この憲法が宣明した自由、権利および機会は、国民の絶え間ない警戒によつて保持されるものであり、国民の側に、その濫用を防止し、常に共同の善のために用いる義務を生ぜしめる。

第12条　日本の封建的制度は、廃止さるべきである。すべての日本人は、人間であるが故に個人として尊重される。生命、自由および幸福追究に対する国民の権利は、一般の福祉の範囲内で、すべての法およびすべての政府の行為において、最大の尊重を受けるものとする。

第13条　すべての自然人は、法の前に平等である。人種、信条、性別、社会的身分、カーストまたは出身国により、政治的関係、経済的関係または社会的関係において差別がなされることを、授権しまたは容認してはならない。

華族の称号の授与は、今後は、国民的または市民的な政治権力を伴わないものとする。

貴族としての権利は、皇族のそれを除き、現存する者一代限りとする。栄誉、勲章その他の栄典の授与は、いかなる特別の特権をも伴つてはならない。またこれらの栄典の授与は、現にこれを保有しまたは将来それを受ける者の一代に限り、その効力を有するものとする。

第14条　国民は、政治および皇位の最終的判定者である。公務員を選定し、およびこれを罷免することは、国民固有の権利である。

すべて公務員は、全体の奉仕者であつて、特定のグループの奉仕者ではない。

第6条　天皇は、内閣の助言と同意のもとにおいてのみ、国民のために、左の国の職務を行なう。

国会によって制定されたすべての法律、すべての政令、すべての憲法改正および条約その他すべての国際協約に、天皇の公印を捺し、これを公布すること。

国会を召集すること。

国会を解散すること。

総選挙の施行を公示すること。

国務大臣、大使および法律の定める官吏の任命または委嘱および辞任または解任を認証すること。

大赦、特赦、減刑、刑の執行の免除および復権を認証すること。

栄典を授与すること。

外国からの大公使を接受すること、並びに

〔天皇が行なうのが〕適当な儀式を行なうこと。

第7条　国会の議決がない限り、皇位に対し金銭その他の財産を与え、または皇位が支出を行なうことはできない。

第2章　戦争放棄

第8条　国権の発動たる戦争は、廃止する。いかなる国であれ他の国との間の紛争解決の手段としては、武力による威嚇または武力の行使は、永久に放棄する。

陸軍、海軍、空軍その他の戦力をもつ権能は、将来も与えられることはなく、交戦権が国に与えられることもない。

第3章　国民の権利および義務

第9条　日本国民は、すべての基本的人権を、干渉を受けることなく享有する権利を有する。

国の国民が、ひとしく恐怖と欠乏から免れ、平和のうちに生存する権利を有することを、確認し承認する。

われらは、いずれの国の国民も自己に対してのみ責任を負うものではなく、政治道徳の法則は、普遍的なものであり、この法則に従うことは、自国の主権を維持し、他国と対等関係に立とうとする各国民の責務であると考える。

われら日本国民は、国家の名誉にかけ、堅い決意のもとに全力をあげて、この崇高な原理と目的とを達成することを誓う。

第1章　天　　皇

第1条　天皇は、日本国の象徴であり、日本国民統合の象徴である。この地位は、主権を有する国民の総意に基づくものであつて、それ以外の何ものに基づくものでもない。

第2条　皇位は、世襲のものであり、国会の制定する皇室典範に従って継承される。

第3条　天皇の国事に関するすべての行為には、内閣の助言と同意を必要とし、内閣が、その責任を負う。

天皇は、この憲法の定める国の職務のみを行なうものとする。天皇は、政治に関する権限を持たないものとする。天皇は、政治に関する権限を手中に収めてはならない。また、このような権限を天皇に与えてはならない。

天皇は、法律の定めるところにより、その職務の遂行を委任することができる。

第4条　国会の制定する皇室典範の定めるところに従つて摂政が置かれたときは、天皇の任務は、摂政が天皇の名において行なう。この憲法に定められた天皇の職務に対する制約は、摂政にも同じように適用される。

第5条　天皇は、国会の指名した者を、内閣総理大臣に任命する。

により、これを定める。
第103条　この憲法施行の際現に在職する国務大臣、衆議院議員及び裁判官竝びにその他の公務員で、その地位に相応する地位がこの憲法で認められてゐる者は、法律で特別の定をした場合を除いては、この憲法施行のため、当然にはその地位を失ふことはない。但し、この憲法によつて、後任者が選挙又は任命されたときは、当然その地位を失ふ。

2．日本国憲法 GHQ 草案

日本国憲法

われら日本国民は、正当に選挙された国会における代表者を通じて行動し、われらとわれらの子孫のために、諸国民との協和による成果と、わが国全土にわたって自由のもたらす恵沢を確保し、政府の行為によって再び戦争の惨禍が起こることのないようにすることを決意し、ここに主権が国民の意思に存することを宣言し、この憲法を制定し確立する。この憲法は、国政は〔国民の〕厳粛な信託によるものであり、その権威は国民に由来し、その権力は国民の代表者がこれを行使し、その福利は国民がこれを享受するという、普遍の原理に基づくものである。われらは、これに反する一切の憲法、法令及び詔勅を排除する。

恒久の平和を念願し、今や人類を動かしつつある、人間相互の関係を支配する崇高な理想を深く自覚するが故に、われらは、われらの安全と生存を、平和を愛する世界の諸国民の公正と信義に委ねようと決意した。われらは、平和を維持し、専制と隷従、圧迫と偏狭を地上から永遠に除去しようと目指し、それに献身している国際社会において、名誉ある地位を占めたいと思う。われらは、すべての

際行はれる投票において、その過半数の賛成を必要とする。

憲法改正について前項の承認を経たときは、天皇は、国民の名で、この憲法と一体を成すものとして、直ちにこれを公布する。

第10章　最高法規

第97条　この憲法が日本国民に保障する基本的人権は、人類の多年にわたる自由獲得の努力の成果であつて、これらの権利は、過去幾多の試練に堪へ、現在及び将来の国民に対し、侵すことのできない永久の権利として信託されたものである。

第98条　この憲法は、国の最高法規であつて、その条規に反する法律、命令、詔勅及び国務に関するその他の行為の全部又は一部は、その効力を有しない。

日本国が締結した条約及び確立された国際法規は、これを誠実に遵守することを必要とする。

第99条　天皇又は摂政及び国務大臣、国会議員、裁判官その他の公務員は、この憲法を尊重し擁護する義務を負ふ。

第11章　補　　則

第100条　この憲法は、公布の日から起算して6箇月を経過した日から、これを施行する。

この憲法を施行するために必要な法律の制定、参議院議員の選挙及び国会召集の手続並びにこの憲法を施行するために必要な準備手続は、前項の期日よりも前に、これを行ふことができる。

第101条　この憲法施行の際、参議院がまだ成立してゐないときは、その成立するまでの間、衆議院は、国会としての権限を行ふ。

第102条　この憲法による第1期の参議院議員のうち、その半数の者の任期は、これを3年とする。その議員は、法律の定めるところ

若しくは博愛の事業に対し、これを支出し、又はその利用に供してはならない。

第90条　国の収入支出の決算は、すべて毎年会計検査院がこれを検査し、内閣は、次の年度に、その検査報告とともに、これを国会に提出しなければならない。

会計検査院の組織及び権限は、法律でこれを定める。

第91条　内閣は、国会及び国民に対し、定期に、少くとも毎年1回、国の財政状況について報告しなければならない。

第8章　地方自治

第92条　地方公共団体の組織及び運営に関する事項は、地方自治の本旨に基いて、法律でこれを定める。

第93条　地方公共団体には、法律の定めるところにより、その議事機関として議会を設置する。

地方公共団体の長、その議会の議員及び法律の定めるその他の吏員は、その地方公共団体の住民が、直接これを選挙する。

第94条　地方公共団体は、その財産を管理し、事務を処理し、及び行政を執行する権能を有し、法律の範囲内で条例を制定することができる。

第95条　一の地方公共団体のみに適用される特別法は、法律の定めるところにより、その地方公共団体の住民の投票においてその過半数の同意を得なければ、国会は、これを制定することができない。

第9章　改　　正

第96条　この憲法の改正は、各議院の総議員の3分の2以上の賛成で、国会が、これを発議し、国民に提案してその承認を経なければならない。この承認には、特別の国民投票又は国会の定める選挙の

下級裁判所の裁判官は、すべて定期に相当額の報酬を受ける。この報酬は、在任中、これを減額することができない。
第81条　最高裁判所は、一切の法律、命令、規則又は処分が憲法に適合するかしないかを決定する権限を有する終審裁判所である。
第82条　裁判の対審及び判決は、公開法廷でこれを行ふ。
裁判所が、裁判官の全員一致で、公の秩序又は善良の風俗を害する虞があると決した場合には、対審は、公開しないでこれを行ふことができる。但し、政治犯罪、出版に関する犯罪又はこの憲法第3章で保障する国民の権利が問題となつてゐる事件の対審は、常にこれを公開しなければならない。

第7章　財　　政

第83条　国の財政を処理する権限は、国会の議決に基いて、これを行使しなければならない。
第84条　あらたに租税を課し、又は現行の租税を変更するには、法律又は法律の定める条件によることを必要とする。
第85条　国費を支出し、又は国が債務を負担するには、国会の議決に基くことを必要とする。
第86条　内閣は、毎会計年度の予算を作成し、国会に提出して、その審議を受け議決を経なければならない。
第87条　予見し難い予算の不足に充てるため、国会の議決に基いて予備費を設け、内閣の責任でこれを支出することができる。
すべて予備費の支出については、内閣は、事後に国会の承諾を得なければならない。
第88条　すべて皇室財産は、国に属する。すべての皇室の費用は、予算に計上して国会の議決を経なければならない。
第89条　公金その他の公の財産は、宗教上の組織若しくは団体の使用、便益若しくは維持のため、又は公の支配に属しない慈善、教育

すべて裁判官は、その良心に従ひ独立してその職権を行ひ、この憲法及び法律にのみ拘束される。

第77条　最高裁判所は、訴訟に関する手続、弁護士、裁判所の内部規律及び司法事務処理に関する事項について、規則を定める権限を有する。

検察官は、最高裁判所の定める規則に従はなければならない。

最高裁判所は、下級裁判所に関する規則を定める権限を、下級裁判所に委任することができる。

第78条　裁判官は、裁判により、心身の故障のために職務を執ることができないと決定された場合を除いては、公の弾劾によらなければ罷免されない。裁判官の懲戒処分は、行政機関がこれを行ふことはできない。

第79条　最高裁判所は、その長たる裁判官及び法律の定める員数のその他の裁判官でこれを構成し、その長たる裁判官以外の裁判官は、内閣でこれを任命する。

最高裁判所の裁判官の任命は、その任命後初めて行はれる衆議院議員総選挙の際国民の審査に付し、その後10年を経過した後初めて行はれる衆議院議員総選挙の際更に審査に付し、その後も同様とする。

前項の場合において、投票者の多数が裁判官の罷免を可とするときは、その裁判官は、罷免される。

審査に関する事項は、法律でこれを定める。

最高裁判所の裁判官は、法律の定める年齢に達した時に退官する。

最高裁判所の裁判官は、すべて定期に相当額の報酬を受ける。この報酬は、在任中、これを減額することができない。

第80条　下級裁判所の裁判官は、最高裁判所の指名した者の名簿によつて、内閣でこれを任命する。その裁判官は、任期を10年とし、再任されることができる。但し、法律の定める年齢に達した時には退官する。

初めて国会の召集があつたときは、内閣は、総辞職をしなければならない。

第71条　前2条の場合には、内閣は、あらたに内閣総理大臣が任命されるまで引き続きその職務を行ふ。

第72条　内閣総理大臣は、内閣を代表して議案を国会に提出し、一般国務及び外交関係について国会に報告し、並びに行政各部を指揮監督する。

第73条　内閣は、他の一般行政事務の外、左の事務を行ふ。

1　法律を誠実に執行し、国務を総理すること。

2　外交関係を処理すること。

3　条約を締結すること。但し、事前に、時宜によつては事後に、国会の承認を経ることを必要とする。

4　法律の定める基準に従ひ、官吏に関する事務を掌理すること。

5　予算を作成して国会に提出すること。

6　この憲法及び法律の規定を実施するために、政令を制定すること。但し、政令には、特にその法律の委任がある場合を除いては、罰則を設けることができない。

7　大赦、特赦、減刑、刑の執行の免除及び復権を決定すること。

第74条　法律及び政令には、すべて主任の国務大臣が署名し、内閣総理大臣が連署することを必要とする。

第75条　国務大臣は、その在任中、内閣総理大臣の同意がなければ、訴追されない。但し、これがため、訴追の権利は、害されない。

第6章　司　　法

第76条　すべて司法権は、最高裁判所及び法律の定めるところにより設置する下級裁判所に属する。

特別裁判所は、これを設置することができない。行政機関は、終審として裁判を行ふことができない。

第63条　内閣総理大臣その他の国務大臣は、両議院の一に議席を有すると有しないとにかかはらず、何時でも議案について発言するため議院に出席することができる。又、答弁又は説明のため出席を求められたときは、出席しなければならない。

第64条　国会は、罷免の訴追を受けた裁判官を裁判するため、両議院の議員で組織する弾劾裁判所を設ける。

弾劾に関する事項は、法律でこれを定める。

第5章　内　　閣

第65条　行政権は、内閣に属する。

第66条　内閣は、法律の定めるところにより、その首長たる内閣総理大臣及びその他の国務大臣でこれを組織する。

内閣総理大臣その他の国務大臣は、文民でなければならない。

内閣は、行政権の行使について、国会に対し連帯して責任を負ふ。

第67条　内閣総理大臣は、国会議員の中から国会の議決で、これを指名する。この指名は、他のすべての案件に先だつて、これを行ふ。

衆議院と参議院とが異なつた指名の議決をした場合に、法律の定めるところにより、両議院の協議会を開いても意見が一致しないとき、又は衆議院が指名の議決をした後、国会休会中の期間を除いて10日以内に、参議院が、指名の議決をしないときは、衆議院の議決を国会の議決とする。

第68条　内閣総理大臣は、国務大臣を任命する。但し、その過半数は、国会議員の中から選ばれなければならない。

内閣総理大臣は、任意に国務大臣を罷免することができる。

第69条　内閣は、衆議院で不信任の決議案を可決し、又は信任の決議案を否決したときは、10日以内に衆議院が解散されない限り、総辞職をしなければならない。

第70条　内閣総理大臣が欠けたとき、又は衆議院議員総選挙の後に

に秘密を要すると認められるもの以外は、これを公表し、且つ一般に頒布しなければならない。

出席議員の５分の１以上の要求があれば、各議員の表決は、これを会議録に記載しなければならない。

第58条　両議院は、各々その議長その他の役員を選任する。

両議院は、各々その会議その他の手続及び内部の規律に関する規則を定め、又、院内の秩序をみだした議員を懲罰することができる。但し、議員を除名するには、出席議員の３分の２以上の多数による議決を必要とする。

第59条　法律案は、この憲法に特別の定のある場合を除いては、両議院で可決したとき法律となる。

衆議院で可決し、参議院でこれと異なつた議決をした法律案は、衆議院で出席議員の３分の２以上の多数で再び可決したときは、法律となる。

前項の規定は、法律の定めるところにより、衆議院が、両議院の協議会を開くことを求めることを妨げない。

参議院が、衆議院の可決した法律案を受け取つた後、国会休会中の期間を除いて60日以内に、議決しないときは、衆議院は、参議院がその法律案を否決したものとみなすことができる。

第60条　予算は、さきに衆議院に提出しなければならない。

予算について、参議院で衆議院と異なつた議決をした場合に、法律の定めるところにより、両議院の協議会を開いても意見が一致しないとき、又は参議院が、衆議院の可決した予算を受け取つた後、国会休会中の期間を除いて30日以内に、議決しないときは、衆議院の議決を国会の議決とする。

第61条　条約の締結に必要な国会の承認については、前条第２項の規定を準用する。

第62条　両議院は、各々国政に関する調査を行ひ、これに関して、証人の出頭及び証言並びに記録の提出を要求することができる。

第50条　両議院の議員は、法律の定める場合を除いては、国会の会期中逮捕されず、会期前に逮捕された議員は、その議院の要求があれば、会期中これを釈放しなければならない。
第51条　両議院の議員は、議院で行つた演説、討論又は表決について、院外で責任を問はれない。
第52条　国会の常会は、毎年１回これを召集する。
第53条　内閣は、国会の臨時会の召集を決定することができる。いづれかの議院の総議員の４分の１以上の要求があれば、内閣は、その召集を決定しなければならない。
第54条　衆議院が解散されたときは、解散の日から40日以内に、衆議院議員の総選挙を行ひ、その選挙の日から30日以内に、国会を召集しなければならない。

衆議院が解散されたときは、参議院は、同時に閉会となる。但し、内閣は、国に緊急の必要があるときは、参議院の緊急集会を求めることができる。

前項但書の緊急集会において採られた措置は、臨時のものであつて、次の国会開会の後10日以内に、衆議院の同意がない場合には、その効力を失ふ。
第55条　両議院は、各々その議員の資格に関する争訟を裁判する。但し、議員の議席を失はせるには、出席議員の３分の２以上の多数による議決を必要とする。
第56条　両議院は、各々その総議員の３分１以上の出席がなければ、議事を開き議決することができない。

両議院の議事は、この憲法に特別の定のある場合を除いては、出席議員の過半数でこれを決し、可否同数のときは、議長の決するところによる。
第57条　両議院の会議は、公開とする。但し、出席議員の３分の２以上の多数で議決したときは、秘密会を開くことができる。

両議院は、各々その会議の記録を保存し、秘密会の記録の中で特

何人も、自己に不利益な唯一の証拠が本人の自白である場合には、有罪とされ、又は刑罰を科せられない。
第39条　何人も、実行の時に適法であつた行為又は既に無罪とされた行為については、刑事上の責任を問はれない。又、同一の犯罪について、重ねて刑事上の責任を問はれない。
第40条　何人も、抑留又は拘禁された後、無罪の裁判を受けたときは、法律の定めるところにより、国にその補償を求めることができる。

第4章　国　　会

第41条　国会は、国権の最高機関であつて、国の唯一の立法機関である。
第42条　国会は、衆議院及び参議院の両議院でこれを構成する。
第43条　両議院は、全国民を代表する選挙された議員でこれを組織する。
両議院の議員の定数は、法律でこれを定める。
第44条　両議院の議員及びその選挙人の資格は、法律でこれを定める。但し、人種、信条、性別、社会的身分、門地、教育、財産又は収入によつて差別してはならない。
第45条　衆議院議員の任期は、4年とする。但し、衆議院解散の場合には、その期間満了前に終了する。
第46条　参議院議員の任期は、6年とし、3年ごとに議員の半数を改選する。
第47条　選挙区、投票の方法その他両議院の議員の選挙に関する事項は、法律でこれを定める。
第48条　何人も、同時に両議院の議員たることはできない。
第49条　両議院の議員は、法律の定めるところにより、国庫から相当額の歳費を受ける。

第31条　何人も、法律の定める手続によらなければ、その生命若しくは自由を奪はれ、又はその他の刑罰を科せられない。
第32条　何人も、裁判所において裁判を受ける権利を奪はれない。
第33条　何人も、現行犯として逮捕される場合を除いては、権限を有する司法官憲が発し、且つ理由となつてゐる犯罪を明示する令状によらなければ、逮捕されない。
第34条　何人も、理由を直ちに告げられ、且つ、直ちに弁護人に依頼する権利を与へられなければ、抑留又は拘禁されない。又、何人も、正当な理由がなければ、拘禁されず、要求があれば、その理由は、直ちに本人及びその弁護人の出席する公開の法廷で示されなければならない。
第35条　何人も、その住居、書類及び所持品について、侵入、捜索及び押収を受けることのない権利は、第33条の場合を除いては、正当な理由に基いて発せられ、且つ捜索する場所及び押収する物を明示する令状がなければ、侵されない。
　捜索又は押収は、権限を有する司法官憲が発する各別の令状により、これを行ふ。
第36条　公務員による拷問及び残虐な刑罰は、絶対にこれを禁ずる。
第37条　すべて刑事事件においては、被告人は、公平な裁判所の迅速な公開裁判を受ける権利を有する。
　刑事被告人は、すべての証人に対して審問する機会を充分に与へられ、又、公費で自己のために強制的手続により証人を求める権利を有する。
　刑事被告人は、いかなる場合にも、資格を有する弁護人を依頼することができる。被告人が自らこれを依頼することができないときは、国でこれを附する。
第38条　何人も、自己に不利益な供述を強要されない。
　強制、拷問若しくは脅迫による自白又は不当に長く抑留若しくは拘禁された後の自白は、これを証拠とすることができない。

選択の自由を有する。

何人も、外国に移住し、又は国籍を離脱する自由を侵されない。

第23条　学問の自由は、これを保障する。

第24条　婚姻は、両性の合意のみに基いて成立し、夫婦が同等の権利を有することを基本として、相互の協力により、維持されなければならない。

配偶者の選択、財産権、相続、住居の選定、離婚竝びに婚姻及び家族に関するその他の事項に関しては、法律は、個人の尊厳と両性の本質的平等に立脚して、制定されなければならない。

第25条　すべて国民は、健康で文化的な最低限度の生活を営む権利を有する。

国は、すべての生活部面について、社会福祉、社会保障及び公衆衛生の向上及び増進に努めなければならない。

第26条　すべて国民は、法律の定めるところにより、その能力に応じて、ひとしく教育を受ける権利を有する。

すべて国民は、法律の定めるところにより、その保護する子女に普通教育を受けさせる義務を負ふ。義務教育は、これを無償とする。

第27条　すべて国民は、勤労の権利を有し、義務を負ふ。

賃金、就業時間、休息その他の勤労条件に関する基準は、法律でこれを定める。

児童は、これを酷使してはならない。

第28条　勤労者の団結する権利及び団体交渉その他の団体行動をする権利は、これを保障する。

第29条　財産権は、これを侵してはならない。

財産権の内容は、公共の福祉に適合するやうに、法律でこれを定める。

私有財産は、正当な補償の下に、これを公共のために用ひることができる。

第30条　国民は、法律の定めるところにより、納税の義務を負ふ。

り、その効力を有する。
第15条　公務員を選定し、及びこれを罷免することは、国民固有の権利である。
すべて公務員は、全体の奉仕者であつて、一部の奉仕者ではない。
公務員の選挙については、成年者による普通選挙を保障する。
すべて選挙における投票の秘密は、これを侵してはならない。選挙人は、その選択に関し公的にも私的にも責任を問はれない。
第16条　何人も、損害の救済、公務員の罷免、法律、命令又は規則の制定、廃止又は改正その他の事項に関し、平穏に請願する権利を有し、何人も、かかる請願をしたためにいかなる差別待遇も受けない。
第17条　何人も、公務員の不法行為により、損害を受けたときは、法律の定めるところにより、国又は公共団体に、その賠償を求めることができる。
第18条　何人も、いかなる奴隷的拘束も受けない。又、犯罪に因る処罰の場合を除いては、その意に反する苦役に服させられない。
第19条　思想及び良心の自由は、これを侵してはならない。
第20条　信教の自由は、何人に対してもこれを保障する。いかなる宗教団体も、国から特権を受け、又は政治上の権力を行使してはならない。
何人も、宗教上の行為、祝典、儀式又は行事に参加することを強制されない。
国及びその機関は、宗教教育その他いかなる宗教的活動もしてはならない。
第21条　集会、結社及び言論、出版その他一切の表現の自由は、これを保障する。
検閲は、これをしてはならない。通信の秘密は、これを侵してはならない。
第22条　何人も、公共の福祉に反しない限り、居住、移転及び職業

しくは賜与することは、国会の議決に基かなければならない。

第2章　戦争の放棄

第9条　日本国民は、正義と秩序を基調とする国際平和を誠実に希求し、国権の発動たる戦争と、武力による威嚇又は武力の行使は、国際紛争を解決する手段としては、永久にこれを放棄する。

前項の目的を達するため、陸海空軍その他の戦力は、これを保持しない。国の交戦権は、これを認めない。

第3章　国民の権利及び義務

第10条　日本国民たる要件は、法律でこれを定める。

第11条　国民は、すべての基本的人権の享有を妨げられない。この憲法が国民に保障する基本的人権は、侵すことのできない永久の権利として、現在及び将来の国民に与へられる。

第12条　この憲法が国民に保障する自由及び権利は、国民の不断の努力によつて、これを保持しなければならない。又、国民は、これを濫用してはならないのであつて、常に公共の福祉のためにこれを利用する責任を負ふ。

第13条　すべて国民は、個人として尊重される。生命、自由及び幸福追求に対する国民の権利については、公共の福祉に反しない限り、立法その他の国政の上で、最大の尊重を必要とする。

第14条　すべて国民は、法の下に平等であつて、人種、信条、性別、社会的身分又は門地により、政治的、経済的又は社会的関係において、差別されない。

華族その他の貴族の制度は、これを認めない。

栄誉、勲章その他の栄典の授与は、いかなる特権も伴はない。栄典の授与は、現にこれを有し、又は将来これを受ける者の一代に限

この地位は、主権の存する日本国民の総意に基く。

第2条　皇位は、世襲のものであつて、国会の議決した皇室典範の定めるところにより、これを継承する。

第3条　天皇の国事に関するすべての行為には、内閣の助言と承認を必要とし、内閣が、その責任を負ふ。

第4条　天皇は、この憲法の定める国事に関する行為のみを行ひ、国政に関する権能を有しない。

天皇は、法律の定めるところにより、その国事に関する行為を委任することができる。

第5条　皇室典範の定めるところにより摂政を置くときは、摂政は、天皇の名でその国事に関する行為を行ふ。この場合には、前条第1項の規定を準用する。

第6条　天皇は、国会の指名に基いて、内閣総理大臣を任命する。

天皇は、内閣の指名に基いて、最高裁判所の長たる裁判官を任命する。

第7条　天皇は、内閣の助言と承認により、国民のために、左の国事に関する行為を行ふ。

1　憲法改正、法律、政令及び条約を公布すること。

2　国会を召集すること。

3　衆議院を解散すること。

4　国会議員の総選挙の施行を公示すること。

5　国務大臣及び法律の定めるその他の官吏の任免竝びに全権委任状及び大使及び公使の信任状を認証すること。

6　大赦、特赦、減刑、刑の執行の免除及び復権を認証すること。

7　栄典を授与すること。

8　批准書及び法律の定めるその他の外交文書を認証すること。

9　外国の大使及び公使を接受すること。

10　儀式を行ふこと。

第8条　皇室に財産を譲り渡し、又は皇室が、財産を譲り受け、若

1. 日本国憲法

日本国民は、正当に選挙された国会における代表者を通じて行動し、われらとわれらの子孫のために、諸国民との協和による成果と、わが国全土にわたつて自由のもたらす恵沢を確保し、政府の行為によつて再び戦争の惨禍が起ることのないやうにすることを決意し、ここに主権が国民に存することを宣言し、この憲法を確定する。そもそも国政は、国民の厳粛な信託によるものであつて、その権威は国民に由来し、その権力は国民の代表者がこれを行使し、その福利は国民がこれを享受する。これは人類普遍の原理であり、この憲法は、かかる原理に基くものである。われらは、これに反する一切の憲法、法令及び詔勅を排除する。

日本国民は、恒久の平和を念願し、人間相互の関係を支配する崇高な理想を深く自覚するのであつて、平和を愛する諸国民の公正と信義に信頼して、われらの安全と生存を保持しようと決意した。われらは、平和を維持し、専制と隷従、圧迫と偏狭を地上から永遠に除去しようと努めてゐる国際社会において、名誉ある地位を占めたいと思ふ。われらは、全世界の国民が、ひとしく恐怖と欠乏から免かれ、平和のうちに生存する権利を有することを確認する。

われらは、いづれの国家も、自国のことのみに専念して他国を無視してはならないのであつて、政治道徳の法則は、普遍的なものであり、この法則に従ふことは、自国の主権を維持し、他国と対等関係に立たうとする各国の責務であると信ずる。

日本国民は、国家の名誉にかけ、全力をあげてこの崇高な理想と目的を達成することを誓ふ。

第1章 天　　皇

第1条　天皇は、日本国の象徴であり日本国民統合の象徴であつて、

資料篇

本書は一九九五年五月、創元社から刊行された
単行本を加筆修正の上、文庫化したものです。

日《に》本《ほん》国《こく》憲《けん》法《ぽう》を生《う》んだ密《みつ》室《しつ》の九《ここの》日《か》間《かん》

鈴《すず》木《き》昭《あき》典《のり》

平成26年 7月25日　初版発行

発行者●郡司 聡

発行所●株式会社KADOKAWA
〒102-8177　東京都千代田区富士見2-13-3
電話 03-3238-8521（営業）
http://www.kadokawa.co.jp/

編集●角川学芸出版
〒102-0071　東京都千代田区富士見2-13-3
電話 03-5215-7815（編集部）

角川文庫 18685

印刷所●旭印刷株式会社　製本所●株式会社ビルディング・ブックセンター

表紙画●和田三造

ISBN978-4-04-405806-7　C0195